JN330789

理想の出版を求めて

一編集者の回想
1963-2003

大塚信一

トランスビュー

はじめに

一九六三（昭和三十八）年春に、私は岩波書店という出版社に入社した。そして四十年間勤めて、二〇〇三（平成十五）年五月に退社した。最後の十年間は経営の仕事が主だったが、それ以前の三十年は編集一筋の生活だった。終盤の十年間も経営の傍ら、若い人々には多少嫌がられることもあったが、企画と編集の仕事から完全に離れることはなかった。以下に述べるのは、その四十年間の編集者としての回想である。

それは後に触れるように、「編集者という奇妙な人種の不思議な生きざま」（山口昌男氏）を示すものかも知れない。しかし同時に、私が関わった数多くの学者や芸術家、そして国内外の編集者の仕事ぶりを描く、一つの記録でもあるだろう。かつてこのような編集者がいて、このような人々と一緒に、このようなことをした——一九六〇年代から二十一世紀初頭に至る、四つのデケイドに関わる一つの証言として、読んでいただければ望外の幸せである。

著　者

理想の出版を求めて——一編集者の回想1963-2003——＊目次

第三章　新書編集とフランクフルト国際書籍市

第四章　知的冒険の海へ

第五章　不可能への挑戦　『へるめす』の輪 I

第六章 知的冒険の旅を楽しむ

第七章　編集長としての後半戦　『へるめす』の輪 II

第八章　転換期の企画　終盤の仕事

装幀　高麗隆彦

理想の出版を求めて

一編集者の回想　1963-2003

第一章　小僧の修業

1　岩波書店の〝新人教育〟

「小僧さんが来ましたよ」

一九六〇年代の中頃のこと、初めて林達夫氏のお宅を訪問した。藤沢の鵠沼《くげぬま》にある、イギリスの古民家ふうのハリが露出した美しい家で、後に林氏からこの家をつくったときの苦労話をずいぶん聞かされたものだ。

玄関で呼び鈴を鳴らすと、林夫人が出てこられた。もちろん初対面。夫人は、「岩波書店の大塚です」と頭を下げた私の顔を見て、奥の方に向かい、「イワナミの小僧さんが来ましたよ」と声をかけた。

和辻哲郎、谷川徹三氏などと共に戦前の岩波書店の顧問役として、また『思想』の編集にも携わった林氏は、岩波書店と深い関係を持っていた。戦前、岩波書店はまだ株式会社にもなっていない、お店《たな》にしかすぎない組織だった。当然のことながら創業者・岩波茂雄は店主であり、小林勇が番頭だった。普通の社員は店員であり、若い人たちは小僧であったろう。とすれば、学校出たての新人編集部員は、まさに小僧としかいえない存在だった。林夫人は昔からの感覚で、ごく自然にこう言ったのだと思う。私は「小僧さん」と言われて、正直にいえば驚いた。しかし今思えば、小僧から出発したのは悪くなかった。

以下に記すのは、私がなんとか一人前の編集者になるまでの過程を描いた「小僧の修業」である。

出版社の社会的地位が向上するにつれ、社員の意識もプライドも高くなった。今や「編集者」といえば、トレンディ・ドラマの主役ですらある。学生たちの憧れの的であるのはいうまでもない。しかし、出版という仕事は本来、地味で目立たないものだ。編集者は黒子である。出版はもう一度初心に立ち戻って、お店《たな》から出発し直してもよいのではないだろうか。

『思想』編集部へ

一九六三（昭和三十八）年春、大学を卒業して、株式会社岩波書店に入社した。

自宅のある池袋から数寄屋橋《すきやばし》行きの都電に乗り、護国寺、伝通院、春日町、水道橋を経由し、三、四十分で神保町《じんぼうちょう》に着く。当時は地下鉄ができる前であったから、都電と都バスしか通らない神保町は、陸の孤島といっても過言でなかった。神保町の交差点から東西南北を眺めると、皇居方向に左に学士会館、右に共立講堂などがあるだけで、あとは低い屋並みの続く光景だったように思う。

都電の停留所から皇居に向かって三筋目の道を右折すれば、玄関に夏目漱石の大きな字で、岩波書店と横に書かれた看板を掲げた社屋に出る。もとは一橋大学の講堂であったといわれる重厚な二階建ての上に、仮設といってもいいような軽い建て増し部分が三階をなしている、チグハグな感じのする社屋であった。それに隣接して、当時は営業部の倉庫があった。

周囲には零細な印刷所や製本所がたくさんあった。それに仕舞屋《しもたや》ふうのつくりの民家や商店、古い料理屋など。大きなビルはほとんどなく、いかにも出版社が落ち着くにふさわしい場所のように思えたものだ。

同期入社は四人で、男女それぞれ二名ずつ。私は編集部の雑誌課に配属され、『思想』の編集部員になった。編集部員といっても、ちょうど十歳年上のK先輩とともに、たったの二人。二階のいちばん奥にある雑誌課の部屋には、『世界』『思想』『文学』そして渉外課のスタッフが集められていた。暖房は大きなガスストーブが二つ、冷房は扇風機のみ。たしか、夏に気温が三〇度を超えると、冷たい牛乳が一本支給された。

当時の課長が最初に与えてくれた仕事は、『思想』のバックナンバー数年分の目次を英語に直すことだった。それが終わるとO課長は、「執筆者のなかで会いたい人がいたら言いたまえ」と言った。そこで私は、大衆社会論論争で華々しく登場した松下圭一氏と、初期マルクス研究で知られた城塚登氏の名前をあげた。O氏はすぐに電話で松下氏に連絡し、「明日昼食をごちそうするから、神保町まで来てくれないか」と頼み、翌日、揚子江という中華料理屋で、私は松下氏に紹介された。そして城塚氏とも、数日後に会ったことを記憶している。

その次にO氏は、私を東京大学の法学部研究室に連れて行った。正門を入ってすぐ右手にある法学部研究室の一階から始めて、各教授、助教授の部屋を片っぱしからノックし、部屋の主が在室していると、「これが新しく入った大塚君です。どうぞよろしく」とそれだけ言って、相手の反応を待たずに去ることをくり返した。私はそのたびに名刺を差し出し、「よろしくお願いいたします」と言うだけだった。思い返せば、そのとき初めて辻清明、川島武宜、丸山眞男、福田歓一、坂本義和といった先生方に会ったのである。

続いて、「もう二、三人だけ紹介する」と言って、O氏は立教大学に向かった。法学部に行くと教授会の最中だった。O氏は「急用なので神島さんだけ呼び出してくれ」と事務の人に頼んだ。その結果、神島二郎氏は何事が起こったかと会議室から飛び出してきた。O氏は神島氏に、東大法学部のときと同じ言葉だけ発し、私は名刺を差し出し、あっけにとられた神島氏を残してその場を去った。O氏が言うには、「尾形典男さんは学部長か何かだから呼び出せなかったよ」。

O氏の教育はこれで終わった。あとはいきなり編集の現場に叩き込まれた。最初は出張校正に連れて行かれ、ゲラを読んで校正しなさいと渡された。『思想』は精興社で印刷されるので、学士会館の少し先の裏手にある精興社（本社は青梅市にある）に出かける。学校を出て、まだ西も東もわからないのに、難しい論文を次から次へと読まなければならないことになった。

三、四カ月経過し、校正の仕方も覚え、何とか出張校正にも参加できるようになった頃、精興社のU氏（後に同社役員）が、「お茶でも飲みに行きましょう」と誘ってくれた。雑談の後、「ちょっと印刷の現場をのぞいてみませんか」と連れて行かれた現場では、ベテランの植字工の方が活字の差し代えを行なっていた。私の父親よりも年上と思われる職工さんが、私の入れた朱字に従って活字を差し代えているのだ。活字だけでなく、インテル（行間に挿入する薄板）もそのつど入れ代える必要がある。その煩雑きわまりない作業を見て、私はゲラに朱字を入れるということの意味を、初めて知ることになった。さりげなくそのことを教えてくれたU氏には、現在でも深い感謝の思いを抱いている。

二人の著者の鮮明な記憶

最初の仕事は、すでに先輩たちが執筆を依頼してあり、完成した原稿をもらいに行くことだった。『社会学的想像力』などの著作で知られるライト・ミルズと一緒に、マックス・ウェーバーの選集を編集したハンス・ガースが、その頃たしか東京工業大学の客員教授として滞日中だった。ガース氏はアメリカの大学教師だったが、ヨーロッパからの亡命者だと思われた。というのは私の拙い英語で会話したところ、彼の発音は相当なドイツ語なまりだったからだ。「アメリカにおけるマックス・ウェーバー研究」という論稿だった。暢子夫人が邦訳していた。私は学生時代にマックス・ウェーバーに興味を持ち、ウェーバーの著作を何冊か読んでいたので助かった。

ところでこの論稿は、年に一、二回組まれる特集の一つで「方法とはなにか」（一九六三年五月号）のうちの一本だった。当時「方法」といえば、マルクスとマックス・ウェーバーのそれが中心であり、その周辺に近代経済学や社会学のモデル論とか行動科学、論理実証主義などが少しだけ配されるものだった。ガース氏の論稿は、日本のウェーバー研究の雰囲気とは一風異なっていて、その点が興味深かったのだが、その後に展開されるアメリカの大胆なウェーバー研究〈例えばアーサー・ミッツマンの『鉄の檻』創文社、一九七五年など〉を予測させるものではなかった。

鮮明な記憶として残っているのは、井上光晴氏と、きだみのる氏だ。たしか小金井の近くのお宅を訪ねたと思うのだが、井上氏は面談中、正座して膝を崩さず、終始真面目な表情で、ほやほやの新人に応待してくれた。「三十代作家の「近代化」の内面」という論稿で、〈特集「近代化」をめぐって〉（一九六三年十一月号）の一本だった。九州から上京されて間もない頃だったのかも知れないが、あの折の井上氏のような生真面目な作家には、二度と会う機会はなかった。

同じ特集のために、きだみのる氏は「部落と東京」というエッセイを寄せてくれた。原稿ができたので取りに来てくれというので、向かったのは、自宅のある八王子ではなく伊勢崎だった。きだ氏が寄寓している家には、三十代かと思われる女性とその赤ちゃんがいた。私はその日のうちに帰京する予定だったが、「どうしても泊まっていけ」ときだ氏に言われて、編集者はこのようなときには著者に従うべきだと思い、予定を変更した。

エッセイの内容は有名な「気違い部落」のヴァリエーションで、特に注目すべきものはなかったのだが、お硬い『思想』用にわざと卑猥な言葉を盛り込んでくれていた。夕食はきだ氏がお好みのものです、と女性は言った。牛肉のうす切りをオイルで焼いたもので、ウィスキーのオンザロックと共にそれを食べるのだった。食べ終わると、また新しく焼いてくれた。いくらでも食べられたし、いくらでも飲むことができた。すっかり酔っぱらったきだ氏は、赤ちゃんを膝に抱いて、フランス語でぶつぶつとつぶやきかけていた。風邪をひいているらしかった。戦前にフランスで勉強したときのことなど、話してもらえるかと期待していたのだが、きだ氏は酔って寝てしまった。きだ氏はこのような〝家〟を、日本中にいくつか持っていると言っていた。

原稿をもらいに行かされた著者は数多いが、後の仕事との関係が深い方々のお名前だけを記しておきたい。生松敬三、杉山忠平、見田宗介、山田慶兒、飯塚浩二、堀尾輝久、永原慶二、市川白弦、八杉龍一氏等々。

原稿を依頼する

入社して一年近くたった一九六四年一月号に、私が依頼した最初の原稿が掲載された。秋山清氏の「ロシア革命と大杉栄」である。アナーキズムに関心を抱いていたので、秋山氏に頼んだのだが、いちばん驚いたのは秋山氏自身だった。「マルクス主義者やアカデミズムの硬い論文が並んでいる雑誌『思想』から、執筆依頼を受けるなどとは夢にも思わなかった」と話してくれた。O課長やK先輩も驚いたようだったが、一言も文句を言われることはなかった。

次に私自身が依頼して原稿が掲載されたのは、藤澤令夫氏だ。当時ゆるやかなかたちで『思想』の相談役をお願いしていたのは、日高六郎氏と久野収氏だった。あるとき久野氏から、「論争の論理」という通しのテーマで何人かに依頼したらどうかと提案してきた。これは面白いと思った。さすが久野収氏だと感心した。思想・哲学関係ということで、私が担当させられた。

当時、田中美知太郎門下の俊才として京都大学の助教授であった藤澤氏に、電話で執筆を依頼した。氏は私が、まさかほとんど西も東もわからぬ新人とは思ってもみなかったにちがいない。

「ホワイトヘッドが言ったように、西洋哲学はプラトンの脚註にしかすぎないのだとすれば、対話篇に顕著に見られるようなプラトンの論争の論理を明らかにすること以上に、重要なことはないと思うのですが……」などと聴きかじりの知識を最大限に発揮して依頼に当たった。幸いに引き受けてもらえた。しかしこの時点では、その後四十年にわたりさまざまな仕事を依頼し、最後に氏の著作集まで刊行する関係になろうとは、想像する由もなかった。

この「論争の論理」という共通のテーマで執筆を依頼したのは、藤澤氏のほかに河野健二氏（「資本主義論争」の評価をめぐって」）、中村雄二郎氏（「論争におけるロジックとレトリック」）、山下正男氏（「レアリズムからノミナリズムへ」）であった。中村氏にはパスカルのプロヴァンシャル論争を中心に、山下氏には西欧中世の普遍主義論争について書いてもらった。

中村氏にはその後、一九六六年から「『思想』の思想史」という連載をお願いすることになる。そして以降四十年間、藤澤氏と同様に、深い深い関係を築くことになった。藤澤氏は西洋古典学というアカデミズムの雄であり、一方中村氏は自由に思索を展開するいわば在野の哲学者であり、日本の哲学界の中枢を占めるお二人であったが、全く同じ年齢であったのは興味深いことだ。

羽仁五郎と花田清輝

『思想』編集部員になって一年ちょっとたった頃、深く考えさせられる体験をすることになった。それは羽仁五郎氏にお願いしていた、「近代と現代」という企画に関わってのことである。初回は羽仁氏自身の執筆によったが、第二回目は「ナショナリズム」についての竹内好・揖西光速氏との討論であった。ここでは竹内氏と羽仁氏が激しく議論を闘わせていたことを憶えている。そして第三回目と第四回目は「花田清輝君との対話」であった。

羽仁五郎氏は戦前からの岩波書店との深い関係もあって、折にふれさまざまなアドヴァイスをしてくれた。ただそのアドヴァイスの仕方が一風変わっていた。まず羽仁氏の私設秘書から、新人の私のところへ電話がかかってくる。そして羽仁氏が電話口に出て、「昼にそちらに行く。今日は〇〇料理を食べたいのでよろしく頼む」と言う。近くの店に予約を入れて待っていると、羽仁氏は秘書が運転する大きな外車に乗ってあらわれる、という具合であった。当時、活発に活動していた全学連の連中が羽仁氏と公開討論をした際、「あなたはいつもビフテキを食べているという話だが、何ともぜいたくでブルジョワ的ではないか」と学生たちに詰め寄られた。それに対して羽仁氏は平然と、「ビフテキを食べて精力を蓄えておかなければ、革命などはできない」と答えた、というエピソードがあったが、いかにもありそうな話だと思えた。

そうした羽仁氏が花田清輝氏と対談したのだ。対談は羽仁氏が老齢であることもあり、皇居の壕に面した小さなホテルで行なわれた。羽仁氏は対談の前日からホテルに入り、翌日に備えていた。夕方、羽仁氏の様子を見に行くと、「パンツのゴムひもが切れてしまった。どこかで買ってきてくれ」と頼まれた。専修大前あたりまでゴムひもを求めて探し歩いた。編集者はパンツのひもまで買わなくちゃならないのか、と情けなく思わないでもなかった。

翌日に行なわれた花田氏との対話は、実に興味深いものだった。なかでも私がいちばん感動したのは、当時露わになりつつあった中ソ対立に関してのことである。一枚岩である社会主義陣営が二つに割れるなどということは絶対に考えられない、というのが、古典的なマルクス主義者の羽仁氏の立場であった。それに対して花田氏は、社会主義陣営が多様化するのは望ましいことであり、ここに初めて真に豊かな社会主義の開花の可能性が芽ばえた、という考えであった。私はその発言を聞いて、花田氏は本当にすごい人だと思った。第二回目の竹内好氏や、花田氏は、自前の思想を身につけている思想家だと、感嘆せざるを得なかった。

羽仁氏については、私自身に関わる面白いエピソードがある。私はずっと、西池袋の婦人之友社（自由学園）の近くに住んでいる。そこには、アメリカの有名な建築家ライトの設計した明日館（現在は重要文化財になっている）と講堂がある。私は小学生の頃、よく悪童連と一緒に講堂の下にもぐり込んで遊んだものだ、というような話を羽仁氏にしたことがある。すると羽仁氏は、「あそこには、鉄塔書院を小林勇君とつくったときに刊行した本があるはずだ」と言い出した。

つまり小林勇氏が、一度は岩波書店を飛び出して鉄塔書院をつくったのだが、再び岩波に戻ると決まったとき、鉄塔書院で出した本で売れ残った本を置く所がなくなってしまった。それでその一部を羽仁氏が引き取って、羽仁家の自由学園で預かったというわけである。「探してみよう」と羽仁氏が言った結果、やはり講堂の地下から何百冊かの本が出てきた。「記念に君にもあげよう」と、鉄塔書院の本を二、三冊もらったことを憶えている。

2　特集企画を立てる

いくつかの〈小特集〉

初めて〈小特集〉を企画することを任せられたのは、一年少したってからだ。年に数回〈小特集〉と称し、あるテーマの下に数本の論稿を集めるという仕組みである。私は南博氏を中心として、その頃アメリカで盛んに研究されていた行動科学に焦点を当て、〈行動科学の現況〉という小特集（一九六四年八月号）を編集した。その内容は左の通り。

南　博　　行動科学と行動学
富永健一　行動理論と社会科学
服部政夫　行動科学における心理学
吉田民人　行動科学における〈機能〉連関のモデル
犬田　充　アメリカ行動科学の現状

ちなみに、この小特集の前後に組まれた小特集を列挙すると、〈自然科学と法則〉〈法――社会統制の記号的技術〉〈現代における農業構造〉〈現代官僚制の諸特質〉などであった。右のうち〈法――社会統制の記号的技術〉は川島武宜氏が中心となり、法をソーシャル・コントロールの技術という観点から捉え直そうという、意欲的な試みであった。川島氏を中心に、法社会学の専門家が研究会を行なった成果を盛った小特集であった。〈行動科学の現況〉の場合も、南氏を中心に数回の研究会が開かれ、私もその末席に連なった。南氏は、新人の私にも意見を言うように仕向けてくれた。

今思えば、このような傾向は、それまでのマルクス主義的方法論、講座派か労農派かといったものとも異なり、M・ウェーバー的な考えとも異なるもので、いわば社会科学に実証主義的な観点を導入する試みであったといえるだろう。良くも悪しくもアメリカ的な学風が幅を利かせることになってきたわけで、やがて政治学や経済学もその傾向を強くしていったことは、よく知られている。

そして一九六六年十一月号では、再び〈小特集　現代社会と行動科学〉を編集した。哲学者の吉村融・山下正男氏、心理学の南博・犬田充氏、それに国際政治学の武者小路公秀氏に参加してもらった。年表その他の資料も付して、当時としては役に立つものだったと思う。

〈行動科学〉の次に任された小特集は、〈国際政治と国際法〉というものだった。一九六五年十月号だ。田畑茂二郎・石本泰雄氏に相談に乗っていただき、編集したのが左記の内容である。

石本泰雄　　国際法――その「物神崇拝」
田畑茂二郎　A・A新興諸国と国際法
松井芳郎　〈参考資料〉天然の富と資源に対する永久的主権
太寿堂鼎　現代国際法と義務的裁判
高野雄一　国際平和機構の課題
内田久司　社会主義世界と国際法

この小特集も、その前後の〈戦争と革命〉〈現代社会と農業問題〉〈現代の帝国主義〉〈アジアにおけるアメリカ〉と比べれば、多少なりとも浮いている感じは否めない。

さらに当時の『思想』として異色だと思われた小特集は、〈現代思想としてのカトリシズム〉（一九六六年七月号）だった。松本正夫氏を中心に、今野国雄、門脇佳吉、佐藤敏夫、半沢孝麿、岡田純一、E・M・ボージーズの各氏が参加した。右の方々にお会いして議論する過程で、私はカトリシズムについて多くのことを学ぶことができた。特にローマから帰国して間もない若い門脇佳吉氏には、哲学・思想的な面ばかりでなく、例えばブラック・アフリカにおける布教の実態といった現実の問題に関しても、多くの教示を受けた。門脇氏にはその後、何冊も単行本をお願いすることになる。

このように、学校出たての新人にそうとう自由な編集活動の余地を与えてもらえたのは、今から思えば実に稀有なことではなかったろうか。危なっかしいことも多々あったはずだが、O課長もK先輩も寛容に見守ってくれていたことを思うと、感謝の気持ちでいっぱいになる。

飲みながら教わったこと

新人教育後、O課長には夕方になると近くの飲み屋「魚がめ」に連れて行かれ、酒の飲み方を教わった。高級な店には決して行かず、必ず自分の金で飲むこと。もっとも私を誘ってくれるときに手持ちの金がないと、役員室に電話をかけて重役を呼び出し、「今金を借りに行くから、少し貸してくれ」と叫び、相手の答えを待たずに役員室に向けてダッシュすることもしばしばであった。

O氏は東大法学部の出身で、川島武宜氏の下で温泉権について研究したそうだが、戦後中央公論社に入り、後に数人の仲間と出版社をつくり、一時は大もうけしたということだった。中公時代に、ある政治家のことを調べるために医師の武見太郎氏の診療室に入り、カルテを盗み出したところを見つかってしまった。裁判沙汰になる寸前に松本重治氏に助けてもらった、という話は何回か聞かされた。後にO課長は、私を麻布の国際文化会館に連れて行き、当時理事長だった松本重治氏に紹介してくれた。右の話を聞いていたので、おかしくて仕方がなかった。

酒の飲み方のほかに、飲みながら教わったのは、編集の仕方についてだった。それは一見、乱暴で破天荒きわまりないように見えたが、実は周到になされた計算が前提になっているものだった。国際情勢に絶えず目を向け、新しい議論のきっかけを提供することを心がけていた。ジャーナリストとして、松本重治氏の後輩として任じていたのかも知れない。例えばカンボジアのシアヌーク殿下が訪日した折には、ひそかに会見し、シアヌークの原稿を『思想』に掲載したりもした。あるとき蠟山芳郎氏が私に、「O氏の国際感覚は抜群だ」と話してくれたこともある。そういうO氏は編集の極意として、異質なものの組み合わせということを考えていたようだ。その一例として、私が恐ろしい目にあったが、貴重な体験をしたケースを書いてみよう。

激怒された秘密録音

それは、ナショナリズムの問題がさまざまな場面で問題になっていた、一九六〇年代半ばのことだ。O氏は南原繁氏を中心に、大塚久雄、福田歓一のお二人に集まってもらい、ナショナリズムについての考えを聞こうと言い出した。「君が三先生のところを回って、日程を調整したまえ」と言われて、会合の日を決めた。会合の直前になってO氏は、「テープレコーダーを持って行って、先生方にわからないように録音したまえ」と命令する。これには驚いた。が、従わないわけにいかない。三人の方の議論を録音した。それを速記者に起こしてもらったところ、さすがに興味深い鼎談になっていた。O氏は「もう一度先生方のところを回って、事情を説明し、雑誌に掲載する許可をもらってきたまえ」と言う。

これは大変なことになったと思ったが、南原、大塚、福田という順番で先生方のところへうかがった。「実は隠しドリをしていまして……」と恐る恐る切り出すと、南原、大塚の両大家はニヤニヤと笑って、「O君のやりそうなことだ、仕方ないよ」という意味のことを答えてくださった。それで最後に、福田氏を東大法学部の研究室に訪ねた。説明をし始めると、「無断でそのようなことをするのは絶対に許せない。雑誌に掲載するなどとんでもないことだ」と頭ごなしにおこられてしまった。しかしおこられて当然のことだ。私は必死になって謝った。「まことに申し訳ございません。二度とこのようなことは致しません」と、小一時間も頭を下げていたように思う。

やがて福田氏は言葉の調子を改めて、「許せない行為ではあるが、問題はまことに重要で緊急に考える必要がある。僕が議論の筋道を考えてレジュメをつくるから、それを持って南原、大塚両先生の所に行きなさい。先生方の諒解が得られたら、改めて日時を設定して三人で議論をしよう」と言ってくださった。私はおこられて心底縮み上がっていたのだが、この言葉を聞いて、涙が出るほどありがたいと思った。さいわい南原、大塚両氏の諒解を得られたので、改めて三人の方の鼎談を行なった。その結果が、一九六五年一月号に掲載された「ナショナリズムをめぐって――その問題と現代日本の課題」である。福田氏にはその後、私が退社するまで、四十年間、何かと親身になって相談に乗っていただいた。

西欧を相対化する視点

雑誌の総頁を用いて、あるテーマを追求する〈特集〉の企画に参加させてもらった最初が、一九六五年三月号の〈ヨーロッパの歴史意識〉だった。この頃ようやく、敗戦後の欧米一辺倒の考え方から脱却し、欧米を相対化する視点の必要が感じられ始めていた。そのような傾向に、ある道筋をつけたのが、飯塚浩二氏だったのではないだろうか。『日本の精神的風土』(岩波新書、一九五二年)や『東洋史と西洋史のあいだ』(一九六三年)などの著作で知られる飯塚氏は、この特集でも「ヨーロッパ・対・非ヨーロッパ」という連載の第一回目を書いている。

飯塚氏に相談に乗ってもらいながらつくりあげた特集には、飯塚氏のほかに生松敬三、増田四郎、村瀬興雄、平井俊彦、木谷勤、前川恭一、河野健二、松井透、務台理作、山本新、西村貞二、上山春平、玉井茂、横田地弘、田沼肇氏が参加した。巻頭論文の生松氏は、ヨーロッパ思想史と同時に和辻哲郎など日本の思想を研究している方だった。増田四郎氏などの大家に比すれば新進といってよかったが、飯塚氏の推挙による登場であった。生松氏とは後に、木田元氏と一緒によく飲み歩いたものだが、これはまた別に書く機会もあるだろう。

この特集の企画を通じて、飯塚氏には、後に開花するF・ブローデルなどのアナール学派の前駆である、ヴィダル・ド・ラ・ブラーシュなどフランスの人文地理学について教わった。本郷菊坂のお宅を訪ね、エスプリの効いた話を聞くのは実に楽しかった。飯塚氏は、当時飛ぶ鳥を落とす勢いの大塚久雄氏（両氏は姻戚関係にあった）の学風についても、親しみの混じった、しかし本質的な批判を発した。一言でいえば、西欧だけに目を向け理想化している、というふうに。あるとき「大塚（久雄）君には参ったよ。敗戦直後、進駐軍の兵隊がドロボーをしたという新聞記事が載ったときに、彼は〝それは黒人だったにちがいない〟と言ったので、あいた口がふさがらなかった」というエピソードを教えてくれた。

大家に対して鋭い批判をくり出すのと同時に、飯塚氏は優秀な若手研究者を育てようと尽くした。先の生松氏もそうだが、文化人類学の新進・川田順造氏もその一人だった。川田氏の場合、同じフランス系の社会科学に育てられたという背景もあったのだろうと思う。南米やアフガニスタンの農村調査で知られる大野盛雄氏も、飯塚氏が紹介してくれた一人だ。飯塚氏にはずいぶんかわいがってもらったので、亡くなったときにはとても寂しい思いをした。

山口昌男氏登場

一九六六年三月号に、〈文化比較の視点〉という小特集を組んだ。泉靖一、今西錦司のお二人の大家に、それぞれ「文明の起源」「文化と進化」という巨きなテーマでお願いし、ほかに三人の新進研究者に登場願った。生松敬三・山口昌男・田中靖政氏である。生松氏には「比較文化論の問題──和辻風土論の評価を中心に」、田中靖政氏には「行動科学的交差文化研究」を執筆してもらった。山口氏には「文化の中の「知識人」像──人類学的考察」をお願いした。

山口氏は当時、私の卒業した大学の助手から、東京外国語大学の講師に移ってしばらくの頃だったと思う。私は在学中から山口氏に親しくしてもらった。デュルケームの読書会のテューターを引き受けてもらったりしたが、ときには大学の比較的近くにある山口氏の自宅に、他の学生とともに招かれてごちそうになった。その中には私の大学だけでなく、他の学校から来た人もいる。例えば先に書いた〈小特集　法──社会統制の記号的技術〉に登場した川島武宜門下の大学院生、後の東大法学部教授、六本佳平氏らである。

あるとき、当時としては目の玉が飛び出るほど高価であった「ジョニ黒」一本を、四、五人の学生であっという間に飲みほしてしまったことがある。今から考えれば、当時高給取りであったはずもない山口氏には、ずいぶん悪いことをしてしまったと思うのだが、そのときには当たり前のような感じでいた。

山口氏には、その時代の教科書には絶対出てこないような話──例えばT・S・エリオットの『荒地』と文化人類学の関係といった──を聞かされ、驚嘆したものだった。山口氏は社会学の助手をしていたが、その博識にいつも圧倒された。そして学問とは面白いものだなと思った。学術的な色彩の強い出版社に就職したのも、氏の影響が大きかったと思う。個人的に山口氏から受けた教示の大きさは筆舌に尽くし難いが、当時氏がほとんど無名であることに違和感を抱いたことはなかった。

しかし、『思想』の編集に従事するようになって知った研究者たちの仕事と比較するとき、山口氏が登場しないのはおかしいと思うようになった。が、日本史から文化人類学へという山口氏のキャリアのせいか、大家の推挙ということも考えられなかった。そういうわけで『思想』編集部員になって三年、何とか一人前に仕事ができるようになって初めて、山口氏に登場してもらうことになったのだ。

この論稿は、後に花開く山口氏のトリックスター論の核心が形をとった最初のものだと思う。その意味を、この論文一つだけで見抜いたのが林達夫氏であった。林氏には、久野収氏や当時岩波書店のフランス語辞典の顧問役であった河野與一氏から紹介されていた。林氏は河野氏に会いに、半年に一回ほど岩波へ顔を出していた。戦前『思想』の編集に携わっていた林氏は、この雑誌に愛着を持ち、何かとアドヴァイスをしてくれた。林氏は、岩波の社内では小林勇氏をはじめ、何となく煙たがられていたこともあって、林氏が来社すると、新人の私がいつも呼び出された。

山口氏の論文が掲載されてしばらくたったあるとき、林氏が私に言った。詳しくは後に記す機会があると思うが、「僕の見るところ、彼は半世紀に一人出るか出ないかの天才だ」と。その後の山口氏の活躍は言うまでもなかろう。山口氏には半年後の一九六六年十月号にも、「人類学的認識の諸前提——戦後日本人類学の思想状況」を寄稿してもらった。

ある日の武田泰淳と丸山眞男

編集者としての修業時代であった『思想』に関して、思い出すエピソードは非常に多い。が、今から思えば、私の未熟さのせいで、事柄の半面しか理解することができないことが多かったようだ。

次に、恥しいことではあるが、私の理解の不十分さを示す一例として、武田泰淳氏と丸山眞男氏に関わってのエピソードを紹介しておこう。

一九六四年か五年のことだと思うのだが、あるとき、右の二氏に吉野源三郎氏（当時、岩波書店編集担当役員）を加えて、インフォーマルな会合が岩波書店で開かれた。『思想』編集部のK先輩と私も列席した。何がテーマの会合であったかも失念してしまったのだが、会合がはじまってから一時間ぐらい経過した頃に、突然武田氏が立ち上がり、憤然として部屋を出て行ってしまった。トイレにでも行ったのかと思っていたのだが、結局武田氏は戻ってこなかった。吉野氏は大変あわてた。

おぼろげな記憶をたどって、そのときの状況を想い起こすと、次のようなことだったのではないかと思う。たしか〝六〇年安保〟の評価などをめぐって、会話が交わされていたと思うのだが、丸山氏はいつものように情勢を明快に分析し、そこから行動の指針ともいうべきものを導き出していたように思う。それに対して、武田氏はもごもごと口の中でつぶやいていたが、「丸山氏の分析の明快さに俺はついて行けない」といった意味の反論を試みたようだった。

つまり武田氏の言い分は、自分自身のことを考えても、丸山氏のように見事に整理すること自体に違和感を抱く、というような意味だったと思う。一個の人間の存在は、そんなにはっきりと割り切れるものではない、とでも言い換えられるかも知れない。当時よく使われていた比喩でいうなら、近代主義者の犀利な分析に対して、〝ドブ板の臭い〟の側からの反論だった、といえるだろうか。

いずれにしても、明瞭に記憶しているのは、丸山氏の見事な分析と同時に、武田氏の憮然たる表情だけだといっていい。

新人編集部員が、学者と作家、しかも大家二人の議論の微妙な襞まで理解することができないのは、あたりまえのことだとしても、これではあまりにおそまつだと、自分でも思う。しかも、極言するならば、四十年余りくり返し反芻してきたのだから、二人の大家の存在に対する私の思い込みが積み重ねられて、右のような内容のエピソードとして、いま私の頭の中に残っているのかも知れないのだ。何とも情けなく、残念な話だが、仕方がない。

以下、『思想』に登場していただき、その後四十年近く、さまざまなかたちで関係が続いた方々のお名前のみ記しておくことにする（敬称略）。

河合秀和、篠田浩一郎、板垣雄三、内田芳明、沢田允茂、宮田光雄、塩原勉、渓内謙、市川浩、松井透、京極純一、清水幾太郎、いいだもも、八杉龍一、阿部謹也、加藤秀俊、隅谷三喜男、作田啓一、家永三郎、徳永恂、斎藤真、小倉芳彦、水田洋、長島信弘、廣松渉、小室直樹、宮崎義一、西川正雄、伊東俊太郎、杉原四郎、上山春平、加藤周一、古田光、中村秀吉、和田春樹、菱山泉、川添登、山住正己、田中克彦、伊東光晴、長幸男、西順蔵、武田清子、松尾尊兊、梅本克己、波多野完治、増田義郎、竹内実、住谷一彦、丸山静、滝浦静雄、前田康博、坂本賢三、竹内芳郎、細谷貞雄、加藤尚武、山本信、花崎皋平、市倉宏祐。

なお、G・ルカーチに執筆依頼の手紙を出し、短いものではあったが署名入りの承諾の返事をもらった。氏の論稿「中ソ論争について——理論的・哲学的覚書」（生松敬三他訳）は、一九六五年一月号に掲載された。

第二章　哲学者たち

1　講座「哲学」の編集

何かがたりない

一九六七（昭和四十二）年、雑誌課から単行本の編集部に異動した。二、三の単行本の仕事を持ちながら、講座「哲学」の準備に当たるようにとの指示だった。岩波書店における講座「哲学」の歴史は古い。西田幾多郎編集の講座「哲学」は、一九三一（昭和六）年に出発し、全十八巻を一九三三（昭和八）年に完結している。今度は戦後初めて、新しい講座「哲学」をつくろうという試みだった。F課長の下、『思想』の先輩であったK氏と、しばらく後に加わった一年後輩のN氏、それに私の三人が編集部員になった。

異動した時点で、講座の企画は九分通りできあがっていた。全十七巻の講成で以下の通りである。

1　哲学の課題　（務台理作、古在由重編）
2　現代の哲学　（古在由重、真下信一編）
3　人間の哲学　（務台理作、梅本克己編）
4　歴史の哲学　（林達夫、久野収編）
5　社会の哲学　（日高六郎、城塚登編）
6　自然の哲学　（坂田昌一、近藤洋逸編）
7　哲学の概念と方法　（出隆、粟田賢三編）
8　存在と知識　（桂寿一、岩崎武雄編）
9　価　値　（粟田賢三、上山春平編）
10　論　理　（沢田允茂、市井三郎、大森荘蔵編）
11　科学の方法　（中村秀吉、古田光編）
12　文　化　（鶴見俊輔、生松敬三編）
13　芸　術　（桑原武夫、加藤周一編）
14　宗教と道徳　（滝沢克己、小倉志祥編）
15　哲学の歴史Ⅰ　（服部英次郎、藤澤令夫編）
16　哲学の歴史Ⅱ　（野田又夫、山崎正一編）
17　日本の哲学　（古田光、生松敬三編）

アカデミズム、マルクス主義、分析哲学、そしてちょっぴり実存主義などの学派が並存する形で立案されたこの企画は、『科学の方法』（第十一巻）、『文化』（第十二巻）、『日本の哲学』（第十七巻）の三巻を除けば、オーソドックスなものといえよう。

まず全体会議に参加し、議論を聞くことから始めた。先生方の議論の内容は、いずれももっともなものばかりであったが、何となく何かが欠けているような気が、最初からしていた。会議が回を重ねるにつれて、その欠落に対する意識が、少しずつ明らかな輪郭をとり始めた。それは当時、構造主義の展開などを通して感じられ始めていた、言語に対する視点がほとんど存在していないことに由来するものだった。つまり当時としては、ある意味でもっとも現代的で実り多いテーマだと思われた「言語」がとりあげられていない、というふうに私には思われたのである。

私はもとより新人編集者の域を出ていなかったし、一年以上続けてきたこの企画の議論には、つい最近参加するようになったばかりであった。しかし四十年ぶりに刊行するこの講座は、少しでも理想に近いものであってほしかった。それでまずF課長の諒解を得たうえで、この問題に関心を抱いていると思われる久野収氏に意見を聞いてみた。久野氏は「なるほど、そう言われればそうだ。言語の巻を新しく立てる方向で検討しよう」と応えてくれた。続けて沢田允茂氏に当ったところ、ぜひ入れるべきだとの積極的な答えを得ることができた。

『言語』の巻

新人編集者の、しかも哲学には素人の意見が、こうも簡単に通るとは思ってもいなかったので、大いに驚いた。編集委員の全体会議で、私が新しく「言語」の巻を立ててはいかがかと提案し、久野・沢田氏が補足してくれた結果、九割方完成していた企画は、さらに一冊『言語』を加えることに決定した。そして服部四郎、沢田允茂、田島節夫氏が編集委員となり、急遽立案された内容は以下のようなものだった。

Ⅰ　コトバと哲学――歴史的な視野で　山元一郎
Ⅱ　現代の言語理論と哲学　田島節夫
Ⅲ　思考と言語　大出　晁
Ⅳ　言葉・表現・思想
――「制度」としての言語と「語る主体《シュジエ・パルラン》」との間で　中村雄二郎
Ⅴ　芸術と言語　市川　浩
Ⅵ　認識の理論と言語――マルクス的見地による　平林康之
Ⅶ　シンタックスの論理　藤村　靖
Ⅷ　意　味　服部四郎
Ⅸ　言語と社会　鈴木孝夫
Ⅹ　言語と文化　川本茂雄

この講座は全体的によく読まれた。現在の出版情況では想像もつかぬ部数――各巻平均で数万部が出た。よく覚えているのは、第一回配本が刊行されたとき、先輩のK氏と賭をしたことだ。初日の注文部数が三万五千に届くかどうか、勝てば昼飯をおごろう、と。私は越える方に賭けて、勝った。たしかトンカツをごちそうしてもらったと思う。

ところで急遽編集され、一九六八年十月に刊行された『言語』の巻は、全十八巻中で最も部数が出た巻となった。それはともかく、この巻に登場願った服部四郎、川本茂雄、鈴木孝夫氏とは、その後も長く深い関係を持つことになる。

破格の成功とその影

この講座が非常によく読まれた理由としては、戦後初の本格的な体系化であったことがあげられるであろう。が、より現実に即していうならば、当時は高度経済成長の最盛期に向かおうとしていた時代であったからだと思う。日本人がどんなに向学心に燃えていたとしても、各巻四〇〇頁前後で十八巻ものヴォリュームになる、しかもけっして易しいとはいえぬ講座を、十万人前後の人が購入するとは、普通では考えられないことだ。

このような異常といっても過言でない雰囲気は、私たちの編集活動とも無縁ではなかった。特に執筆依頼時には、各巻ごとに著者たち全員に集まってもらい、編集委員が内容の説明をし、その後に編集部から原稿枚数や原稿締切の日程などの説明をして、「よろしくお願いします」と依頼するのが常だった。そしてその会合は多くの場合、料理屋かレストランで行なわれた。最も忙しい折には、昼夜の二回、同じ銀座の料理屋で開かれたことがある。一流の著者には一流の料理を出す、とある先輩に言われたことがあった。日本料理の場合には尾頭付の鯛《たい》が出ることもあった。私はいまだ新人の部類だったので、そうしたものかと考えていた。

ところで、その頃新興のSという出版社が活躍し始めていた。S社では現象学や文芸理論に関する研究会を開催し、多くの熱心な研究者を集めていた。そうした会合に何回か、先に書いた山口昌男氏に連れて行かれた。そしてある年の忘年会にも参加する機会があった。四谷の料理旅館が会場だった。忘年会なので各人の膳には尾頭付の鯵《あじ》の塩焼きが載っていた。忘年会とはいえ、そこではいつものように活発な議論が交わされていたことを覚えている。

新年に、最初の単行本の編集会議が開かれた。企画提案は活発ではなく、議論は低調だった。新人の私はつい頭にきて、世の中には一流の料理屋でなくても内容のある議論をするところもある、とS社の例を出して話をした。会が終わってから、ある先輩にこっぴどくおこられた。「何も知らないくせに生意気な口をきくものではない」と。しかし私は、どうしても納得することができなかった。

マルクス主義哲学者たちの個性

古在由重氏は、真下信一氏と並んでマルクス主義哲学の長老だった。第一巻『哲学の課題』に「試練にたつ哲学」、第十八巻『日本の哲学』に「自然観と客観的精神」という論稿を書いている。古在氏は遅筆なので有名だった。締切期限が迫っても一枚の原稿もできていない。最後の手段として、口述筆記をお願いした。先輩のK氏と私が、週に何回か交代で氏の自宅に出向き、氏が呻吟しながら絞り出す言葉を筆記することを続けた。

さすがにマルクス主義者だけあって、世の中の諸事情に絶えず目配りを怠らない古在氏であった。が同時に、氏は無類のスポーツ好きであった。例えば一九六八年秋にメキシコ・オリンピックがあったが、テレビで中継が流される時間になると、ソワソワしはじめて口述どころではなくなる。素人の私は、氏の哲学的思索はいつ行なわれるのかと疑念を抱いたが、唯物論者としての筋金が通っていて、いつも最終的には、ご自身の思索の結果が示される論稿に仕上がるのが不思議だった。

一方、真下信一氏は、一見たいそう裕福な学者で、マルクス主義などとは無縁のような印象を与える人物であった。氏は名古屋在住であったが、会議のために上京し、会議後に一杯アルコールが入ると、私に向かって「久野を呼べ」と言うのが常だった。哲学者としてだけでなく、「べ平連」など社会活動でも忙しい久野収氏が、いつも在宅しているわけではなかったが、何回かに一度は真下氏の要望に応えて、久野氏は石神井《しゃくじい》から都心までわざわざ出てくる。しかし久野氏は、酒をたしなむことはほとんどなかったはずだ。だから何か特別な関係があったのだろう。二人は、かつて京大時代の先輩・後輩関係であったようだが、あの久野氏が真下氏だけにはなぜか頭の上がらぬふうで、興味深いことであった。それは一九三〇年代の閉塞した日本の思想状況の中で、ほとんど唯一自由で闊達な場をつくり出した『世界文化』などのグループ内での出来事が、関係していたのかも知れない。

酒を飲んで語る真下氏の言葉は、マルクス主義とは関係のない、殿様が高所から俗世間のことを論評するようなふうに、私には聞こえたものだ。が、そうした言動が、古在氏の場合もそうであったが、やはりある捨て難い魅力を持っていた。後に新書編集部に移ってから、真下氏に『思想の現代的条件——哲学者の体験と省察』（一九七二年）という岩波新書をまとめてもらうことになるが、抽象的な理論というよりも、身体から滲み出てくるような氏の思想は、マルクス主義者としての充実を感得させてくれるものだった。

そしてもう一人、梅本克己氏。氏には『人間の哲学』の巻に「人間論の系譜と今日の問題状況」と「主体性の問題」、そして『日本の哲学』に「形而上学の批判と認識論」を執筆してもらった。私は大学の卒業論文に、マルクスの疎外論と社会科学の関係を中心にまとめたこともあって、氏の主体性論には深い関心を抱いていた。そして氏には、『思想』編集部の頃からご教示いただくことが多かった。後に岩波新書『唯物史観と現代〈第二版〉』の編集に携わったときにも、水戸のお宅まで何回もお訪ねした。

しかし、氏は一九七四年に逝去されてしまった。当時その間の事情を、梅本氏の追悼文集用にまとめた原稿が残っているので、それを左に記す（事情があって追悼論集にはこの原稿を提出しなかった）。

ご遺著となった『唯物史観と現代〈第二版〉』は、唯物史観は崩壊したか、マルクスの予測は外れたか、という問いではじまる。第一版（一九六七年）はニーチェの予言、ニヒリズムの到来からはじめられていた。

第一版の刊行当時、私は講座「哲学」の仕事でうかがっていた。たまたま話は、ニーチェの魅力ということになったことがある。今の水準で測れば誤訳もたくさんあるだろう、が、ニーチェの魅力をもっともよく伝えてくれるのは生田長江の訳だ、長江訳のニーチェ全集はずいぶん愛読したものです、と気軽に席を立って本を取りにいらした。第二次世界大戦の最中、ヒトラー・ユーゲントがやってきて富士の裾野でデモンストレーションをした。金髪をたなびかせて行進する筋骨たくましい彼らの姿は、形容を絶する美しいものだった、とも言われた。

昨年暮、まだ新居に移られる前にお訪ねしたときには、先生の大学卒業論文が親鸞についてであったことをうかがった。玄関まで迎えに立ってこられたあと、ほぼ五分間は息をつまらせ、とぎれとぎれにしか話すこともおできにならなかった。自分は飲めないが、あなたはたくさんやってください、とブランデーを私にすすめてくださり、和辻哲郎氏がその卒論を雑誌『思想』に載せないかと勧誘してくれた、という興味深い事実を話してくださった。

あの、人を引きつけて離さぬ文体の秘密は、あるいは先生が親鸞やニーチェに心酔なさったこととも関係があるのかも知れない、と思う。こうした先生の一面に二重写しになるのは、先生が楽しげに酒をくんでおられる姿だ。一九六六年に『思想』で宇野弘蔵先生と対談をしていただいたときには、先生は大洗《おおあらい》の旅館まで車で来てくださった。「社会科学と弁証法」というテーマの対談は迫力あるものだった。対談後の雑談もずいぶん楽しいものだった。対談のときとはうって変わったくつろいだ雰囲気の中で、先生は何回も杯を重ねていらした。

お亡くなりになった日の午後、御遺骸のかたわらから、私は宅地造成の間にわずかに残された雑木林を窓外に見ていた。このささやかな雑木林を、先生はこよなく愛していらした。窓の横には特別に作られた本棚がある。工夫をこらし、二重に本を並べることができるように、奥半分のスペースだけ十センチほど高くした。そうすれば、奥の列の本の書名が少なくとも半分は見える。こう言っておられた。新居は豪邸ではない。

『唯物史観と現代〔第二版〕』では、スターリン主義批判がほとんど姿を消し、中国革命についての評価が大きく出てきた……といったことはほかにもある。第二版では、少なくとも第一版の三分の一は全面的に改訂なさったのだから。改訂された部分の中で、私がもっとも感銘を受けるのは次のところだ。

「〔資本主義社会では〕個人の才能がすぐれたものとして実現されたとしても、実現された才能がかならず特権として物をいってくるのはどういうわけか。特権は他者を支配する。」（一三〇頁）

日光のよく差し込む部屋で、窓外に雑木林を眺めながら、新たに考えを展開しようと、ささやかな新居に移るのをそれこそ楽しみにしていらした、梅本先生の言葉だ。

藤澤令夫氏との酒宴

藤澤令夫氏には「哲学の哲学性」（第一巻『哲学の課題』所収）、「哲学の形成と確立」（第十六巻『哲学の歴史Ⅰ』所収）の二本を執筆してもらったが、いずれも哲学のあり方そのものを問う力作だった。

藤澤氏は長野県富士見に別荘を持っていた。国鉄の駅からバスに小一時間ほど乗り、終点から徒歩で三十分も登った小高い丘の中腹に建てられた小舎の周りには、ニッコウキスゲなどの花が咲き乱れている。所々にいくつかの別荘が点在しているが、いずれも京大関係者のものだという話だった。長い夏休みの間、一人でそこに籠もってひたすら仕事をするのが、氏の慣わしであった。それは最晩年まで続く本格的なもので、藤澤氏はそれを何よりも楽しみにしていた。

講座が出発した翌年（一九六八年）の夏、私は原稿の督促のために、氏の別荘に向かった。実をいえば、藤澤氏より「催促がてら、一度遊びに来たまえ」と誘われていたのだ。バスの終点まで迎えに来てくれた氏は、一軒しかない商店で食事の材料を仕入れ、それを持って家へ向かった。まず別荘の裏手に案内され、そこに掘られた小さな池を覗くように言われた。美しいヤマメが数匹泳いでいる。「近くの人にとってきてもらった。今晩のごちそうだよ」と藤澤氏。しかし残念ながら、このごちそうにはありつけなかった。数時間後に池に行くと、一匹残らずいなくなっていたのだ。イタチやタヌキなどがよく出るという話だった。ヤマメはなかったが、藤澤氏の心尽くしの手料理でおいしく酒を飲んだ。夜は満天の星。自然の中でたった一人、ギリシアの哲人たちと対話を続けて倦まぬ藤澤氏に、深い敬意を覚えたことを忘れられない。

その次の年にも、私は富士見を訪れた。今回は原稿執筆に苦闘している氏を励まそうと、富士見の料理屋に引っぱり出した。二人で飲み始めたが、しばらくたつと空の銚子が十本以上並んでいた。我々が飲んでいた座敷は二階にあったので、仲居さんが料理と銚子を盆にのせて運んでくる。ちょうど、仲居さんが階段の半ばまで上ってきたそのとき、藤澤氏は何を思ったか、急に立ち上がって三高の寮歌を歌いだした。その声のあまりの大きさに、仲居さんは文字通り腰を抜かし、階段の途中から下に転げ落ちた。二人であわてて助け起こしに行ったことを覚えている。銚子の数はさらに増えて三十本近くにもなったろうか。その日、藤澤氏は一人で別荘に帰った。山道を大声で唱いながら帰ってきたと、ある京大の教授が『京都新聞』に後年書いていた。私はといえば、夜行で東京に戻ったのだが、翌日は宿酔で起きることができなかった。

以後三十年以上にわたって、藤澤氏とは実によく酒を飲んだ。京都で飲むことが多かった。晩年には藤澤夫人を交じえての場合もある。なぜそんなにたびたび一緒に飲んだかというと、それは氏の生活パターンと関係していた。氏は早朝に起床し、まず何キロかジョギングをする。ステーキの朝食をとり、その後仕事にかかる。講義があるときは大学に出かける。夜は自宅で晩酌し、食事の後、早く就寝する。という具合なので、夜の時間を共にすることが比較的可能だったのである。

もっとも酒ばかり飲んでいたわけではない。藤澤氏には、その後「新岩波講座・哲学」や「講座・転換期における人間」の編集委員をお願いした。もちろん『イデアと世界――哲学の基本問題』などの単行本、新書、文庫の仕事もお願いした。それらの主要な仕事は『藤澤令夫著作集』（全七巻、二〇〇〇〜〇一年）にまとめられている。

最後に、私が心底驚嘆したエピソードを紹介して、この項を終わりたい。それは藤澤氏の退官記念講義に関してである。氏の退官講義は、ゆるやかなスロープの大きな階段教室で開かれた。多くの哲学者や他分野の学者が列席していたが、高齢の寿岳文章氏が車椅子に乗って最前列にいたのは印象的だった。藤澤氏は、有名なゼノンのウサギとカメのパラドックスなどの話を通して、ギリシア哲学の諸問題を語っていた。驚いたのはその話の各々が、すべて氏のこれまでの著作や論文によって、あたかも壮大なパッチワークの如く組み上げられていたことだ。例えば『西洋古典学研究』に掲載された、ソクラテス以前の哲学者のある断片についての非常にテクニカルな研究が、見事にそのパッチワークの一部を成しているのを教えられたとき、私は学者の一生とはこういうものなのかと、改めて驚嘆せざるを得なかった。そしてこのような機会に立ち会えたことを、何にも優る幸せだとつくづく思った。

2　編集の師との出会い

「君たちに原稿はとれない」

林達夫氏には、第四巻『歴史の哲学』に「精神史——一つの方法序説」を書いてもらった。講座の内容見本（宣伝用のパンフレット）ができあがったときに、F課長、K先輩と一緒に役員室に持っていった。それを見た小林勇氏（当時、岩波書店会長）は、「ここに林達夫とあるが、君たちには絶対に林さんの原稿をとることはできない。万一できたら俺は頭を刈って坊主になるよ」と言った。小林勇氏の言うことにも一理あった。というのは、林氏は過去十年以上、原稿を全く書いていなかったからだ。

この著名な論稿の内容について言及する必要はないだろう。ただこの「精神史――一つの方法序説」が発表されたとき、「林達夫は健在なり」と、讃嘆の混じった論評が知識人の間で流れたことは、記しておく必要がある。そして多少なりとも林氏を知る人から、「本当に書いたのか」と聞かれたのは二、三のことではない。中でもある親しい学者は、「どうやって林さんに原稿を書かせたの」と露わな表現で問うた。

が、私は担当の編集者として、特別なことは何もしなかった。ただひたすら氏の話の聞き手をつとめ、氏が執筆のために必要とする書物（ほとんどが洋書）を、可能な限り早く入手することに努めただけだ。後に「精神史」を中核に単行本をまとめるという話になった頃の、林氏の手紙があるが、その一部を左に記してみよう。

先日はいちばん肝腎な用事を忘れてしまいました。

仕事を義務づける――つまり自縄自縛するため、別紙の本、お取寄せ願えれば幸甚です。赤マルは飛行機便で欲しいものです。本が出来たとき、印税差しひきということにして下さい。

長い時間がかかったが、ようやく「精神史」の原稿をもらいに行く時がきた。鵠沼のお宅で書斎に通され、夫人がお茶を運んできてくれたとき、林氏がまだ現われない間に、夫人は私に言った、「林が原稿を完全にあなたに手渡し終わるまで、絶対に中を見てはいけませんよ」と。原稿を私に渡しながら、林氏は夫人の顔を見て、「小林（勇）君に原稿を渡したときのことを覚えているかい。彼は何回も催促に来て、一枚、二枚と持って行く。最後の日には、夜中まで待っていたができなかった。明け方にようやく完成して窓を開けたら、庭の落葉をガサゴソかき分けながら小林君があらわれた。昨夜は電車がなくなり、庭の落葉にくるまって仮眠したと言っていたね」と言った。小林氏が、〝お前らのような若造に林さんの原稿がとれるわけがない〟と豪語した理由がわかった。が、小林勇氏は坊主になるという約束を守らなかった。

林達夫の聖と俗

私はこの講座の編集作業を通して多くのことを学んだが、私にとって編集者の師匠ともいうべき林達夫に出会えたのは、本当に幸いなことであった。その後のエピソードを含めて、少し長くなるが、十年以上前に発表した文章をそのまま再録する（久野収編『回想の林達夫』日本エディタースクール出版部、一九九二年、所収）。

編集者としての林達夫

はじめに

林達夫という大きな人間に、ある一つの側面から光を当てたとき、どのような像を描くことができるか。三十年近くなる私の編集者生活のもっとも早い時期に出会い、その後絶えず啓発され続けてきた恩義を感じている者として、与えられた「編集者としての林達夫」というテーマで考えてみることは、当然果たすべき義務であろうと思う。

学術出版を中核とする出版社に在籍している私にとって、優れた学者・研究者と接する機会は多い。しかし林達夫は学者ではないし、研究者でもない。思想家と言えばよいのかも知れないが、もう一つ収まりが悪い。それではモラリストと言ってみよう。これが一番ぴったりする。更に本論との関わりから言えば「モラリストとしての編集者」となるだろう。二十年を越える体験から、林達夫を一応そう規定した上で、話を進めてみたい。

一　編集者の資格とは

それは岩波新書の編集会議の最中であった。一九七二年初夏のことである。毎週水曜日の午前中に開かれる会議で、当時新参の新書編集部員として、電話の取り次ぎ役も引受けていた私は、ベルの音に何の予感もなく受話器を取った。その途端に耳元で大爆発が起った。「ミケランジェロは人類の産んだ五人の天才のうちに入る人物だ。それをマキアヴェッリと比べて見劣りがするなどとは何事だ。こんな基本的な事実を見逃していて、君は一人前の編集者と言えるか。僕の言うことに文句があるなら、言ってみろ!」。激越な口調の叱言が三十分間続いた。私は「はい」とか「ええ」とか答えるだけ。次第に会議を続けている編集部員たちも不審な空気を察知しはじめた。「いったい、どうしたの」「林先生にこっぴどくおこられてしまった」――それ以上の説明は不可能だった。

かつて京都大学文学部教授で、すでに鬼籍に入られた清水純一氏に、ジョルダーノ・ブルーノの生涯と思想を簡明に描いていただいた新書は『ルネサンスの偉大と頽廃』というタイトルだった。ブルーノについての大著をその数年前にものされていた清水氏は、新書という小さなヴォリュームに見事な内容を盛って下さった。名著といってよい出来だった。ルネサンスに対してひとかたならぬ思いを寄せている林達夫にその新書を送ってあったのだ。「ブルーノについての清水君の分析は見事だ。しかし第I章のこの言葉がすべてをぶち壊しにしている。それに気がつかなかったのは、編集者としての君の責任だ」。三十分間にわたる叱言の要点はこれにつきていた。編集者たるもの、人類の天才が何人いて、どの天才は何番目に位置するのか知っていなくてはならない――「これは少しおかしい。そんなことは本質的なことではないじゃないか」というのが、いつわらぬ最初の気持ちだった。

しかし、何日か考え続けているうちに、ひょっとして編集者とは絶えずそのような大きな基準で物事を判断しなければならないのかもしれない、と思うようになった。ミケランジェロが人類の産んだ天才五人のうちに入るか否かが問題なのではなく、数百年も前に生きていた人間に対してもある判断の基準が必要なのだ、そのことを林達夫は言いたかったに違いない。しかし、電話口でのあの異常とも言える激昂ぶりの意味が本当に分るようになるためには、ほぼ二十年の歳月が必要だった。

編集者の仕事は新しい考え方を産み出すことだ。そのためにはある意味で、人類が現在までに蓄積してきたものの総体を知らなければならないだろう。そうでなければ、何が本当に新しいか判断がつかないはずだ。これは大変なことになった——その後二十年間、私なりに努力してきたつもりであるが、そんな大それた目標には及ぶべくもない。しかし心の中では、編集者に課された仕事の大きさをいつも反芻し続けている。

考えてみると、林達夫は自分が可愛がっている人間には、その相手が学者なら学者なりに、編集者なら編集者なりに、さまざまな仕方で啓蒙し、挑発しようとしていたのだろう。私の場合、それらの啓蒙・挑発の数は枚挙にいとまがない（そのことを、当時にあってはわずらわしく感じたことも度々あった。しかし現在では、本当にありがたいことだと思っている）。通常は平凡社の林達夫の室を訪ねたとき、「君はA・コワレ（現在ではコイレと統一的に表記されている）の最近の本を読んだかね」「G・ショーレムがユダヤ神秘主義の歴史について書いた本を知っているかい」という調子で、毎回必ず十指に余る書物の話題が出されるのであった。しかもそのほとんどが外国の最新刊のものであった。私には英語かフランス語の書物だけであったが、ドイツ語の堪能な友人の編集者の話によると、彼には必ずドイツ語の新刊本が話題に供されたそうだ。

その啓蒙・挑発活動の最たるものを一つだけ紹介しよう。ある日私の社の受付に突然、林達夫が現われた。「面白い本をだぶって注文しちゃったので、一冊君にあげる」。それはヤン・コットの新刊 *The Eating of the God* だった。ポーランド出身の演劇評論家の手になるギリシャ悲劇論である（当時、ヤン・コットの前著『シェイクスピアはわれらの同時代人』は私たちの共有財産の一つであった）。林達夫がわざわざ私の社まで持参してくれた本だ。次回会う時までに目を通して、感想の一つか二つかは言わねばなるまい——その結果、人文書院刊の『ギリシャ悲劇全集』を買い込んだ上で、英語の辞書と首っぴきの勉強をせざるを得ない破目に陥った（その後の経験からすると、本を持参しておどすというのは林達夫の策略の一つであった）。しかしそのおかげで、ギリシャ悲劇の代表作には一応目を通すことができたわけだ。

この啓蒙と挑発の精神は——少なくとも後者は——編集者にとって必須のものであることを身をもって教えてくれた林達夫が、絶対自らに対して許さないことがあった。それは何か一つの道の専門家になるということだった。かりにルネサンス研究で研究者の業績をこえる蓄積があったとしても、ルネサンスの研究にとどまることはなかったであろう。林達夫は口ぐせのように「ぼくはいつもアマチュアでいたい」と言っていた。一方で編集者として人類の遺産を全体的に受け止めながら、他方絶えずアマチュアとして、軽快なフットワークを持ち続けたいと願っていた——そう考えさせるのが林達夫の生き方であった。

二　俗の側面

編集者の仕事は当然のことながら、その時代の現実に中においてしか、生かすことはできない。現実の中にどっぷりつかりながら、なおかつ（それが仮りに可能なこととして）人類の遺産の全体に照らして物事を判断することを実行しなければならない。例えばアカデミズムの現実は、純粋な学問研究という美しい動機によってのみ支えられているわけではないのは自明のことだ。往々にして名誉欲や学閥のしがらみにとらわれることもあろう。そうしたアカデミズムの現実を知悉し、その閉鎖性を直視した上で、新しい感受性と思想を体現した人間が現われたときには、肩書きや系列にとらわれることなく正当な評価を下す――これが編集者としての林達夫の示した見事な姿勢であった。そしてこの点においてこそ先ず第一に、私は林達夫を師と仰いでいる。

一九六六年、駆け出しの『思想』編集部員であった私は、山口昌男氏に「文化の中の〝知識人〟像」という論稿を寄稿していただいた。当時はまだほとんど無名であった山口氏の知識人論は、後に花開く道化論の基礎をなすものであった。林達夫は『思想』の巻末に近い場所に置かれた山口氏の論稿に目を止め、何かの用事で鵠沼のお宅にうかがった私に次のように言った。「山口君ってのはどういう人？　ああ、君はよく知っているの。こういう人は大切にしなさいよ、ぼくの見るところ半世紀に一人出るか出ないかくらいの天才だからね」。その後の山口氏の活躍ぶりは、正に林達夫の予言を実証するかの如きものであった。

同様にさまざまな分野において林達夫は有力な新人を発掘し、関係のあるジャーナリズムに登場させることを好んだ。例えば十年程前、ご高齢の波多野完治氏にお目にかかった折に、氏は自分が若いときにレトリック論で最初に『思想』に登場できたのは林達夫の推薦によるものだ、と話して下さった。比較的最近の例として、作家の庄司薫氏や評論家の高橋英夫氏をあげることができよう。

一方、平凡社の百科事典の責任者として、いろいろな学界の主として東京・京都間の調整に苦労を重ねた林達夫は、そうしたアカデミズムや人事のもめごとに疲れると、箱根の山々を歩き回って気持ちを落ち着かせたと言う。しかしそうしたことの多くは語らなかった。

多くは語らなかったことの中に、林達夫の愛憎の問題がある。例えば三木清、和辻哲郎とのそれ。とくに三木清の思想に対しては、実に厳しい批判をもっていた。言葉の端々から推測すると、恐らくは構想力の論理などが自分の考え方と非常に近いものでありながら、微妙なところで違っていたからであろう。和辻哲郎については、既成の思想史や哲学の枠を乗り越え、冒険に出向いて行ったところを高く評価していた。今をときめくある高名な哲学者について「〇〇君は哲学者にしては、新しいテーマにどんどん挑戦するところが素晴らしい。和辻が生きていたら彼と同じようなことをしただろう、ただしもっと腋を固めた上でね」と言っていた。しかし和辻哲郎の風土論については、ヴィダル・ド・ラ・ブラーシュやその後の展開であるアナール学派の研究などと照らして、批判的であった。いずれにしても、両者に対する愛情は実に深いものであった。そしてそれ故に、両者に対する批判にはまことに厳しいものがあった（ほとんど何も語らずに、しかも林達夫にとってたぶん決定的であったろうことは、女性に対する愛憎の問題であった。しかしそれは本稿のテーマとは離れてしまうし、確たる資料もないので省かざるを得ない）。

ところで林達夫のダンディズムについては、すでに周知のことだ。その知的ダンディズムは編集者としての林達夫の基本を形成するものであったし、国家主義的風潮の強まりつつあるときに西欧的なダンディさで振る舞うこと自体、明らかに抵抗の一つの形であったろう。ツイードの上着に絹のスカーフを首に巻いたその姿は、晩年の林達夫の精神的闊達さと重なる。最晩年に病床にあった時でさえ、林達夫はそのダンディズムを失わなかった。山口昌男氏や中村雄二郎氏など親しい人が、再三にわたって見舞いに行きたいと願い、林達夫に何回か伝えたが、一度として応じたことはなかった。「彼らと会うには、二、三カ月勉強しなくちゃならないからね」というのが、見舞いを辞退するいつもの言葉だった。

三　聖への憧れ

鵠沼の林宅は素晴らしい。しっくいの壁に梁が露出しているイギリスの民家風の建物で、林達夫自身が設計し、インテリアの細部にいたるまで配慮をめぐらしたと言う。例えばドアの把手はさんざん探したあげく、浅草の道具屋に注文してつくらせた、という話を聞いたことがある（そして続けて、そこからジンメル論に展開するのがいかにも林流の会話だった）。庭がまた美しい。日本風庭園のような様式をどこにも感じさせない、自由につくられた庭で、そこには外国産の珍種もたくさんあるとのことであった。そして林達夫を敬愛する学者や研究者たちは、留学先から大きな園芸店のカタログや植物園の案内書を送ってくるのであった。

この美しい家の中に招じ入れられてまず気づくことは、本棚の側面やマントルピースの上部、そして仕事机の上に、いくつもの素朴なマリア像の複製画が飾ってあることだった。私の貧しいルネサンス絵画の知識では、とても明確に識別することはできなかったが、少くともジオットのものやシエナ派の作品と思われるものがあった。それらは林達夫の知的ダンディズムとは明らかに異質なものであった。通常、林達夫が熱っぽく語るのはダ・ヴィンチやラファエロといった巨人たちのことであり、彼らの工房のあり方であった。ほとんどが絢爛たる最盛期の人間中心主義的なルネサンスのことであり、決して初期の素朴なキリスト教信仰がうかがわれる作品についてではなかった。

しかし、林達夫が愛した文学作品の一つがアナトール・フランスの「聖母の曲芸師」であったことを知るならば、彼が人間のもっとも素朴で純粋な形における信仰のあり方について心をめぐらせていたことが想像できるだろう。事実、ほぼ同年配の宗教人類学者・古野清人氏（故人）とは非常に親しい仲であったし、両氏の会話を通して林達夫が宗教について実に深い関心と知識をもっていることがうかがい知れた。また哲学者・松本正夫氏の仕事に関わっての話から、ネオ・トミズムの動向やソヴィエトにおける宗教事情に絶えず注目していることを推測することが可能であった。『共産主義的人間』の著者には、これだけの宗教についての知的背景があったのだ。

同様なことは、文化人類学やフォークロアに対する熾烈な関心によっても示されているのであった。つまり、人間の始源的なあり方はどんなものであったか、それに照らして人類の文化とは何であったのか——そしてさらに現代の文化や政治の状況さえをも、そこから判断していこうという姿勢であった。言葉を換えて言うならば、人類史上での位置づけと文字通りのグローバルな視点を交差させたところに成立するのが、林達夫のものの見方であった。もちろん、そこには及ぶべくもないが、私が林達夫を編集者として師と仰ぐ最大の理由はここにある。

冒頭に書いた「モラリストとしての編集者」という意味はこういうことなのだ。この場合のモラリストとは通常の意味での倫理とはほとんど関係ない。あえて言うならば、人間の本来的なあり方の探究者、そこから発する人間の観察者、とでもなるのであろうか。

おわりに

藤沢で行なわれた林達夫の告別式に私は参列しなかった。前日の通夜には出席したが、知人と声を交わすことを極力避けて、早々に会場を離れた。明白な理由があるわけではなかったが、それが林達夫流のやり方のように思えたからだ。

3　個性きわだつ人々

京都の著者たちのスケール

実に多くの哲学者たちと知り合うことになった講座の編集作業であったが、非常にユニークな活躍をしていたのは、何といっても京都在住の方々であった。上山春平、梅原猛、橋本峰雄、山下正男氏らである。これらの哲学者に共通しているのは、いずれも京都大学の出身でありながら、京大アカデミズムとは一線を画し、独自の思索を大胆に展開しはじめようとしていることであった。

上山、梅原、橋本の諸氏は、日本という思想土壌における哲学の在り方を摸索していたが、梅原氏はさらに、本来の意味での実存哲学的雰囲気を濃厚にただよわせていた。『文化』の巻に「文化の中の生と死――文化の交流と哲学」を執筆した氏が、学会で、「ニーチェを一言一句研究しても、それはニーチェ的でない」と、高名なニーチェ研究者に喰いついたりしたのは有名なことだ。

梅原氏にはよく会ったが、ときにはひどい宿酔で「あのバーのマダムをくどいたが、ふられた」などと、嘘か本当かわからない話をして頭を抱えているのだった。しかし『地獄の思想』など日本思想史の未開拓の分野に果敢に挑んでいく姿は、見事なものだった。講座の論稿には、その後の多面的な活躍の原型を見ることができたと思っている。そして梅原氏は常々、東京の哲学者で評価できるのは二人しかいない、と語っていた。生松敬三氏と中村雄二郎氏だ。二人とも独自の道を切り拓こうとしているところだった。私は両氏とよく会っていたので、梅原氏から、しばしば二人に対するメッセージを託されたものだった。

上山氏には、『価値』の巻の編集と「価値の体系」の執筆を、『日本の哲学』の巻では「思想の日本的特質」を執筆してもらった。上山氏に会うときは、必ず太秦《うずまさ》のお宅であった。上山氏も若い頃に実存的な問題で悩み、禅をはじめさまざまな身心のトレーニングを体験した、という話をよく聞かされた。同時に、当時格闘していた課題について詳しく話をしてくれたが、それらはいずれも狭義の哲学の域を越えた、日本とか日本人の本質に関わる壮大な問いかけであった。そうした話を聞き、こちらまで興奮さめやらぬ思いで上山氏のお宅を去ることがしばしばであったが、上山氏はいつでも家の外まで出てきて、私の姿が見えなくなるまで見送ってくれるのであった。

後に書くことになろうが、京大人文研における氏の後輩であった牧康夫氏が亡くなった後に、遺稿集ともいうべき『フロイトの方法』(岩波新書)を編集した際の、上山氏の誠意と尽力を忘れることはできない。三十年も後のことだが、氏より全十巻の著作集の恵贈を受けたとき、かつての氏の話が、一つずつ大部の本になって実現しているのを確認し、本当にすごいことだと感嘆した。

橋本氏は、黒谷の名刹《めいさつ》の住職でもあった。『日本の哲学』の巻に「形而上学を支える原理」というタイトルの論稿で、三宅雪嶺や西田幾多郎、田辺元などとともに、清沢満之のことを書いた。清沢が行なったごとく、橋本氏も西洋哲学と日本の思想を合体させようとしていた。温厚な人柄は誰からも愛されていたが、氏の覚悟を見抜いていた人は多くはなかったと思われる。若くして逝った氏の通夜の折、黒谷の黒い樹々の中でどうしようもない喪失感にとらわれたのは、私だけではなかったはずだ。

山下氏は『価値』の巻に「価値研究の歴史」を書いた。私には、氏は右の三氏と異なり、論理についての独自の理論を摸索しているように思えた。しかし京大のオーソドックスなアカデミズムに包含されていなかったことでは、三氏と共通であった。桂離宮に比較的近いお宅を訪ね、通例の西洋哲学史とは少し異なる話を聞くのは、私のひそかな楽しみであった。後に『論理学史』(岩波全書、一九八三年)、『論理的に考えること』(岩波ジュニア新書、一九八五年)を執筆してもらうことになる。

東北勢の活躍

ここで話を変えて仙台の哲学者たちについて触れてみたい。仙台の若き俊才たち、現象学の新田義弘・滝浦静雄・木田元氏らの師匠筋に当たる三宅剛一氏に、『思想』編集部時代に原稿をいただいたことがある。学習院の近くの宿舎を訪ねたのだが、もの静かに話される姿が印象的だった。後に木田氏から聞いた一面とは、ずいぶん異なっていたようだ。

河野與一氏は、岩波書店でいつもお会いしていた。河野氏には、多方面にわたる直接、間接のお弟子さんがいて興味深かった。ライプニッツの研究で知られる石黒ひでさんも、そのうちの一人である。

石黒ひでさんを、青山の岡本太郎氏の隣りのお宅にお訪ねしたのは、講座の月報に原稿をお願いするためだった。ミニスカート姿で目をくりくりとさせながら、英国の哲学界から社会科学方面、さらには演劇にまで話は及んだ。例えば社会人類学者のアーネスト・ゲルナーの人柄とか、ハロルド・ピンターの最新作についてなど。このような哲学者がいるのかとびっくりしたものだが、後に石黒氏が編集した英文の哲学シリーズのうちから、チャールズ・テイラーの『ヘーゲルと近代社会』を、仙台の渡辺義雄氏の訳で単行本として出版するなど、長い関係が続いた。比較的最近のことでは、アメリカの良心的な書籍の編集者A・シフレンの歓迎会で会い、石黒さんはシフレン夫妻の親友であると聞いて、その交友の広さに改めて驚かされた。

後に「新岩波講座・哲学」を編集した際には、先の滝浦・木田氏には編集委員として参加してもらったし、岩田靖夫氏をはじめ東北勢の活躍が目立った。が、私の個人的なつきあいということでいえば、何といっても木田・滝浦の両氏であった。両氏には単行本や新書を何冊もお願いした。後に触れることがあると思うが、ここでは、仙台を訪れ滝浦氏と一杯飲むとき、必ず「木田君はどうしているかな」と氏が言い、飲んでいる場所から東京に電話をかけるのが常だったこと、逆に東京で木田・生松氏と飲んでいるとき、木田氏がよく「滝浦は今こういう仕事をしている」と噂をするなど、距離を越えた二人の友人関係を羨ましく思ったことだけを記しておきたい。

ナイジェリアからの原稿

次に、哲学者ではないが『文化』の巻に登場願った山口昌男氏のことに触れておきたい。

山口氏には、「アフリカの知的可能性」というタイトルで寄稿してもらった。当時ナイジェリアでフィールドワークを行なっていた氏からは、頻繁に手紙が届いていたが、最初は講座原稿の執筆依頼に対して、あまり乗り気ではなかった。一九六七年三月のある手紙では、次のように書いてきていた。

大塚君も御存知のように講座というケチなソロバン高い出版形式は小生の好まないところで、ここに並ぶリストを見ると“The Cult of Fame in Journalism in Japan”という言葉が浮び出てきて、何かクリエーティブなものが感じられません（大塚君の努力にもかかわらず）。

（中略）

小生はその後のピンチヒッターに考えておいて下さい。三〇枚くらいだったら出す出さないは別にしてノートに書きためておくくらいの事はできます。

しかし、七月のある手紙で、氏は次のように書くに至る。

機は熟して来ました。

正直いってこの二ヶ月どうやって「大塚哲学講座」をものにするかいつも考えてきました。調査の合い間にも、夜小屋の中で酒をのみ乍ら、テープレコーダーに仕込んだ楽曲に耳をかたむけている時も、車で走り廻っている時も。即ち、いままでと全然違った条件で書かなければならない。これは小生のように本にうずもれて鼻うたまじりに文章をものにする人間には相当つらい事です。

そして九月の手紙で、

原稿出来あがりましたので同封いたします。枚数は超過しました。アフリカの広さを考えて大目にみていただきたい。これでもとったカードの三分の一程度しか使っていない。抑えないで書いていたら最低二〇〇枚にはなったでしょう。

度々の手紙で「哲学史の書きかえ」「真にラディカルな」などという穏かでない、激励とも思われる言葉に接しているうちについ張り切ってしまった傾向があります。思わせぶりで、キザでペダンティックといった人々の反感は覚悟のうえ。

と書いてきた。

ここで書かれている視点は、山口氏の帰国後、『未開と文明』(「現代人の思想」15、平凡社、一九六九年)の解説「失われた世界の復権」において、さらに展開されることになる。送られてきた原稿は、出納帳のような赤い罫の入った紙の表裏に、小さな文字でびっしりと書き込まれていたが、依頼枚数を大幅に超えていたので、山口氏の諒解の下、私が可能なかぎり短縮した。さらに、この巻の編集者であった鶴見俊輔氏と生松敬三氏に内容を報告し、画期的な論稿だと思われるのでと、文化の個別的考察の最初に置くことに同意してもらった。

あるとき山口氏が、「すごい若者がいるよ」と言って、青木保氏の手紙を見せてくれた。青木氏は当時、まだ東大大学院の学生だった。上智大学の独文科を卒業して文化人類学を大学院で学んでいた青木氏は、山口氏とある意味で似たキャリアを歩みつつあった。そして山口氏と同様に実に幅広い知識の持ち主だった。たぶん『思想』編集部にいた頃のことだと思うが、御茶の水の小さな天ぷら屋の二階で、いいだもも氏に山口氏を引き合わせたことがある。そのとき青木氏もついてきていた。青木氏とは、当時インドネシアのジャワのフィールドワークに基づいて盛んに本を出していた、C・ギーアツについて話をしたことを覚えている。

講座「哲学」に関していえば、青木氏に月報の原稿を依頼した。一九七一年のことである。氏は「未開社会と近代の超克」という題で、メラネシアのカーゴ・カルトについて書いた。今から思えばこの短い論稿には、後の青木氏の活躍を予想させる要素がいくつも潜んでいた。青木氏とは、今に至るまで長いつきあいが続いている。

思想的展開の核として

最後に、中村雄二郎氏と市川浩氏について書いておこう。

中村氏には『人間の哲学』の巻で「構造主義と人間の問題」を、『言語』の巻で「言葉・表現・思想——制度としての言語と「語る主体《シュジェ・パルラン》」との間で」を執筆してもらった。『思想』に「『思想』の思想史」の連載を執筆してもらっていたこともあって、氏とはよく会った。そして講座に書いてもらった二論稿は、氏のその後の思想的展開の核になったように思う。氏とはその後、長く深くつきあう関係になり、藤澤令夫氏の場合と同様、著作集(I期・II期)の刊行にまで至る。今後何回も触れる機会があると思うので、ここではこれだけにしておきたい。

市川浩氏については、氏が逝ってしまったこともあり、少し詳しく触れておこう。市川氏と最初に会ったのは、西荻窪の喫茶店こけし屋においてであった。たぶん一九六四(昭和三十九)年のことだ。当時氏はいまだ東大の大学院に籍を置いていたと思うが、京大卒業後しばらく新聞社勤務をしていたので、年齢的には通常より上のようであった。氏はその頃から、人間の行動と世界について、哲学のみならず生物学や動物行動学などを援用しつつ、綿密な考証をめぐらしていてユニークな存在だった。

実をいえば、当時の私には氏の考え方を十分に理解できる素地がなかった。とても興味深く思ったが、その意味を十分に把握することができなかった。後にメルロ=ポンティやユクスキュルなどを読んで、はじめてその本当の意味がわかったというお粗末さだった。しかし氏には、一九六五(昭和四十)年二月号の『思想』に「人間の行動と世界」という論稿をまとめてもらった。後の市川氏の活躍、なかんずく身体論での画期的な思想の展開を、私はその時点ではまだ予見できていなかった。

最初に『思想』に氏の論稿が掲載された直後に、氏の父上である市川白弦氏(『思想』にはよく登場してもらった。禅と実存主義について、仏教者の戦争責任論などユニークな論稿が多い)から、御茶の水にあるフランス料理店に招待された。白弦氏は、浩氏の論稿が『思想』に掲載されたことを大変に喜んで、以後もよろしくと、年からいえば息子のような私に頭を下げて頼まれたのだった。ずっと後に白弦氏の葬儀の折、それを思い出し深い感慨にとらわれた。

講座には『人間の哲学』の巻に「精神としての身体と身体としての精神」、『言語』に「芸術と言語」を執筆してもらった。いずれも後の市川氏の哲学の核となる、身体論と芸術論に関わる論稿だった。以後氏とは長い関係が続いた。「新岩波講座・哲学」の、絶筆と思われる論文「断章・身体による世界形成」（第一巻所収）の校正を、ご遺族の要望で、氏に代わって行なったことを忘れることができない。それも身体論の展開であったが、市川氏の仕事の大きさをつくづくと感じさせられたのだった。

最後に話をしたのは、千駄ヶ谷の国立能楽堂で能を見た帰り、駅まで一緒に歩いたときのことだ。氏はゆっくりゆっくりとしか歩くことができなかった。が、わずか十五分ほどの間、あれこれと話し合ったのを覚えている。総武線のホームで、氏が電車に乗るのを見送った。

第三章　新書編集とフランクフルト国際書籍市

1　青版の時代

最初に担当した名著

講座は『歴史の哲学』（第四巻）の刊行をもって完結した。一九六九（昭和四十四）年のことだ。完結と同時に岩波新書編集部に異動した。

新書には一九七八年までいたので、数多くの新書を手がけた。青版と黄版を合わせて約六十冊となる。新書はヴォリュームが小さいだけ、さらに一般読者が対象の啓蒙書であるだけに、著者にはさまざまな要求を課すことになる。当然やりとりが多くなり、したがって著者との関係は深くならざるを得ない。以下には、特に印象に残った例を書いてみたい。

新書で最初に担当させられたのは、I・ドイッチャー『非ユダヤ的ユダヤ人』（鈴木一郎訳、一九七〇年）である。ユダヤ人問題には以前から関心を抱いていたので、名著といわれる本書を担当させられたのは幸いなことであった。後に「現代選書」でA・ケイジン『ニューヨークのユダヤ人たち』、A・シュルマン『人類学者と少女』、R・バーコヴィチ『野うさぎ』などを出すが、ユダヤ人とホロコーストの問題は、言語に対する関心と並んで、編集者としての私の主要な関心の一つであった。

二冊目に担当させられたのは、小田切秀雄氏の『二葉亭四迷——日本近代文学の成立』（一九七〇年）だった。当時の新書編集部では、『思想』の場合がそうであったように、新参の編集者はほとんど何の手ほどきも受けずに、見よう見まねで自分の企画をつくり出していく以外に方法がなかった。したがって、右の二冊は先輩の作った企画として担当させられたものの、自前の企画を実現するためには約一年の時間が必要であった。

その間、なにをしていたかといえば、私は重版の作業をせっせと行なっていた。著者への通知、誤植の訂正等々、しなければならぬ事務は意外に多かった。当時は、現在のように書物の寿命が短くなかったので、毎月何十冊分もの重版事務を、誰かがしなければならなかったのだ。それは新書編集部員が一度は経験しなければならない、イニシエーションのようなものだった。

初めての自前の企画

私が最初に実現した自前の企画は、木田元氏の『現象学』（一九七〇年）だ。当時、哲学の世界では現象学に対する関心が昂まりつつあったが、編集会議で提案したときには、それが何であるか、ほとんどの人が知らない状況だった。おまけに当時の木田氏は、『現代の哲学——人間存在の探究』（日本放送出版協会、一九六九年）という名著をすでに上梓していたものの、一般的にはいまだ無名の新進哲学者だった。さいわい、会議に出席していた社の編集顧問格の粟田賢三氏が、この時点で現象学についての啓蒙書を出版する意味について、積極的に支持してくれたので、企画は成立した。粟田氏自身は古在由重氏、吉野源三郎氏の友人でもあり、マルクス主義の哲学者として知られていたが、新しい傾向に対して柔軟な姿勢で対応してくれたことをありがたく思う。

この新書の成立に関して、木田氏自身が書いている（『猿飛佐助からハイデガーへ』岩波書店、二〇〇三年）ので、氏のお許しを得て引用させていただくことにする。ようやく一人前になりかけの編集者の姿が、著者の筆一つであたかもベテラン編集者であるかのように化ける、という一つの見本でもある。

次が昭和四五（一九七〇）年に岩波新書で出してもらった『現象学』である。この本にも思い出が深い。つい最近まで岩波書店の社長をしていた大塚信一さんがまだ三〇代の初めのころ、生松君と三人でよく呑んでいたが、昭和四四年の秋のころ、〈現象学〉で新書を一冊書いてみませんかという話になった。そのころは、岩波新書といえば功成り名を遂げた大先生の書くものときまっていたから、冗談でしょうと逃げた。それは、いつかは自分のやっている現象学を新書向けにやさしく書いてみたいという気はあったが、いま書けるなんていう自信はなかった。まだ四〇歳を過ぎたばかりである。

しかし、大塚さんの話のもっていきようがうまかった。もし書くとしたらどんな構成になるでしょうかねと言う。もしという話ならというので、目次のようなものを書いてみたのが、翌四五年の一月だったと思う。またひと月ほどして、全体で二五〇枚を各章にどう配分するか書き入れてみてくださいと言う。これももしもの話と、適当に書きこんでみた。三月ころになって、ためしに序論だけ書いてみませんかときた。ためしにならというので、これも書いてみた。はじめうまい書き出しを思いついたのだが、あまり受けをねらいすぎるなと思って、それをやめ、ヤボッたく生真面目な書き出しで書いてみたが、大塚さん、あまり感心しないという顔をする。分かりましたと言って、はじめに考えていた書き出しで書きなおしてみた。そうしたら、大塚さんが、「これですよ、これ」と言って喜んでくれた。その書き出しで「序論」を書きあげたのが四月末。またひと月ほどかけて第一章を書きあげた。

それからがすごかった。私は四月から学生部委員になっており、本来なら本など書ける状態ではなかったのだが、その年は大学闘争の真最中、五月の末から全共闘との関係が決裂し、大学はバリケード封鎖され、授業もできなければ学生部を通じての学生がわとの交渉もない。連日のように教授会は開かれていたが、学生部委員は出なくてもいい。六月いっぱいはずっと家にいた。

そこに大塚さんが毎日原稿をとりにくるのだ。まだ京葉高速道路も通っていないころ、船橋の町はずれの拙宅まで、土曜も日曜もなく毎日車できて、五枚でも六枚でもできただけもっていく。一日も欠かさなかった。

七月に入って間もなく、学生部が主宰して、希望の学生だけを小諸あたりの大学の山荘に連れていき五日間ほどのセミナーを開くことになっていた。これにはいかなくてはならない。

その日がいちおうの締切ということになっていた。出発の前夜徹夜して、終章を除く最後の原稿を書きあげ、八時半ごろの汽車に乗る前に、上野駅のホームで大塚さんに渡すことになっていた。発車ギリギリの時間に乗車ホームにいくと、もう発車のベルが鳴っている。大塚さんの姿が向うに見えるが、渡している暇がない。大塚さんが気づいたのを見て、原稿の入った袋を地べたに置き、手近かのデッキに跳びのった。ドアがしまり動き出した汽車のなかから、大塚さんが走ってきて袋を拾いあげるのを見とどけた上で、自分の席をさがし、座るやいなや眠ってしまった。山荘についてからも、食事もせずに翌朝まで眠りつづけ、同僚たちにあきれられた。

セミナーを終えて帰ってくると、もうゲラが出ていた。終章を書きあげ、ゲラにかなり手を入れ、九月にはもう本になってしまった。本当に書かされてしまったという感じだった。しかし、こんなふうにしてもらわなければ、この本はとうてい書けなかったであろう。さいわい評判もよく、次々に増刷をつづけ、つい最近も第三三刷が出た。現象学がこんなに分かりやすいはずはないという妙な批判はあったが、一般読者を対象にした新書なのだから、分かりやすくなければ意味がない。哲学は難しいはずだ、難しくなければならないという妙な思いこみが、むしろ哲学愛好者のあいだにあるようだ。

その後、木田氏には何冊もの本を執筆してもらったが、『ハイデガー』（20世紀思想家文庫、一九八三年。現在は岩波現代文庫）や『偶然性と運命』（岩波新書、二〇〇一年）、『ハイデガー『存在と時間』の構築』（岩波現代文庫、二〇〇〇年）は特に忘れがたい。
氏の温かい人柄もあって、生松敬三氏と共に、東京の町をあちらこちらと本当によく飲み歩いたものだ。そして時によって、丸山圭三郎氏や斎藤忍随氏、あるいは小野二郎氏らも加わり、哲学者の宴とはこんなものかと思われる楽しい時間を過ごした。だから後に生松敬三氏が亡くなったとき、浅草のお寺で葬儀をとりしきっていた木田・丸山氏と顔を合わせたとたんに、涙が止まらなくなり、電車の中でも泣き続け、自宅に戻ってもしばらく家人に顔を見せることができなかった。

自前の企画の二冊目は可児弘明氏の『香港の水上居民——中国社会史の断面』（一九七〇年）であった。可児氏には後に単行本で、『近代中国の苦力と「豬花《ちょか》」』（一九七九年）、『シンガポール　海峡都市の風景』（一九八五年）を執筆してもらった。氏は「蛋民《たんみん》」や「豬花」といった、ともすれば差別の対象になってきた存在に光を当て、ユニークな視点で中国社会史を描いた。

大御所の意外な推薦

そして一九七一（昭和四十六）年に、山口昌男氏の『アフリカの神話的世界』を出すことになる。とはいえ、企画を成立させるのは並みたいていのことではなかった。なぜなら氏は当時、林達夫氏のような具眼の士はともかく、一般的にはほとんど無名の文化人類学者だったからだ。が、氏の実力は、学界の大御所的存在である泉靖一氏の認めるところとなっていた。それを知ったのは、ある用事で東大の泉氏の研究室を訪ね、若手研究者の話をしていると、突然氏が「山口君はできますよ、ちょっと型破りだけれど」と言い出したときだった。山口氏は学界の長老たちに対して「手配師」などと書いて、一部では顰蹙を買ってもいたので、泉氏の発言には驚いたが、同時にフェアでもあると感心した。

泉氏のおかげもあって、企画は何とか成立した。泉氏の評価を編集会議の折に紹介させてもらったことと、企画が成立した旨の手紙を泉氏に出したところ、一九七一年五月二十日付けの次のような返事がきた。

お便りありがとう存じました。
山口君の『アフリカの神話的世界』が新書で刊行されるはこびになりました由うれしく存じます。秀れた人ですので何卒友人としてお引きたてお願いいたします。私もはるかに彼の力作が出来上ることを祈っております。

『アフリカの神話的世界』の内容に関しては、多くの論評がなされてきた。ここで新たに復習する必要はないと思うが、本書によって神話的思考の重要性と魅力が、一気に日本の知的世界に広がったことは確認しておきたい。例えば、臨床心理学の河合隼雄氏と山口氏を、一九七一年、山口氏の新書が刊行された後に、引き合わせる機会があった。その折に河合氏は、山口氏の描いた神話的世界が人間の無意識の世界といかに類似的なものか、トリックスターの役割など具体的な例をいくつもあげながら語った。初対面の二人だったが、まるで十年来の友人であるかのように意気投合し、語り合っていた姿が、まぶたに焼きついている。

山口氏は、林達夫氏の言うように、天才的人物なので、思考がどんどん展開していく。文章はその思考の速度に追いつけない。したがって氏の書く文章は、細部のつじつまが合っているか否かなどには関係なく、飛翔する。しかし本をまとめる場合には、いうまでもないが、細部の詰めと確認を行なわなければならない。

ちょうどその頃、氏は初めてフランスの大学に招かれていて、講義の準備に忙殺されていた。『アフリカの神話的世界』の初校ゲラは何とか校正した山口氏だったが、再校を見る時間もなくパリに去ってしまった。結局再校は私に任されたかたちになってしまい、苦労した。しかし本書は今に至るまで、山口氏の原点を示すものとして多くの読者に迎えられてきた。

この頃、文化放送のプロデューサーにY氏という面白い人がいた。Y氏は、どんどん頭角をあらわしてきた山口氏に目をつけ、山口氏を中心に、文化についての研究会を組織したいと考えた。研究会といっても、月に一度、文化放送の一室に集まり昼食をごちそうになりながら、メンバーが交代で話題を提供し、それをめぐって意見を交わすだけだった。メンバーは山口氏のほかに、多木浩二氏、中央公論社の塙嘉彦氏、それに私だった。この会は一年以上続いたように記憶している。後にいくつもの会合をつくったり、参加したりすることになるが、この会が最初のものだったた。

私はその頃、上田誠也氏に『新しい地球観』という新書を執筆してもらっている最中でもあり、プレートテクトニクス理論の成立に大きな示唆を与えたウェーゲナーの大陸移動説のことを紹介し、学問の変革は思わぬところに端を発するのでは、と話したことを覚えている。それは、当時山口氏が出現したことによって、例えば講座派か労農派かといった戦後のマルクス主義の呪縛を解く契機が生じていた、そうした状況を暗示したいがためでもあった。

イデオロギーの持つ恐ろしさ

次にその『新しい地球観』について書こう。この上田誠也氏の企画自体は、新書の編集会議に出席していた、自然科学編集部のM氏の発案によるものだった。私はこの新書を担当させられたことによって、初めて地球物理学や地震学の世界を垣間見ることになる。そしてプレートテクトニクスという新しい理論の講築に、日夜尽力している上田氏と接することによって、興隆期の科学の熱気と面白さを体験することができた。何よりも驚かされたのは、米ソ冷戦の最中に、上田氏は米ソ両方の軍艦に〝便乗して〟研究を続けていた、と聞いたことだ。それは、米ソが世界中に設置した核実験の探知網が地震観測のためにも利用することができ、それが新しいプレートテクトニクス理論の基礎をも築くことになるからだった。

後に、井尻正二、湊正雄両氏の『地球の歴史〈第二版〉』（一九七四年）の編集を担当させられることになるが、こちらが従来のオーソドックスな地球生成の物語であり、地質学の研究や発掘による研究を進めていた。井尻氏のナウマン象の発掘はよく知られている。また両氏が地団研（地学団体研究会）と関係が深いこともあって、科学の世界にもマルクス主義の影響が及んでいるように思われた。そして特に、こちらの側からのプレートテクトニクス理論に対する批判は、強烈きわまりないものであった。

井尻氏も湊氏も魅力的な人物であり、特に湊氏には北海道から上京するたびに一杯つきあわされ、さまざまな話を聞かされた。マルクス主義者である氏の話は、しばしば親しい保守党代議士の噂であったり、財界の裏話であったり、あるいは「アイヌ」の話であったりした。が、一度「地球」の話になると、当時ようやく形をとりつつあったプレートテクトニクスに対して、ブルジョワ理論、エセ科学といった批判が口から飛び出す始末だった。たまたま編集者として、相対する二つの理論に接することになったわけだが、イデオロギーの持つ恐ろしさは身に染みるものだった。とはいえ、井尻氏も湊氏も練達の文章家であり、『地球の歴史』はそれなりに魅力のある啓蒙書であることにはちがいない。

上田氏とは、その人柄の魅力もあって、現在に至るまで、ご家族や氏の友人である作曲家の間宮芳生氏などを含めて、つきあいが続いている。上田氏は目下、電磁気的手法による地震予知の理論に取り組んでいて、その知的活力の旺盛さには感服するのみである（『地震予知はできる』岩波科学ライブラリー、二〇〇一年）。

市民自治の思想

次に松下圭一氏の『都市政策を考える』（一九七一年）について触れてみたい。第一章の冒頭で書いたように、私が『思想』編集部員になって最初に会いたいと思ったのが、松下氏だった。氏は『市民政治理論の形成』という学術書を、岩波書店から一九五九年に出していた。

しかし、私が強く引きつけられたのは『現代政治の条件』（中央公論社、一九五九年）と『現代日本の政治的構成』（東京大学出版会、一九六二年）だった。当時、日本社会の変貌に関わって大衆社会論論争が行なわれていた。共産党系の論客と厳しく渡り合う松下氏の理論は、顕在化しつつあった日本の都市化と大衆化状況を見事に捉えているように、私には思えたのだ。

しかし、社会主義と資本主義が体制の違いを超えて、同様な工業化と大衆社会状況を迎えているという認識は、そう簡単に一般化するものではなかった。マルクス主義的思考の呪縛はまだまだ強かった。松下氏はそうした知的風土のなかで、いわば孤軍奮闘のかたちで、自らの理論を練り上げていった。それは『戦後民主主義の展望』（日本評論社、一九六五年）、『現代政治学』（東京大学出版会、一九六八年）を経て『シビル・ミニマムの思想』（東京大学出版会、一九七一年）に至る道程であった。そしてそこで得られた理論を具体化し、実践しようという試みが『都市政策を考える』であった。

松下氏の理論は鋭利な切れ味を持つものであったが、それを磨き上げたのは、徹底した社会の現状把握と分析だったと思う。氏を法政大学に訪ねたことは何回もあるが、一度として研究室で会った記憶がない。いつも教員の待合室であり、氏はそこで、各種の新聞を詳細に読むことに余念がなかった。しかし、夜ともなれば新宿や四谷の飲み屋で一緒によく飲んだ。また氏の故郷から越前蟹が届いた折に、自宅で氏が器用にカニを食べやすく分解して、ごちそうしてくれたのを忘れられない。

松下氏の考え方は、都市化の波が全国をおおい、地方自治体の重要性が理解されるにつれて、どんどん浸透していった。「シビル・ミニマム」という言葉は流行語のように使われた。現在では氏の理論は、地方自治体の職員の間で常識として定着していると思う。

氏の文章は硬質で、決して読み易いとはいえないだろう。が、一度氏の考え方を理解するならば、その著作は実にわかりやすく、理路整然と書かれているのだった。それを示す一つのエピソードを紹介しておきたい。

『都市政策を考える』に続けて、一九七五年に『市民自治の憲法理論』を執筆してもらった。憲法を真に市民のものとするために、徹底して市民の立場からの構築を目指した理論の提起であった。したがって従来の、上からの国を主体とする理論には、まことに厳しい批判を展開する。高名な憲法学者も、良心的と考えられてきた研究者の理論も、市民自治という観点から見れば、不十分な点が多々あることを、松下氏は徹底的に追及した。

ところで、この新書の校正を担当したのは、社内でも有数のウーマンリブの論客であるSさんだった。松下氏はゲラを真っ赤にすることで、出版界では恐れられていたが、この新書も例外ではなかった。初校、再校と真っ赤に訂正の入ったゲラを、苦労しつつ、最初は腹を立てながら仕事をしていた彼女が、校了になったときに、「この新書は本当に素晴らしい内容の本ですね」と私に言った。すごく嬉しかった。松下氏にはずっと後に、また新書を執筆してもらうことになった。一九九六年の『日本の自治・分権』である。その「あとがき」に氏は次のように書いている。

本書は、おなじく岩波新書の『都市政策を考える』(一九七一年)、『市民自治の憲法理論』(一九七五年)につづいており、三部作となった。第一は、「政策」を中心に都市型社会への移行を背景とする発想・理論の転型を提起し、第二は「制度」をとりあげ、明治以来、戦後もつづく憲法学・行政法学のパラダイム転換をのべたが、今回は、一九六〇年代以降の自治体改革を集約しながら自治体の問題状況をあらためて整理している。国家観念の終焉にともなう自治体、国、国際機構への政府の三分化が、その基調となっている。この意味で、この三冊は、国家、階級、農村の時代から市民、自治、都市の時代への、私なりの歩みとみていただければ、さいわいである。

この三冊ともに岩波書店大塚信一さんに担当していただいた。大塚さんに最初にお会いしたのは、一九六六年、『思想』の若き編集部員として、その六月号に「市民的人間型」について寄稿したおりであった。一九六〇年代はおおきな転換期で、社会科学の理論対立、党派論争のとくにきびしい時代であった。編集にもご苦労があったと思う。今回あらためて、御礼を申しのべたい。

右の文章の中で、松下氏は私と最初に会ったのを一九六六年と書いているが、これは氏の思い違いである。もっとも、学校を出たばかりの青年と昼食を共にしたくらいのことを忘れるのは当然の話だが。それに続く文章に私は感動した。そして『日本の自治・分権』に続いて、『政治・行政の考え方』(一九九八年)と『自治体は変わるか』(一九九九年)を新書でまとめてもらうことになるが、最後の岩波新書の「あとがき」の一文、「本書も大塚信一さんのお世話になった。今日からふりかえるとき、「国家、統治、階級」から「市民、自治、都市」へという一九六〇年代からの理論軸の転換を、大塚さんは最初に理解いただいた編集者だったと思う」にも、同様の思いを抱いた。併せて三十年近い月日の流れを思わずにはいられなかった。

『北米体験再考』『現代映画芸術』など

一九七一年には、右に書いた二冊のほかにも、素晴らしい著者と出会うことができた。稲垣良典氏（『現代カトリシズムの思想』）、鶴見俊輔氏（『北米体験再考』）、大野盛雄氏（『アフガニスタンの農村から――比較文化の視点と方法』）、岩崎昶氏（『現代映画芸術』）、木村重信氏（『はじめにイメージありき――原始美術の諸相』）、そして河合隼雄氏（『コンプレックス』）である。最後の河合氏については別に一項を立てて書いてみたい。

『思想』編集部のときに企画した「現代思想としてのカトリシズム」の延長上に、稲垣良典氏にお願いしたのが『現代カトリシズムの思想』だった。私自身はプロテスタント系の学校で教育を受けてきたのだが、大学生の頃からどちらかといえば、テイヤール・ド・シャルダンやガブリエル・マルセルなどを通して、カトリシズムの方に興味を抱いていたようだ。後に「現代選書」で何冊か、イヴァン・イリッチをはじめカトリック系の著者の本を出すことになる。

私は鶴見俊輔氏について、当時不思議に感じていたことがある。それは岩波書店から一冊も単独の著作を出していなかったことである。『近代日本の思想――その五つの渦』（一九五六年）という、久野収氏との共著はある。しかしほかには全くなかった。「講座・哲学」の編集委員をお願いしていたのですでに知り合ってはいたが、改めて新書で依頼するとなると、どんなテーマがよいのか大いに悩んだ。それで鶴見氏に会って、「アメリカでの体験についてまとめていただけませんか」とあまり芸のない依頼をした。が、『北米体験再考』としてできあがった新書は、まことに見事な哲学的著作だった。哲学とは全く関係のない素材を取り上げながら、氏の思索の根底に関わる体験の核を描いた本書は、哲学的としかいいようがない、と私は思う。後に単行本『戦時期日本の精神史——一九三一〜一九四五年』（一九八二年）、『戦後日本の大衆文化史——一九四五〜一九八〇年』（一九八四年）をはじめとする本を、たくさんまとめてもらうことになる。

飯塚浩二氏から大野盛雄氏を紹介されたと前に書いた。大野氏は実にユニークな研究者で、すでにブラジルなどでフィールドワークをしていたが、その方法を自前でつくり上げつつあった。その方法とは観察対象——ものであれ人間であれ——に密着して、徹底的に個々の特徴を明らかにすることであった。安易な抽象化や理論化を嫌った。だから『アフガニスタンの農村から』をまとめるために、どれほど長い時間をフィールドワークに費したことだろう。

村の人々一人一人について徹底的に調査し、その報告を手紙で私のところへ送ってくる。びっしりと書き込まれた手紙の束は、それをもし本にまとめるなら、優に二、三冊の大著になったであろう。写真も数多く撮影した。大野氏の仕事を考えると、あの調査自体が、氏の生きることそのものであったと思わざるを得ない。新書が完成するころには、カブール周辺の農民の一人一人が、あたかも古くからの知り合いのように思えてきた記憶がある。それだけに、後に戦火にさらされたカブールの報道を見るたびに、他人事ではない心の痛みを感じた。『現代映画芸術』をまとめてもらった岩崎昶氏は若くはなかった。が、氏の教養は幅広く、その映画批評も実に確固たる基盤をもっているように思えた。最新の映画、といってもゴダール、ベルイマン、フェリーニなどだが、についても的確な評価を聞かせてくれた。そして何よりも若々しい感受性は、氏の年齢を思わせるものではなかった。だから実に楽しい編集作業を行なえたことを記憶している。

また氏には、後に新書で『ルターとドイツ精神史――そのヤーヌスの顔をめぐって』（一九七七年）をお願いする、菊盛英夫氏を紹介してもらった。旧制高校以来の親しい友人ということだった。菊盛氏は、大学が八王子に移転する際に辞任し、以後は自由な研究生活を送った。独文学者なのに、パリに夫人とともに住み、フランスからドイツを眺めると同時に、パリの生活を楽しんでいた。何回か、エッフェル塔近くのアパルトマンに菊盛夫妻をお訪ねし、夜中までパリの街を、食べ飲み歩き回ったことは忘れられない。後に『知られざるパリ――歴史の舞台を歩く』（一九八五年）という知的なパリ案内を、単行本でまとめてもらった。

木村重信氏には『はじめにイメージありき――原始美術の諸相』を書いてもらったが、哲学の講座で『芸術』の巻に登場願ったことがきっかけだった。当時はレヴィ＝ストロースなどの構造主義が流行していたこともあり、原始美術への関心は高かった。しかしそれを専門にしている研究者となると、木村氏以外にはほとんど見あたらなかった。氏は原始美術の意味を、一言で表現する書名を考えてくれた。それは後に氏が現代美術を評するときにも、それとの対比において行なう、芸術の本質に関わる洞察だった。大阪・千里のお宅を訪ねてさまざまな話を聞くのは楽しいことだった。そしてその後も現在に至るまで、折にふれさまざまなことを教示していただいている。

ユング思想を広める

河合隼雄氏とのつきあいは今に至るまで、実に長い間続いているが、その最初は『コンプレックス』をお願いしたことから始まる。河合氏がスイスから帰国して一九六七年に出した本が、『ユング心理学入門』（培風館）だ。その本を読んでユングに関心を抱いた私は、河合氏に手紙を出した。

当時、フロイトはそれなりに知られていたが、ユングについてはほとんど知られていなかった。『ユング心理学入門』を読むと、ユングは大変重要な思想家のように思えたが、同時に神秘主義や錬金術にも深く関わる、ちょっと危ない人物に思えた。そこで河合氏と会って相談し、最初はユングの思想の核心を日本の知的風土の中に広め定着させるために、ユングの用いた心理学の用語「コンプレックス」を中心に紹介してもらうことにした。コンプレックスという言葉は、多少誤った用法をも含めて、ごく一般的に通用していると思ったからだ。河合氏のライフワークともいうべき書物『神話と日本人の心』（岩波書店、二〇〇三年）の「あとがき」に、この間の事情が、多少面白すぎる点があるけれど、触れられているので、氏のお許しを得て記しておこう。

大塚信一さんとは、一九七一年出版の拙著『コンプレックス』（岩波新書）のとき以来の編集者として、実に長いおつき合いである。新書の出版の件で、はじめて大塚さんにお会いしたときのことは、今も非常によく覚えている。「一度お会いしたい」とのことで何事かと思っていたら、「岩波新書を書いて欲しい」と言われて驚いてしまった。当時の私はそんなことをまったく考えてもいなかったからである。『コンプレックス』のなかで、スチヴンソンの『ジーキル博士とハイド氏』のことに触れ、発行と共に大人気で、「半年で六万部売れた」ことを書いたのだが、それを読んで、大塚さんが「この本も六万部くらい売れますよ」と言われたときも、実に驚きであった（実はそのとおりになった）。

河合氏にはその後、単行本で『昔話と日本人の心』（一九八二年）、『宗教と科学の接点』（一九九一年）等々、非常に多くの本をまとめてもらった。それらは他の多くの著作と合わせて、「河合隼雄著作集」全14巻、「同第II期」全11巻にまとめられている。

新書では二〇〇一年に刊行された『未来への記憶――自伝の試み』（上・下）がある。これは私が聞き手となって河合氏に自伝を語ってもらい、岩波書店のPR雑誌『図書』に連載（一九九八年七月～二〇〇〇年十一月）し、それをまとめたものである。今度もまた『未来への記憶』の「あとがき」から、河合氏自身に本書成立のいきさつを語ってもらおう。

人間は思い出話にうつつを抜かすようになると、もうおしまいだ、などとよく言っていたので、この年齢で「自伝」めいたものを書くとは思ってもいなかった。しかし、編集者として長いおつき合いのある大塚信一さんから「未来への記憶」などというカッコのよい題を与えられ、まんまと誘いに乗って本書ができあがることになった。

何しろ、大塚さんが聞き手ということなので、興に乗ってどんどん話すことができた。不思議なことに、話しはじめると眠っていた記憶がつぎつぎと起こされてきて、やはり、「聞き手」の力というのを感じさせられた。話をしながら、その内容が結構、未来へもつながっていると感じ、「未来への記憶」というのは、本当にいい題だと思った。（中略）

あまり準備もせず、大塚さんの導きのままにしゃべったので――都合の悪いことは伏せておくとしても――大事なことで抜けていることもあるし、相当に恣意的である。その点では「自伝」とも言い難いところがあるが、読者にとっては、かえってそのほうがよかったのではないかと思う。ともかく、私はいわゆる客観よりも主観のほうに、いつも賭けてきた人間なのだから、それが反映されていると言うこともできる。

たしか河合氏の、国際日本文化研究センター所長の退任パーティの折のことだと思うが、京大総長の長尾真氏があいさつでこの新書について触れ、「実に面白い本だった。願わくば続きをぜひ読みたいものだ」という意味の発言をした。長尾氏は私の真に尊敬する学者の一人なので、とても嬉しかったことを覚えている。

「都市の会」

『コンプレックス』刊行後、しばらくたってから、東京で「都市の会」と称する一種の研究会が生まれた。メンバーは中村雄二郎、山口昌男、多木浩二、前田愛、市川浩といった諸氏で、私は事務局的な役割で参加していた。そこに河合氏が加わるわけだが、そのいきさつを今回もまた、氏自身の言葉（『深層意識への道』岩波書店、二〇〇四年）を引用させてもらい明らかにすることにする。

「都市の会」で、哲学者や文化人類学者とかが集まって何をしていたかというと、街というものはやはりイメージです。街の成り立ちとか、中心があるところもあれば、ないところもある。道がなかなか通じないところもある。そういうふうな都市の形のあり方と、人間の心のあり方とか、人間のものの考え方とか感じ方とか、そういったものがどこかでつながっているところがあるという、新しい考え方です。

そういう考え方で、先ほど言ったような人たちが「都市の会」という勉強会をしているというのを大塚さんに聞いて、ぜひ入れてくれと頼みましたら、入りますかということで、月に一回ぐらいでしたか、集まって順番に話をしてそれをディスカッションするというようなことをやっていました。これが、私が考えてやっている心理学のこととすごく合ってくるのです。簡単に言ってしまうと、イメージというところに、みんな、落ち着いてくるのではないか。

都市だって、単に何に乗ってどこへ行くではなくて、都市のイメージというのがあります。それといろいろつながってくる。たとえば、中村雄二郎さんは『魔女ランダ考』（岩波書店）という本を書いておられますが、あれはバリ島へ行って、そこのお祭りに魔女が出てきます。そういう祭りとか、家の作り方とか、どういう方向にとか……。バリ島はすごくきれいにできているのです。どちら向きに何があって、どこに何があるか、きれいにできているのですが、そういう形というのが人間の心の問題とすごくうまくつながっているのだということを、的確にお書きになっている。

私としては、自分が考えて臨床心理学でやっていることとほんとにつながってくるのです。私の考えは一般の心理学者には通じなくて、むしろこれらの人たちのほうに通じてきたのです。

たとえば、山口昌男さんというのは、ご存知のように道化、トリックスターということをすごく大事にされたのですが、結局、トリックスターといういたずら者が既製のものを壊して新しいものをつくりだす。そういう動きと、私がある人のかたい心をいっぺんつぶしてもういっぺん新しいものにつくり直すとか、心理療法によって人の心が変っていくというようなことと、そのあたりは非常に似ているではないかとか、この人たちが話されることが、私の考えていることと非常につながってくるのです。

河合氏は月に一度、この会に参加するだけのために上京した。専門分野の異なる人々が熱心に語り合う姿は、実にさわやかなものだった。以後、メンバーの各氏はそれぞれに、日本の知的世界の最重要部分を担うようになるのだが、この会合では各々が、そのとき直面している課題と難問について、率直に話していたように思う。例えば河合氏がカウンセリングの実際について、それがいかにエネルギーを消費させるものかについて語ったとき、メンバーの全員がそれを理解し、深く賛同していた光景が目に浮かぶ。

温い心と冷静な頭脳

宮崎義一氏には『寡占――現代の経済機構』（一九七二年）をまとめてもらった。残念なことに、氏は一九八九（平成一）年に逝去された。追悼の会でしゃべったものが、そのまま『温い心　冷静な頭脳――宮崎義一追想集』（二〇〇〇年）に収録されているので、一部を引用したい。

ここで私自身にかかわることを話すのをお許しいただきたいのですが、私は新米の編集部員として岩波新書の『寡占』を担当させていただきました。四半世紀以前のことになります。残念ながら何一つ宮崎先生のお役に立つことはできませんでしたが、それにもかかわらず、宮崎先生からは実に多くのことを教えていただきました。

それはなぜかと言えば、当時先生が多忙を極めていらしたことと、ご体調が必ずしも十全ではなかったからです。もう少し事実に即して申しますならば、お原稿の執筆が遅々として進まなかったからであります。

その結果、港北区の篠原西町のご自宅に日参したわけでございます。そして数枚のお原稿を頂戴する折々に、さまざまなことをご教示くださったのです。

その中で決して忘れることのできないお話がございます。それは次のような意味の先生のお言葉でした。「マルクスは偉大な思想家だった。そして『資本論』は実に見事な資本主義の分析である。しかし、現代の資本主義は本質的に異なった様相を帯び始めている。それは資本主義が国境を越えはじめたということだ。従って現代資本主義の分析は、多国籍企業の実態を明らかにするところから始めなければならない。私は現代の『資本論』を書きたいのだ」。

皆様よくご承知のように、宮崎先生のどのご本を開いても、ほとんど必ず多国籍企業の問題が語られています。そしてこの宮崎先生の願いは『現代資本主義と多国籍企業』という書物となって、一九八二年に実現したのであります。

最後になりますけれども、さっきから先生のお写真を拝見しておりまして、ふと思い出したことがありますので、そのことだけ申し上げて終わりにさせていただきます。先ほどご翻訳の中に、スティーブン・ハイマーの『多国籍企業論』というのがあると申しました。著者のスティーブン・ハイマーは若くして亡くなったのですが、そのときに、これは今、急に思い出したことですので、間違っておりましたらお許しいただきたいのですが、雑誌の『図書』に、このスティーブン・ハイマーを悼むエッセイをお寄せくださいました（一九七四年四月号）。

その中で、スティーブン・ハイマーの命を縮めた理由として、実はスティーブン・ハイマーは研究者として精力的な仕事をする一方、自宅で恵まれない子どものために託児所を開いていた、その心労がこたえたのだろう、とお書きになっております。

そのことを思い出すにつけても、いつもおだやかで、微笑を決して絶やすことのなかった宮崎先生のお人柄がしのばれます。

『人種的差別と偏見』『中世の刻印』など

『寡占』に続いて、一九七二年には清水純一氏の『ルネサンスの偉大と頽廃――ブルーノの生涯と思想』、真下信一氏の『思想の現代的条件――一哲学者の体験と省察』、新保満氏の『人種的差別と偏見――理論的考察とカナダの事例』、斎藤忍随氏の『プラトン』、J・B・モラル著、城戸毅氏訳『中世の刻印――西欧的伝統の基盤』を刊行した。清水純一氏と真下信一氏にはすでに触れたので省略する。

新保満氏は社会学者であるが、長い間カナダで教えていた。後にはオーストラリアでも教職に就くことになる。氏はカナダでのさまざまな体験をもとに、この『人種的差別と偏見』をまとめた。たくさんの事例が示されていて、その一つ一つが身につまされるものであった。差別と偏見のよって来《きた》るところの深さと問題を、改めて明らかにしてくれる好著であった。一般的には無名の新保氏の著作であったが、この新書は長い期間、実に多くの読者に迎えられた。

『プラトン』について書く前に、『中世の刻印』について触れておこう。岩波新書で翻訳ものを刊行することはあまり多くはなかった。何よりも分量の制約があるからだ。例えば英語の原書を邦訳・出版するためには、原書の一・五倍近くのヴォリュームが必要になる。したがって平均二二四頁の新書の場合、原書は一五〇頁以内のものでなければならない。しかも新書と同じような小型判でないと難しい。このような制約の下で名著を見つけるのは、容易なことではない。一九七二年の二月に、P-M・シュルの『機械と哲学』という新書を粟田賢三氏の訳で出しているが、これは粟田氏が、自らの研究の必要から読んだフランス語の本だった。わかり易くて面白い、というので粟田氏自らが訳出したのだが、このように手頃なものは数多くあるわけではない。

私は編集の基礎作業の一つとして、最低月に一度は神保町の北沢書店や三省堂で、洋書の新刊を確かめることを自分に課していた。併せてTLS(『タイムズ文芸付録』)や *New York Review of Books* に、図書室で必ず目を通すようにしていた。これは林達夫氏が教えてくれたことの一つでもある。つまり自らの仕事を常に国際的な水準に照らして測定する、ということだ。そういう次第でこの『中世の刻印』を、私はイギリスの著名なペーパーバックのシリーズで見つけた。『思想』の時代に何かと相談に乗ってもらった、歴史家の堀米庸三氏に目を通してもらい、「これはいい本だ」というコメントを得ることができた。

一九七三年には、C・ギーアツの『二つのイスラーム社会――モロッコとインドネシア』を林武氏の訳で、一九七四年には、L・ハンケ著『アリストテレスとアメリカ・インディアン』を佐々木昭夫氏の訳で刊行した。ギーアツの本は後にたくさん邦訳されることになるが、これが最初だった。内容的にはイスラム社会の広がりを、アフリカからインドネシアまで視野に入れて論じた、最初の書物だといってよいのではないかと思う。一九八〇年頃にギーアツ夫妻がたしか国際交流基金の招待で来日したとき、国際文化会館での歓迎会で会い、その話をしたら大いに喜んでくれた。そしてギーアツ氏曰く、「よくあんな小さな本を見つけたね」。

『アリストテレスとアメリカ・インディアン』は実に内容の面白い本だった。スペインが新大陸で行なった蛮行について、それが神の正義に照らして正当であるか否か、スペインの古い都市バリャドリードでの審問を、ラス・カサスの事業などを交じえつつ検証するという内容だった。この本は北沢書店の棚で見つけたことを覚えている。書名の長さも当時話題になった。おそらく岩波書店で出した本の中でも最長の書名の一つだろう。一九七五年以降も翻訳ものを何冊か出すが、それらについては別途記すことにする。

プラトンがなかなか出てこない

さて『プラトン』であるが、著者の斎藤忍随氏は実に魅力的な人物だった。木田元氏や生松敬三氏と飲んでいて、これから「忍随先生のところへ行こう」となることがしばしばあった。特に本郷で飲んでいる場合には、必然的にそうなる——斎藤氏は本郷のマンションに住んでいたからである。夜中に押しかけ、氏が書棚の本の背後に大切に所蔵しているドイツの最高級ワインをあけてしまう。斎藤氏も夫人も笑って見ている。今考えれば、ずいぶん迷惑な話だったにちがいない。

が、斎藤氏とて一筋縄では行かぬ御仁だった。『プラトン』の原稿をもらいに東大の研究室へ行くと、「原稿を渡す前に、のどが渇いたのでちょっとつきあってください」と言い、赤門前の飲み屋に入る。「ほんのビール一本だけ、割勘でやりましょう」と、自分の分の代金をカウンターの上に置く。仕方なく私も自分の勘定を出す。そして「まあ乾杯しましょう」となる。ふと気がつくと深夜になっている。もちろん原稿はもらえない。一枚もできていなかったのだ。

そんなことをくり返しつつも、何とか新書ができた。しかし人を食った話で、プラトンという書名なのに、プラトンは後半にならないと登場しない。氏はプラトンが出現したギリシアの知的風土を、まず描きたかったのだろうが、これには参った。異議をさしはさもうとしても、「そのうち出てきますよ」と全然相手にしてもらえない。本が出てから、藤澤令夫氏にひどくおこられた。「プラトンの出てこない『プラトン』という本があるか。あれでは詐欺だ」。

ずっと後に、藤澤氏に新書で『プラトンの哲学』(一九九八年)を書いてもらうことになるが、書名を『プラトン』とするわけにはいかなかった。実は斎藤氏と藤澤氏は非常に親しい関係だったのだが。そして二人とも真に学問を愛し、弟子を育てることに真剣だった。斎藤氏の葬儀の際、弟子の一人、岩田靖夫氏が弔辞の途中で絶句し、号泣し続けた光景を忘れることができない。また藤澤氏の逝去後、内山勝利氏、中畑正志氏をはじめとするお弟子さんたち二十数名が、『イリソスのほとり——藤澤令夫先生献呈論文集』(世界思想社、二〇〇五年)というA5判六〇〇頁もの書物を刊行したのも稀有のことであろう。斎藤氏には、一九七六年に『知者たちの言葉——ソクラテス以前』という新書もまとめてもらうことになる。

『ことばと文化』と『背教者の系譜』

『ことばと文化』という新書を鈴木孝夫氏にまとめてもらったのは、一九七三（昭和四十八）年のことだ。それに先立って、「講座・哲学」の『言語』の巻に登場してもらったことは前章に記した。その折には、一篇の論文を書くために、その内容について、何回にもわたって何時間も話を聞かされた。社会言語学の新しい知見と鈴木氏の独特な観察に基づく事例の分析は、何時間聞いても面白いものだった。氏は編集者に話をすることによって、自分の考えを整理しているのだと思われた。

一篇の論稿にしてすでにそういうことだったので、新書一冊となると、合計してみれば三十時間は下らなかったはずだ。それだけの時間、本の内容についていわば講義を受けたようなわけだから、その学問的な興味深さを十二分に知ることができた。鈴木氏は当時ほとんど一般的には知られていなかったが、私はこの本は確実に売れるだろうと思った。事実、この新書は私が編集したものの中で、最も部数が出ることになった。累計で百万部近くになっているはずだ。そして世の中に、社会言語学の魅力を広めることになる。

かつて凸版印刷の社長であった鈴木和夫氏と初めて会ったとき、「弟がいつもお世話になっております」とあいさつされ、大いに恐縮した。それからずいぶん時間が経過し、鈴木孝夫氏の著作集を岩波書店は刊行することになるが、そうした過程を経た後のつい最近に和夫氏に会ったときも、同様なあいさつを受け、返答に窮した。

大学で卒論の指導を受けた武田清子氏には、『背教者の系譜――日本人とキリスト教』をまとめてもらった。あえて〝背教者〟と目される人々に光を当てることで、日本人とキリスト教の関係がより一層明確になる、という氏の考えに基づく企画だった。

同じ一九七三年に、武田氏のご夫君である長幸男氏に、『昭和恐慌――日本ファシズム前夜』を執筆してもらった。学生時代から武田氏のお宅を訪れるたびに、長氏にも会っていた。私としては、何となく、身内の人に仕事をお願いしているような気もしたが、結果的には二冊とも素晴らしい内容の新書になった。

鉄格子のおかげ

ここで忘れられないのは、『知識人と政治――ドイツ・一九一四〜一九三三』の著者、脇圭平氏である。丸山眞男氏門下の俊才として知られた氏は、京大法学部から研究のためにドイツへ派遣されていたのだが、トーマス・マン研究に入れ込んだあまり、派遣期間が過ぎても帰国せずに、京大のポストを失ってしまう。

私が会ったときは同志社大学に籍を置いていたが、氏の一徹ぶりは変わっていなかった。何しろマックス・ウェーバーとトーマス・マンを政治思想史的に捉えようとする氏の熱意には、本当にびっくりさせられたものだ。教科書的にウェーバーとマンを調べるのではなく、時代背景とともにその全人格を――よくも悪くも――捉えようという脇氏の方法は、私には非常に大胆かつ新鮮なものに思えた。そんなわけで、私は京都に行くたびに脇氏を訪ね、話を聞くのを楽しみにしていた。また氏は、生松敬三氏とも親しい間柄だったので、私はよけい親しみを覚えていたのだと思う。

新書執筆の依頼をしたときには二つ返事で引き受けてくれた。しかし、それからが大変だった。氏の頭脳の中にはあまりにも多量の知識が蔵されているので、それを文章に定着するとなると、七転八倒の苦しみを伴うことになる。マックス・ウェーバーは政治的にあらゆる意味でのバランスを配慮する、真の意味での〝バランシング・シンカー〟だといったことを、氏は私に実に興味深く語ってくれる。「その話をそのまま書いていただければ十分ですよ」と私は何回も言うのだが、いざペンを持つと、それを原稿用紙に定着することができなくなってしまうのだ。

もしこの新書が実現すれば、まちがいなく素晴らしい内容の画期的なものになるだろうと確信を抱いた私は、最後の手段に訴えることにした。それは脇氏に東京に来てもらい、そこで〝カンヅメ〟（著者に、ホテルか旅館で一定期間集中的に仕事をしてもらう、という意味の業界用語）になってもらうということだ。脇氏は承知し、フォルクスワーゲンに本を積み込み、自分で東名高速を運転して、東京に出てきた。そして御茶の水の山の上ホテルに入った。それから何と一カ月、氏はホテルに籠り切りで原稿を絞り出すことになる。もちろん私は毎日原稿をもらいに行った。

ついに原稿ができあがった。しかし脇氏は疲労のあまりフラフラで、とても運転して帰れる状態ではない。親戚の大学生に来てもらって、彼の運転で帰って行った。脇氏は二階の一室に泊まっていたが、その窓には鉄の格子がはめられていた。脇氏は後に、「あの格子がなかったら、とっくの昔に僕は身投げしてましたよ」と言った。幸いにこの新書は吉野作造賞を受けた。丸山眞男氏門下の多くの政治学者が集まって、脇氏を祝った。

脇氏のお宅は京都の下鴨にある。道をへだてて岡田節人氏のお宅が建てられている。岡田夫人は脇氏の妹さんということだった。後に岡田夫妻と知り合い、大変お世話になるのだが、最初に岡田夫人に会ったとき、「あの変わり者の脇によくおつきあいくださいました」と言われて、ひたすら恐縮したことを覚えている。

渥美和彦氏の『人工臓器——人間と機械の共存』（一九七三年）にも触れておこう。渥美氏とそのグループは、山羊に人工臓器を埋め込み、長い年月生かしておくことに成功したところだった。山羊と同様に人間にもそういうことができたら、人間の寿命はさらに長くなるだろう、ということで渥美氏に対する世間の期待は大きかった。そうした期待に応えるべく、氏は昼夜を問わぬ研究に打ち込んでいた。上田誠也氏の場合がそうであったように、新しい科学の誕生を担う研究者には常人にはない熱気と迫力が備わっているようだった。「そうした熱気が読者に伝わるように新書をまとめてください」と依頼したのに対して、渥美氏は研究の合い間をぬって原稿を執筆してくれた。医学が新しい一頁を開くようすが、そこには見事に描かれていた。渥美氏とは今に至るまで、折々の交流が続いている。

近代経済学を超えた衝撃

一九七四（昭和四十九）年には、ここでぜひ書き残しておきたい新書三冊を編集した。宇沢弘文氏の『自動車の社会的費用』、荒井献氏の『イエスとその時代』、そして橋口倫介氏の『十字軍

——その非神話化」である。この三冊のほかに、先に述べた数冊を除くと、村山盛忠氏の『コプト社会に暮らす』、酒本雅之氏の『アメリカ・ルネッサンスの作家たち』、杉山忠平氏の『理性と革命の時代に生きて——J・プリーストリ伝』があるが、これらについての詳細は省略したい。

まず宇沢弘文氏の『自動車の社会的費用』について。宇沢氏を紹介してくれたのは、単行本編集部で経済学のテキストを担当していた先輩のS氏である。「アメリカ帰りの気鋭の近代経済学者に一度会ってみるといいよ」と言われて宇沢氏に会った。事前に私が調べたところでは、数学科出身の数理経済学者であり、高名なケネス・J・アロー教授に見出されてアメリカで研鑽を積み、シカゴ大学などで教え、日本の経済学者の中ではノーベル経済学賞に最も近いといわれる、輝かしいキャリアの持ち主だった。

東大経済学部の研究室で初めて会ったとき、氏は自動車の社会的費用について新書をまとめたい、と言った。〝社会的費用〟という言葉は聞いたこともなかったのだが、説明を受けるうちに、これは大変なことになったと思った。なぜといえば、第一に宇沢氏は、自動車という現代文明の象徴ともいうべき存在に対して、思ってもみなかった視角からアプローチしようとしていた。そして第二に、おぼろげながらのことだが、第一の作業を完遂するとすれば、それは輝かしい氏のキャリアそのものを、あるいは極端にいえば、近代経済学そのものの有効性を、否定しかねないことにならないか、と思ったからである。

何はともあれ、企画を決め、宇沢氏に執筆を依頼した。氏は一気に書き上げた。ずっと心の中で温めていたテーマだったからであろう。今、「心の中で」と書いたのには、それなりの意味がある。それはこのテーマが、近代経済学者として頭の中で考えただけではなく、氏の人格そのものから発するものであったからだ。一言でいえば、氏は排気ガスをまき散らしながら狭い道を傍若無人に走る自動車の姿に、がまんならなかったのだ。環境を汚染し、人間の安全をおびやかす──七〇年代日本の状況は、光化学スモッグの蔓延に象徴される如く、最悪の事態に陥っていたといって過言ではない、そうした状況に対して、宇沢氏はたった一人で挑戦しようとしていたのである。

『自動車の社会的費用』の与えた影響は大きかった。人間が安全に、そして健康を損うことなく歩くことができるために、自動車が一台走る場合にどれだけのインフラが必要か。当時の常識では考えられないような多額の〝社会的費用〟がかかることを、宇沢氏は明らかにした。編集部には、「この新書を読んで感動しました」という手紙が何通も来た。中には、「この本を読んで、私は運転免許証を破棄しました」という読者すらいた。

一方、自動車の製造や販売に関わる組織からは、宇沢氏に対して陰に陽に批判が寄せられた。極端ないやがらせやおどしもあって、宇沢氏は自宅の電話番号を変更せざるを得なくなった。そうした組織と関係を持つ研究者からは、氏の学説に対する猛烈な反論が提起された。しかし、今になって考えれば、宇沢氏の提起した諸課題のほとんどが、十分か否かは別にしても、実現されているといってよいだろう。例えば、排気ガスの規制、車道と歩道の分離、歩道橋の建設等々……。

その頃私は、宇沢氏と並んで近代経済学のホープと目されていた渡部経彦氏にもよく会っていた。あるとき、私が、「ついに宇沢先生の『自動車の社会的費用』が出ますよ」と言うと、渡部氏は次のように答えた。「スタンフォードで宇沢君と一緒だった頃、宇沢君は一方通行路を逆走して、パトカーに追跡されたりしたんですよ。彼がそんな本を書いたなんて傑作な話だ」と。それは宇沢氏の人柄に対する、親しみのこもった揶揄の言葉だった。

宇沢氏に『自動車の社会的費用』を執筆させるに至った理由は、いろいろあるだろう。もちろん根底には、氏の社会的正義感がある。それは後に、成田空港や地球温暖化の問題に氏を飛び込ませるものであった。またB・ルドフスキーの『人間のための街路』や、J・ジェイコブスの『アメリカ大都市の生と死』などの著作の影響も考えられるだろう。だが私の知る限りでは、アメリカ滞在中のベトナム反戦運動の体験が、深く関係しているのではないかと思う。スタンフォードに滞在中、ジョーン・バエズの歌をよく聞きに行った、と何回も話してくれたものだ。私には、人間がどうすれば人間らしく生きることができるか、それを経済学の問題として宇沢氏は考えていたのだ、と思われてならない。

だから、私は近代経済学の知識はほとんど持ち合わせていなかったのにもかかわらず、宇沢氏と仕事をするのが実に楽しかった。そして一緒に酒もたくさん飲んだ。本郷から始めて、新橋、新宿へと飲み回ることもしばしばだった。『自動車の社会的費用』が刊行されて以後のある日、夜中まで飲んでいて電車がなくなってしまった。氏は地下鉄や国電を利用し、タクシーに乗ることはまずなかった。しかしタクシーで帰るより仕方がない。無理やり氏をタクシーに押し込んだところ、氏は車の窓を開けて、私に向かって手を合わせて「ごめんなさい」と言った。あの新書を書いた人が、車に乗るのを恥じているのを知り、私は何ともいえない気持ちになった。『自動車の社会的費用』を書くことによって、宇沢氏は従来の近代経済学では十分に把握しきれない問題と格闘しなければならなくなった。そうした氏の姿を目の当たりにして、私はその格闘の過程を書いてもらえないかと依頼した。その結果できあがったのが、一九七七年刊の『近代経済学の再検討――批判的展望』である。これは氏の拠って立つ学問的基盤である、近代経済学に対する鋭い批判であった。それは同時に、氏の経済学者としての輝かしいキャリアそのものを足元からひっくり返しかねない、驚くべき行為であった。

私は当時、岩波書店で行なわれていたある研究会での情景を忘れることができない。それは日本社会の抱える問題を分析するにあたって、宇沢氏がまず近代経済学のモデルを用いて説明したときのことである。黒板に数式を書き、それに基づいて氏は日本経済の現状をまことに鮮明に分析した――と、同席している政治学者や社会学者は思っただろう。その分析の手際のよさは、同席している者すべてに感銘を与えた。

しかし次の瞬間、氏は黒板の数式に大きな×を付けて言った。「このモデルでは、日本社会の真の姿は捉えられません。なぜなら環境破壊や公害など最も重要なファクターが、このモデルには入っていないからです」。そして氏は、自分はそのような諸問題をも解決できる経済学を構築しようと努めている、と続けたのだった。この言葉は、先のモデルを用いての見事な分析以上に、私には感動的に聞こえた。

機動隊に囲まれた祝いの会

この感動が、十年以上の年月を経て、再び宇沢氏に新書を依頼するきっかけを生むことになる。この間、私は単行本の編集部に移り、氏の本を何冊か編集した。『近代経済学の転換』（一九八六年）、『現代日本経済批判』（一九八七年）、『公共経済学を求めて』（一九八七年）などである。そして一九八九年に、新書の『経済学の考え方』を出すことになる。以下にその成立の経緯について、同書「あとがき」から宇沢氏の文章を引用しよう。

この三年ほどの間に、私は、岩波書店から数冊の書物を出していただいた。それらは、私が過去十数年間ほどの期間に発表してきた論文をテーマ毎にまとめたものであるが、最近、同書店の大塚信一さんからつぎのような御批判をいただいた。先生は、経済学にかんして断片的にいろいろなことをいっているが、自分自身の経済学の考え方は一体どういうものなのか。もっとちゃんと、一般の人々にわかるように書くべきではないか。もちろん、大塚さんはずっと丁重な形でいわれたのであるが、私にはこのような意味に受け取れた。大塚さんの、この御批判に対する回答の意味で書き上げたのが本書である。

さらに「あとがき」には次の一文も含まれている。「経済学者が、その生きたときどきの時代的状況をどのように受けとめ、経済学の理論の形に昇華させていったかという面を強調したかった」。あたかもこの言葉を実証するかのように、氏には次から次にその時々の問題に対応して、新書をまとめてもらうことになる。『「成田」とは何か——戦後日本の悲劇』（一九九二年）、『地球温暖化を考える』（一九九五年）、『日本の教育を考える』（一九九八年）の三冊である。これらの新書の内容について、いちいち述べることは避けよう。しかし一つだけ、宇沢氏の経済学者としてのあり方を示す象徴的なエピソードを記しておきたい。

それは『「成田」とは何か』が刊行された直後、成田空港反対同盟の農民たちが出版のお祝いの会を開いてくれたときのことだ。成田空港の滑走路の端から、その延長上わずか数百メートルのところにある小さな公民館が会場だった。公民館の周りは機動隊の装甲車が固め、公民館の敷地に入る人をチェックしている。頭上ではほとんど間断なく、大型旅客機が轟音を立てて着陸する。そうしたものものしい雰囲気の中で、お祝いの会は開かれた。

農民が一人ずつ立って宇沢氏に感謝の気持ちを述べる。氏は面映《おもは》ゆげな顔でそれに応える。テーブルの上には農民たちの心尽くしの料理と宇沢夫人の手づくりのごちそうが、そして全国の支援者から送られた日本各地の銘酒が並ぶ。参加者はいくつかの輪をつくって、よく食べ、よく飲み、よくしゃべる。宇沢氏はそれらの輪を回り、話に加わる。そうした光景を見ていて、私は心の底から湧き起こる深い感動の気持ちを、抑えることができなかった。そして「はしがき」にある「この過程を通じて「成田」に対する、私自身の理解を深めることができたと同時に、経済学を専攻する私の職業的観点からも貴重な教訓を学びとることができた。成田闘争の軌跡を明らかにすることによって、戦後日本が直面した最大の悲劇としての「成田」の本質を見究めることができるようにも思われる」という言葉を思い出していた。

文字通り命をかけて「成田」に関わった宇沢弘文氏。SP付きの車でしか移動できぬ不自由な数年間。事実、ときたま神保町の露地を入ったところにある店で、私と一杯やるときにも、外ではSPが絶えず目を配っている状況だった。このような宇沢氏の姿を見ていて、先に引いた『経済学の考え方』の「はしがき」にある、「経済学者が、その生きたときどきの時代的状況をどのように受けとめ、経済学の理論の形に昇華させていったか」という言葉を、氏自身が実証していると、私には思えるのだった。その意味で、私は心から氏に敬意を表する。

『イエスとその時代』と『十字軍』

次に荒井献氏の『イエスとその時代』について。荒井氏は一九七一年に、『原始キリスト教とグノーシス主義』という大部の単行本を岩波書店から出している。私はこの単行本を、非常に興味深く読んだ。キリスト教がどのように形を成してきたのか。グノーシス主義をはじめ、実に多様な思想が乱立し、互いに競い合っていた状況を、荒井氏は見事に描いていた。それは六〇年代、七〇年代と、厳しいイデオロギー闘争がくりひろげられている現代日本の情況に比することができるように思われた。キリスト教研究者にも、当然その影響は及んでいた。中でもほぼ同世代の三人の優れた研究者が活躍していた。しいて分類するならば、真中に荒井氏がいて、左に田川建三氏、右に八木誠一氏がいる、と私には思われた。

私はクリスチャンではないが、中学、高校、大学とキリスト教系の学校で教育を受けたので、キリスト教には関心を抱いていた。大学では宗教哲学や神学の講義を受けた。ハーヴェイ・コックスなどの新しい神学のあり方に興味を持ったりもした。カトリック系の思想家については先にも触れたし、今後も言及する予定だが、ほかに例えばヨーゼフ・ピーパーなどの著作は、私の愛読書だった。

そんなわけで、荒井氏にイエスとその時代について執筆してもらいたいと依頼をした。荒井氏は諒承してくれ、すぐに原稿をまとめてくれた。この小さな本は多くの人に迎えられ、長く読みつがれた。荒井氏には、氏のお弟子さん方を含めて、大変多くの仕事をしてもらい、二〇〇一年には『荒井献著作集』(全十巻・別巻一、二〇〇二年完結)を刊行するに至る。

橋口倫介氏には『十字軍――その非神話化』をまとめてもらった。橋口氏は熱心なカトリックで、上智大学に籍を置いていた。西欧中心の史観では十字軍は聖戦とされ、日本でもそれに異を唱えられることは少なかったであろう。しかし橋口氏は、あえてその非神話化の作業を行なった。イスラム側の資料を可能な限り駆使して、十字軍の正しい位置づけを行なおうとしたのだ。当然のことながらイスラム側からすれば、十字軍は聖戦であるはずはなく、非人間的な侵略と殺戮としてしか理解できなかった。橋口氏はその間の事情を実にきっちりと描いた。オリエンタリズムの議論が生まれるはるか以前、9・11同時多発テロ事件などは、夢にも見ることのできなかった時代のことだ。

本書刊行後、上原専禄氏が『図書』に長い書評を寄せて、橋口氏の仕事を高く評価していた。橋口氏は、上智大学の総長に就任後も折々に声をかけてくれ、氏の逝去に至るまでつきあいは継続した。上智大学のチャペルでの葬儀の折、厳粛なミサに列しながら、私は氏の仕事の意味をかみしめていた。

ルネサンスの見方

一九七五（昭和五十）年には、J・ストレイヤー『近代国家の起源』（鷲見誠一氏訳）、加瀬正一『国際通貨危機』、下村寅太郎『ルネッサンス的人間像――ウルビーノの宮廷をめぐって』、N・ゴーディマ『現代アフリカの文学』（土屋哲氏訳）、松下圭一『市民自治の憲法理論』、前田泰次『現代の工芸――生活との結びつきを求めて』、R・ハロッド『社会科学とは何か』（清水幾太郎氏訳）を出した。このうち下村寅太郎、土屋哲、清水幾太郎の諸氏について書いておこう。松下氏にはすでに触れたので省略する。

下村寅太郎氏は若くはなかった。むしろ老年というべきだったろう。林達夫氏と親しく、林氏を通して、下村氏のルネサンス研究のことは知っていた。だが実際に会って話を聞くと、この老大家のルネサンスへの入れ込み方は並みたいていのものではなく、むしろ林達夫氏と競い合っているような感じだった。それは、林氏から折々に見せてもらった下村氏の手紙によっても理解できるだろう。下村氏の手紙たるや、便箋で十枚以上にもなることがしばしばだったのである。しかもその話題は、哲学・宗教・芸術等々の分野に及んでいた。

この哲学者の該博な知識は、ヨーロッパのみならず、日本や中国にもわたるものだったので、話を聞くのは楽しかった。ときに話題は、氏の好きな和菓子に及ぶこともあった。氏は世にいう両刀使いで、酒もよく楽しんだ。氏のお弟子さんたちが、各地から名菓を送ってくる。あるとき、京都の菓子で何がおいしいかという話になって、氏が好む三つの名前を教えてもらったことがある。一つは三条小橋の近くの店の「望月」であり、他は御所の南にある店の「みそ松風」であった。もう一つは残念ながら失念した。それ以後、望月はよく買ってきた。みそ松風は午前中に売り切れてしまうので、なかなか買うチャンスがなかった。

それはともかく、新書の内容、つまりウルビーノ宮廷について、モンテフェルトロの活躍などの説明を受けることによって、改めてルネサンスの豊饒さを知る思いがした。それは、工房がもつ意味に焦点を当てる林氏の、ルネサンスの本質をめぐっての議論とは少し異なり、むしろルネサンスの裾野の広さとでもいった点に、光を当てる作業だった。

新書執筆後しばらくたって、下村氏は大手術をした。虎の門病院に見舞いに行くと、氏はベッドに座ってタバコをふかしている。氏はゆかたの前を開いて手術の跡を見せてくれたが、これには驚いた。手術の跡はノドの下から胸部を通り、腹部の下にまで一直線につながっていた。「ブランデーがあるから一緒に飲もう」と誘われたが、とても私に飲むことはできなかった。「医者はあきらめているから、何も言わないよ」とのことだった。氏は生死の問題を超越してしまっているように見えた。哲学を究めると、そうなるのだろうか。そういえば、藤澤令夫氏の場合もそうだった。藤澤氏が倒れ、家族の方々がおろおろしているときにも、ご本人はケロッとしたものだったという。

自身南アフリカの作家であるN・ゴーディマの評論『現代アフリカの文学』は、土屋哲氏に翻訳してもらった。ゴーディマ氏は女性であるが、その評論は彼女の作品同様に硬質のもので、この本によって私は、アフリカ文学の面白さと可能性に目を開かれた。

以後、土屋氏とは長いつきあいをしてきたが、忘れられないのは、後に「岩波現代選書」で、マジシ・クネーネの『偉大なる帝王シャカ』（全二冊、一九七九〜八〇年）を訳出してもらったことだ。アフリカの大地を背景に、自然と一体化した独自の生き方を謳歌しているアフリカの人々、その無尽蔵のエネルギーを感得させる大叙事詩を訳出するのは、容易なことではなかったろう。土屋氏は英文学の出身のようだったが、未開拓のアフリカ文学の分野で精力的な活躍をしていた。

あるとき、来日したクネーネ氏を伴って社に現われ、私と三人で昼食を共にしたことがある。クネーネ氏は、初対面なのに人なつこく、多少不謹慎なことや冗談を言って大笑いしていたが、真面目な土屋氏が憮然としているのがおかしかった。しかし、そうした天衣無縫のクネーネ氏を、土屋氏は滞日中ずっと自宅に泊めて、世話をしているのだった。土屋氏にはアフリカの文学について、ずいぶん多くのことを教わったように思う。氏の紹介で、アフリカ文学を多数出版していたハイネマン社の編集者を、ロンドンに訪ねたこともある。

翻訳とは何かの見本

ハロッドは著名な経済学者であるが、原題を *Sociology, Morals and Mystery* というこの本の邦訳名を、『社会科学とは何か』としたのは、清水幾太郎氏であった。清水氏は著名な社会学者であったが、達意の文章によって多くのファンを持っていた。『流言蜚語』『愛国心』『社会心理学』などの単行本、そして岩波新書『論文の書き方』(一九五九年)は広範な読者に迎えられていたが、同じ岩波新書のE・H・カー『歴史とは何か』(一九六二年)の翻訳は、当時の知識人や学生に圧倒的な影響力を持った。林達夫氏もそうした清水氏を高く評価していた。

清水氏は当時『世界』にもしばしば執筆する、いわゆる進歩的文化人の一人だった。私が『思想』編集部にいた頃、清水氏が声をかけて、当時泣く児もだまるといわれた全学連の幹部一同を十数人集めて、一夕会合を開いたことがある。思えば、そのときの全学連の幹部たちは、その後さまざまな道を辿ることになるが、清水氏自身も後年、思いもかけぬ方向に歩むことになるのだった。

が、それはともかく、原題が示す如く、習俗や道徳、さらには神秘(に対する意識)などが、経済行動を含めて人間の社会生活を理解するうえに、必須のことであることを語ったハロッドの意図を大胆に汲み取って、『社会科学とは何か』としたのは、さすがであった。というより清水氏自身、社会科学のあり方をこうした方向に見ていたからではないだろうか。それはある意味で、やはりマルクス主義的社会科学からの訣別ということであったのだと思う。

この新書の編集作業を通して、氏の翻訳の仕方も教わることになる。それは、場合によっては、原文を忠実に訳すというよりも、その内容を日本語としていかに的確に再現するか、という点に努力が傾注されていた。したがって、一見、誤訳のように見えることすらあった。清水氏の文章が、翻訳を含めて実に多くの読者を引きつけてやまないのは、このようなレトリックに対する細かい心配りという秘密があったのである。

氏には、その後もよく、信濃町の大木戸にある研究室（といっても私設のだが）に呼び出された。たいてい昼食をつきあわされたが、いつもポークソテーだった。氏は、ある意味で林達夫氏と似ていて、時々の新しい学問状況について教えてくれた。単行本の『倫理学ノート』は、そうした氏の摸索の成果と言えるであろう。

だから後に、イタリアの思想家ジャンバッティスタ・ヴィーコについて関心を持っていると聞かされ、当時哲学者の中村雄二郎氏が、別の方面からヴィーコについて関心を抱き始めていたことと思い合わせて、感嘆したことを覚えている。そのとき清水氏は、ヴィーコについてのシンポジウムの記録を収録した洋書を、「余っているから」と進呈してくれた。こうした清水氏の姿勢は、晩年に至るまで変わらなかったと思うのだが、やがて氏の誕生日を祝う会で軍歌が唱われ始めるようになる。それには、私はどうしてもついて行くことができなかった。

『胎児の環境としての母体』と『黄表紙・洒落本の世界』

一九七六（昭和五十一）年には、氷上英広氏の『ニーチェの顔』、滝浦静雄氏の『時間――その哲学的考察』、浜口允子氏の『北京三里屯第三小学校』、荒井良氏の『胎児の環境としての母体――幼い生命のために』、斎藤忍随氏の『知者たちの言葉――ソクラテス以前』、水野稔氏の『黄表紙・洒落本の世界』を出した。斎藤忍随氏と滝浦静雄氏についてはすでに触れた。ここでは『胎児の環境としての母体』と『黄表紙・洒落本の世界』について触れておきたい。

荒井良氏は研究者ではなく、「子供の医学協会」という会で活動していた啓蒙家である。氏はこの新書で、人が妊娠するとはどういうことか、胎児が育っていく環境としての母体とはどういう仕組みになっているのか、懇切丁寧に書いてくれた。最新の学問的知見に基づいての説明は、生物学のそれでもなければ、医学のそれでもなかったが、自ずから生命の誕生という事実についての畏敬に満ちた讃嘆の文章になっていた。世間的には無名といっても誤りではなかった荒井氏のこの新書は、若い女性を中心に、実に多く、しかも長い間読み継がれた。啓蒙書としての新書の一つの理想型を、私はこの新書に見る。

当時、江戸時代への関心は今日ほど高くはなかった。江戸ブームの始まるずっと前のことだった。私は、現在の江戸に対する関心とは違った角度から、江戸時代に興味を抱いていた。それは、江戸という閉塞の時代において、人々はどのように生きていたのだろうか、という関心だった。「日本古典文学大系」の『黄表紙・洒落本集』(一九五八年)を読んで興味を抱いた私は、この大系本の校注者である水野稔氏に会いに行った。たいへん真面目な研究者であると聞いていたので、はたして私の関心に応えてもらえるか心配だった。しかし、私がたどたどしく自分の問題意識を伝えると、氏は江戸の民衆は、まさにそうした閉塞感から一時的にではあれ、逃れるために洒落本や黄表紙を読んだのですよ、という意味の答えをしてくれた。そして新書という小さな器の中に、まことに見事に、洒落本と黄表紙の世界を描いてくれたのである。氏は「あとがき」で、この間の事情を含めて、次のように書いた。

この書に「閉塞の時代の文学」という副題をつけたいというのが、編集部の当初の意向であった。しかし閉塞の時代といえば、黄表紙・洒落本の時期に限ることでなく、江戸時代を通じて言えることだし、近代にこの語が用いられたのも周知のことである。ただそうした閉塞の時代のある時期に、当面の黄表紙・洒落本がどのように対処したかということは、やはり重要な課題として考えられなければならぬことに違いない。わたくしは多少の気恥ずかしさを覚えながら、本書のなかで飛翔と沈潜などということばを用いた。これら遊戯的文学において、閉ざされた時代の人びとが、せめても自己を開き主張をしようとするならば、洒落とか通とかとなえながら、黄表紙のむだの虚空に飛び翔けることであり、また洒落本の特殊な世界へのうがちにひたすら深く潜みこむことであったろう。

当時、平賀源内の芝居などを書いていた井上ひさし氏が、書評で絶讃してくれたのは嬉しかった。この新書の編集作業の過程で、私は水野氏からとても興味深い話を聞いた。それは、水野氏が学生であった頃には、黄表紙とか洒落本などは学問の対象と見なされていなかった。だから先生が大学で講義するときには、必ずフロックコートを着用して格調高くやらざるを得なかったのだ、と。それが今日、「日本古典文学大系」の一冊として位置を占めるに至ったのを考えると、感慨ひとしおとのことであった。

江戸の話になったので、ここで『思想』の編集部時代のことであるが、触れておきたいことがある。それはたしか農業問題の特集のときだと思うが、梅棹忠夫氏に日本農業の特質について書いてもらおうということになり、私が担当者となった。

京都の北白川のお宅で何日もねばったのだが、当時大阪万博のプランナーの一人であったようで、梅棹氏は多忙を極めていた。万博事務局の人が多数出入りしていたが、その間をぬって梅棹氏は論稿の構想を聞かせてくれた。その内容のうち、農業論についてよりも、それとの対比で論ずる予定の江戸社会論が、私にとっては実に面白かった。当時は、江戸時代といえば、暗い封建時代だと一般的には考えられていた。しかし梅棹氏は、江戸時代こそ近代日本を生んだ豊かな時代である、と捉えていた。各藩で産業が奨励され、学問も栄えた。このような地方の成熟があったからこそ、明治維新も可能になったのだ、というのが梅棹氏の論であった。

その後二十年ほどたって、そのような観点が出てきたし、「江戸」に対する評価もプラスに転じてきた。特にヘーゲル学者として著名なA・コジェーヴが、江戸時代の日本を、成熟した社会の一つの典型と考えていることが話題になったときには、深い感慨にとらわれざるを得なかった。梅棹氏には『思想』以来三十年後に、『経営研究論』(一九八九年)や『情報管理論』(一九九〇年)といったユニークな本をまとめてもらうことになった。

2　黄版の出発

一九七七(昭和五十二)年の四月に、岩波新書青版が一〇〇〇点になったので、五月から新たに黄版を出すことになる。青版では以下の三点を出した。飯沢匡『武器としての笑い』、菊盛英夫『ルターとドイツ精神史――そのヤーヌスの顔をめぐって』、牧康夫『フロイトの方法』。そして黄版では、中村雄二郎『哲学の現在――生きることと考えること』、宇沢弘文『近代経済学の再検討――批判的展望』、福田歓一『近代民主主義とその展望』、武者小路公秀『国際政治を見る眼――冷戦から新しい国際秩序へ』、山本光雄『アリストテレス――自然学・政治学』、鹿野治助『エピクテートス――ストア哲学入門』を出す。

そして秋には単行本の編集部に移るのだが、ここでは新書編集部の最後の年のこととして、青版の飯沢匡氏と牧康夫氏、黄版の中村雄二郎氏について書くことにする。宇沢、福田両氏については既に触れたので省略したい。

ロッキード事件を撃つ武器

まず飯沢匡氏について。氏の没後五年にあたって行なわれた劇団・青年劇場主催の「飯沢匡没後五年のつどい」のパンフレット、『飯沢匡先生の思い出』（一九九九年八月）に寄稿した文章があるので、それを引用することにする。

飯沢匡先生に『武器としての笑い』の原稿をまとめていただいたのは、一九七六年暮のことであった。そしてそれは、翌七七年一月に、岩波新書の一冊として刊行された。

七六年は言うまでもなく、ロッキード事件で日本中が大揺れに揺れた年だ。この未曾有の汚職事件に対して、飯沢先生は直ちに戯曲「多すぎた札束」を執筆することによって応えられた。信じ難い政治の腐敗に抗するに、先生は徹底的な笑いを以てなさったのだ。

当時、岩波新書の編集部員であった私は、その五年ほど前から飯沢先生に執筆をお願いしていた。毎月一度は市ヶ谷のご自宅を訪問し、さまざまなお話をうかがうことができた、が、原稿はまとまる気配が無かった。

　原稿のことはともかく、飯沢先生からあれこれとご教示いただくのは実に楽しい経験だった。私が師と仰ぐ林達夫は飯沢先生にとっても先達であるようだった。よく林達夫が訳したベルグソンの『笑い』（岩波文庫）が話題に上った。

　ある時、テレビで高い評判を得ていた「刑事コロンボ」の話になった。飯沢先生は毎回必ずご覧になる——用事がある時にはビデオをとっておいて後で見る——とのことだった。「あの番組は実によくできているね」とよくおっしゃった。アメリカの上流階級の腐敗を見事に抉り出している、というのだ。しかしそのとき、「だから、あの番組に黒人が全くといっていいほど出てこないのを、君は気がついているかい？」と質問なさった。それまで私はそのことに気づくことがなかった。

　古代の日本人が持っていたおおらかな笑いの復権を求めて、飯沢先生は生涯闘ってこられた。バブルで踊ったツケを徹底的な経済の落ち込みという形で支払わされている現在の日本人を見たら、そして国旗と国歌の法制化が強行されようとしている現状に対して、飯沢先生はどんな笑いで、それを表現なさるだろうか。武器としての笑いの必要性は、ますますたかくなっていると痛感させられる今日この頃である。

身心のすべてをかけて

牧康夫氏のフロイト研究が面白い、と聞いたのは上山春平氏からだったと思う。たしか哲学講座の『価値』の巻の執筆者を決める過程でのことだった。どこが面白いかといえば、フロイトを文献的に研究するのではなく、フロイト理論を自らの生き方と関わらせて追体験することによって、その有効性を実証しようとしているところにある——と、私は牧氏をよく知るようになってから考えた。牧氏は、自らの生き方を摸索する過程で、さまざまな心理療法や禅の修行などを試みたようだった。

私が氏と会った頃には、ヨガの修行を徹底して積んだ結果、師匠の佐保田鶴治氏の高弟として認められるまでになっていた。京都にある氏の自宅を訪れたとき、夫人に案内されて部屋に入ると、畳すれすれの所から「大塚さん、こんにちは」と声をかけられ、びっくりしたことがある。氏は頭や手足を折り込んで、五〇センチくらいの立方体になっていたのだ。フロイトのニルヴァーナ原則という概念を、自分はヨガの修行によって追体験したい、と氏は言っていた。つまり、氏は自らの身心のすべてをかけて、フロイトの思想と対決していたのだ。そうした迫力が、この新書をフロイト理論の単なる紹介に終わらせるはずがないのは明らかだろう。アンナ・Oの症例の分析など、フロイトの初期の理論を詳細に検討することによって、この新書はフロイトの本質的な一面を捉えるのに成功したと思われた。

が、それは後にわかったことであり、牧氏自身は本書の原稿を完成する前に、大島か八丈島に行く客船から投身して姿を消してしまった。そのショックの中で、残された原稿をあれこれと読み直していくうちに、牧氏の私への手紙などを参照しながら、可能な限り氏の構想に近い形で再構成できるのではないか、と私は考えるようになった。氏から何通も、本書の構成や内容についての詳細な私信をもらっていたからだ。それで私は、上山春平氏に助けを求めた。氏は京大人文研での先輩として、牧氏の実力を高く評価していた。加えて上山氏は、フロイト理論にも精通していたからである。

上山氏の強力な支援の下に、『フロイトの方法』はできあがった。牧氏が姿を消してから一年後に京都で行なわれた葬儀は、印象深いものだった。人文研を代表して弔辞を述べたのは桑原武夫氏だった。あの冷静な桑原氏が弔辞の途中、若い有望な研究者を失った悲しみに涙するとは、本当に思ってもみないことだった。続いて友人代表として河合隼雄氏が話をしたが、河合氏は「夢の中でよく牧さんを見ました。牧さん、と話しかけると、いつもふり返って笑顔で応えてくれました。しかし、今回は、いくら呼びかけても、こちらを向いてもらえませんでした」と語り、そこで絶句し、話を続けることができなくなった。新書が刊行されてから、藤澤令夫氏の夫人みほ子さんと牧氏が友人であることがわかり、思わぬ関係に驚いた。

転換点の著作

中村雄二郎氏には、『哲学の現在』以降、『共通感覚論』『魔女ランダ考』『西田幾多郎』をはじめ、多くの本をまとめてもらった。また、「叢書・文化の現在」や「新岩波講座・哲学」の編集委員をお願いし、季刊誌『へるめす』の編集同人にもなってもらった。そして最終的に、それら多くの本や論稿を、Ⅰ・Ⅱ期の著作集としてまとめて刊行することになる。『思想』時代から現在に至るまで、四十年にわたって、本当にお世話になってきた。そうした経緯を改めてふり返ってみると、感謝の思いは尽きることがない。

後年、中村氏のライフワークの一つである大著『述語的世界と制度——場所の論理の彼方へ』（一九九八年）の「あとがき」で、「本書を書き上げるに当っては、一々お名前を挙げきれないほど、実に多くの、日本国内のみならず、欧・米の友人、知人から、並々ならぬ恩恵を蒙っている。ただ、お一人だけ挙げるなら、この三十年以上にわたって、終始、直接、間接に私の著作活動を支えてくださった岩波書店の大塚信一氏に——役員としてのではなく、個人としての同氏に——お礼を申し上げたい」と、中村氏は書いてくれた。そのときの感激は今も薄れていない。時間がたつにしたがって、その度合いはますます深まるように思う。

だからこそ、ここで言っておかなければならない、と思うことがある。それは、たいへん僭越なことに聞こえるかも知れないが、『哲学の現在』までの中村氏の仕事には、いずれもとても興味深いにもかかわらず、もう一つ氏独自の思想が十分に出ていないのでは、とずっと隔靴掻痒の思いを抱いていたということだ。

『哲学の現在』は小さい書物ながら、中村氏はまとめるのにずいぶん苦労した。そしてある意味で、氏の哲学的思索のすべてをここに投入したといっても過言ではない、と思う。したがって一見平易に書かれていると思われる文章も、真にその意味を読み取ろうとすると、そう簡単ではないのだった。私自身、校正のために数回ゲラに目を通したが、そのたびごとに新しい発見があるのは驚きだった。経済史の大家である大塚久雄氏がこの新書について、「大変面白い」と言ってくれたのは、実に嬉しいことだった。さいわい『哲学の現在』はよく読まれてベストセラーの一つにもなった。そんなわけで、私の知人がたまたま『哲学の現在』を手にして読み始めたが、とても難しかった、と正直に告白していたのを思い出す。この新書以降、氏の著作は根本的に変わったと思う。そして氏独自の思想世界を次々に切り拓いていった、と私は考えるのだが。

3　フランクフルト・コネクション

国際的水準に直面する

一九七七年に黄版新書の出発を手伝ってから、人事異動で秋に単行本編集部に移る。次章以下で詳しく、そこで行なった仕事の内容について触れる予定だが、その前に、この年の秋、初めてフランクフルトの国際書籍見本市に参加したことについて記しておきたい。なぜなら、ここで初めて、出版の国際的水準に直面し、自分の編集活動についても反省せざるを得なかったからである。

岩波書店ではだいぶ以前から、毎年フランクフルトへ派遣団を送り込んでいた。しかしこの頃までは、版権の実質的売買はそんなに多くなく、むしろ論功行賞的な意味合いが強かったようだ。例えば、何か大きな仕事を数年がかりで仕上げた場合とか。だから、書籍市の会期は足かけ一週間ほどだが、その前後にヨーロッパの各地を観光するといった具合だった。また当時は、外国に出かけること自体が大変なことだったので、出発前には歓送会を行なうなどしていた。私が団の一員として派遣されたのは、新書黄版の立ち上げで努力したからという含みがあったのかも知れない。

それはともかく、役員の団長、渉外課の版権担当者、自然科学編集部員、美術書（とくに国際共同出版）編集部員、それに人文・社会科学を担当する私の、五人のメンバーで派遣団は編成され、送り込まれた。フランクフルトの会場では、ブースを借りてそこに自社本の展示をする。最初に行ったときには、まだ現在のようにヨーロッパ、アジア、アメリカ、といった地域ごとには分けられてなくて、参加国がアルファベット順に展示していた。わが国の隣りにはイスラエルの出版社が出展していた。イスラエルのコーナーには、自動小銃の引き金に指をかけた兵士が常時警備についていた。テロを警戒してのことだった。

見本市では、自然科学書、それも数学や物理学関係の本の版権には、欧米とロシアの買い手がよくついた。というのは、数学などの場合、数式があれば基本的なことがわかるので、日本語からの翻訳はそんなに難しくはなかったからだ。しかし、人文・社会科学系では、近代経済学が多少候補に上るぐらいで、実際に版権が売れることはほとんどなかった。だから、私はもっぱら諸外国の面白そうな出版社のブースを見て回り、気になる本には〝オプション〟と称する、いわば版権を買うための手付けに当たる手続きを、相手の出版社に申し入れた。

最初に行った一九七七年には、圧倒的に米欧の水準が高く、欲しいものばかりという感じであった。次章で述べる「現代選書」には、こうして版権を手に入れた本の翻訳が多い。

私にとっては、国際書籍見本市の最初の体験はとても刺激的なものだった。欧米の多くの出版社の編集者や版権担当者と知り合うことができた。そしてそれ以上に意味が大きかったのは、人文・社会科学の大きな傾向というものが、おぼろげながら理解できるように思えたことだった。東京で洋書店の書棚や外国の書評紙から得られる情報以上に、そこには生きた情報が充満していた。その意味で、身体は疲労の極に達したけれど、私はこの書籍市に参加して、非常に興奮したのを覚えている。

この後、退職するまでに十回以上フランクフルトに行ったが、一九八〇年代の半ば頃から急速に、欧米と日本の文化的水位が近づいてきたのではないかと思う。その頃から、日本の人文・社会科学系での動きは、欧米のそれとあまり変わらぬものになってきた。それに伴い、依然言語の障壁はあったものの、人文・社会系の版権も売れるように変わりつつあった。一例をあげると、あるとき英国のオクスフォード大学出版局の編集者が、私たちのブースに現われた。彼は日本の近代経済学者の動静に詳しかったが、ある東大経済学部の助手についての情報を求められたときには、敵はここまで調べているのか、と驚嘆したことを忘れられない。

「次はスタンフォードで会おう」

この間、欧米の出版社の友人も数多くできた。その中で一人だけ書いておきたい人がいる。それはアメリカのスタンフォード大学出版会（ユニヴァーシティ・プレス＝UP）のグラント・バーンズ氏だ。スタンフォード出版会はアジア関係の出版でも知られる質の高い出版社だった。もっとも規模は大きくなく、ハーバードやシカゴのUPに比すれば、弱小の部類に入ったかも知れない。実際スタンフォードUPはブースを出していなかった。出版会のディレクターであるバーンズ氏自身が、見本市の会場を歩き回って、版権を取得しているのであった。

ある日の夕方、そろそろ会場も閉まるという頃に、私たちのブースに現われた氏は、空いている椅子に崩れるように座り込んだ。そして「何か飲物をくれないか」と言った。ちょうど、一日の仕事を終えてほっとしたところだったので、皆でビールを飲もうとしていた。それでビールを出すと、彼は一気に飲みほした。そして、おもむろに私を相手に雑談を始めたのだった。日本の事情にも詳しく、特に日本映画に強い興味を持っているように見えた。それで、たまたま私が知っていたスタンフォードUP最新刊の日本映画論 *Distant Observer* の話をしたところ、「なんで君はこの本のことを知っているのだ」と驚き、一気に二人の距離は縮まった。別れぎわに氏は、「次はスタンフォードに来たまえ。そうしたら私の飛行機に乗せてあげるから」と言ったので、今度は私の方がびっくりした。自家用機を持っているとのことだった。それ以降、氏の逝去まで二十年近く交友が続くことになる。

一九九一年に米国国務省の招待でアメリカ各地を訪れ、各地のUPを訪ね歩いた折に、スタンフォードにも出かけた。バーンズ氏は自家用機に乗せてはくれなかったものの歓待してくれ、出版会の隅々――倉庫の中も――まで案内してくれた。昼食に招待されたが、そこで出された特上のカリフォルニア・ワインの味は格別だった。

世紀がかわって少し後、フランクフルトでカリフォルニアUPのダン・ディクソン氏から、バーンズ氏が亡くなったことを知らされた。ダンは、「彼は父親のような人でした。僕をカリフォルニアに呼んでくれたのも彼だったのです」と、いつもは本当に陽気な彼が、なんとも寂しげに語った。朝から夕方まで、三十分きざみのアポイントメントに追われ、夜は関係の深い外国出版社との会食と、緊張感に満ちた見本市のことを思い出すたびに、バーンズ氏の笑顔もよみがえってくる。

英国の二人の歴史家

初めて国際見本市に参加すると決まったとき、私は会期後の「観光旅行」を少し実あるものにしたいと考えた。それで、以前から興味を抱いていた英国の歴史家二人に会う手はずを整えた。一人は若き日のピーター・バーク氏であり、もう一人はすでに令名の高いノーマン・コーン氏だった。バーク氏の『ヴェニスとアムステルダム』という本に興味を持った私は、当時サセックス大学の講師をしていたバーク氏に手紙を書いた。それに対して「あなたから手紙をもらったのは嬉しい驚きでした。もちろん私の本が日本語で刊行されるのは喜ばしいことです。『ヴェニスとアムステルダム』の本では、日本の堺・大坂と比較するつもりでした。しかし、それらの都市についての欧米諸語文献が十分でなくて、実現しませんでした」にはじまる返事をもらった。

海水浴場として有名なブライトンの郊外にあるサセックス大学の研究室にバーク氏を訪ねると、そこには大学院の学生のような氏がいた。彼は、当時にぎやかだったフランスの思想にも関心を持っていて、話はずんだ。英国国内の話になるとE・ホブズボウムの噂になり、「彼は立派な歴史家だが、本を書きすぎる」とも言った。そのときには、この青年が後に、英国歴史学界の中でホブズボウムのような位置を占めるに至るとは、思ってもみなかった。後に岩波書店では、『イタリア・ルネサンスの文化と社会』（一九九二年、新版二〇〇〇年）、『フランス歴史学革命——アナール学派一九二九—八九年』（一九九二年）など彼の本の邦訳を出すことになる。

N・コーン氏は、すでに『千年王国の追求——中世における革命的千年王国主義者たちと神秘主義的無政府主義者たち』（一九六一年）や『大量虐殺の根拠——ユダヤ人世界制覇陰謀神話とシオンの兄弟団の議定書』（一九六七年）などの著作で知られた歴史家だった。ロンドン郊外の長屋ふうの家を訪ねると、歓迎してくれた。氏の目下の関心は、ナチズムなどのマス・ヒステリー現象を歴史としてどう描くか、ということだった。氏は当時、マス・ヒステリーを専門に研究する研究所の所長をしていた。彼はユダヤ人の歴史家として、ナチズムを歴史的に解明することが最大の課題だったのだろう。後にコーン氏の『魔女狩りの社会史——ヨーロッパの内なる悪霊』（山本通訳、一九八三年、原題は邦訳書の副題と同じ、原書は一九七五年刊）を刊行することになる。

国際見本市で、諸外国の出版人と会うだけでなく、秀れた研究者と会って話を聞くことは、非常によい勉強になったと思う。彼らは自分の著作の版権を売り込むために、会場に来ているのだった。自らの思想の故に、政治的亡命を強いられている彼らにとって、不安定な生活を少しでも確かなものにするために、必死になって版権の交渉に当たらざるをえなかったのだ。その一例として、従属理論で知られるアンドレ・ガンダー・フランク氏がいる。彼とは何回も会った。彼の本『世界資本主義とラテン・アメリカ——ルンペン・ブルジョワジーとルンペン的発展』は西川潤氏の訳で一九七八年に刊行した。

また、アンワール・アブデルマレク氏もいた。彼の著作『民族と革命』と『社会の弁証法』は、いずれも熊田亨氏の訳で一九七七年に刊行されている。アブデルマレク氏は最近まで、毎年クリスマス・カードを送ってくれた。

ポリティ・プレスとの交流

ところで、この二つのことを兼ねるかたちで実現した面白いケースがあるので、紹介しておこう。それは一九八〇年代後半のことだと思うが、後に書くように、英国の出版界に突如として現われ、旺盛な出版活動を行なっていたハーヴェスター・プレスが、これまた突然に姿を消すことになる。意欲的な活動をしてきた出版社がなくなるのはとても残念なことだ。しかし、それに代わって、素晴らしい出版活動を行なう新興の出版社が現われた。それがポリティ・プレスだった。社会科学系の興味深い本を次から次に出すので、一度そこの人と会いたいと思っていたが、この出版社は、フランクフルトでブースを持つまでにはなっていなかった。代表者の一人が会場に現われ、スタンフォードUPのバーンズ氏のように、会場を歩き回って目ぼしい本を見つけているのだった。

あるエイジェントの力を借りて、彼と会うことができた。ジョン・トンプソンという若者で、社会学者だった。オックスフォード大学のリーダー（講師）か何かだった。「もしよければ、見本市の後にオックスフォードにある社の方に訪ねてきてくれないか」というので、出かけて行った。いろいろと話をするうちに、共同経営者がアントニー・ギデンズ氏であることがわかった。その当時は、いまだそれほど著名というわけでもなかったが、数年後には社会学の大きな教科書を書いたり、何よりも「第三の道」の提唱者として、世界的に知られるようになる社会学者だった。

これ以後、ポリティ・プレスとの交流は続いたが、ジョン・トンプソン氏に初めて出会ってから十数年たって、東京でA・ギデンズ氏と会うことになる。それは亡き経済学者・森嶋通夫氏が手紙をくれて、友人のギデンズ氏がLSE（London School of Economies）の同僚と共に日本に行くので、一度会っておいたらどうか、と示唆してくれたからである。LSEに関係深い歴史学者・杉山伸也氏や社会学の大澤真幸氏などとともに、二〇〇二年のことだと思うが、ギデンズ氏を昼食に招待した。その折にJ・トンプソン氏のことを話したら、「彼からよく聞いていますよ」と氏は答えた。そしてポリティ・プレスの経営を支えているのは、ギデンズ氏の社会学教科書が数十万部も売れてきた、そして毎年数万部ずつ売れるからだ、との話であった。

第四章　知的冒険の海へ

1　「現代選書」と「叢書・文化の現在」

単行本編集部へ

単行本の編集部に移って最初の仕事は、例によって先輩の企画を手伝って実現することだった。『プトレマイオス世界図──大航海時代への序章』（L・パガーニ解説）という本の国際共同出版である。序文はイタリア語なので、翻訳を一橋大学の地理学者・竹内啓一氏にお願いした。日本版の解説は、京都大学の織田武雄氏をはじめ、三人の方に依頼した。織田氏は地理学の大家だったが、言葉のはしばしから京大文学部の輝かしい伝統を体現している方のように思え、その点が興味深かった。岩波書店では、「大航海時代叢書」という大きな企画を実現していたので、その流れの上で決められた企画だった。

この一冊（と言っても図版が主の大きな本だったが）を手伝わされて以降は、ただちに自前の企画を立てなければならなかった。まず山口昌男氏の『知の遠近法』を、一九七八年四月に刊行した。山口氏は『文化と両義性』（哲学叢書、一九七五年）などによって、時代の先端を行く論客と目されるようになっていた。「中心と周縁」といった氏の概念は広く受容されていたが、『知の遠近法』ではさらに具体的に、さまざまな文化現象を縦横無尽に分析しまくって、高い評価を得た。氏の活躍は、論壇以外でも各種のメディアで取り上げられ、一躍時代の寵児になった感があった。これ以降、山口氏を中心とした知的世界が華々しく展開されるが、それはおいおい述べていくことにしよう。

また、この年には、H・G・ベック『ビザンツ世界の思考構造――文学創造の根底にあるもの』（渡辺金一氏編訳）を編集した。渡辺氏は、一九六八年に大著『ビザンツ社会経済史研究』を上梓している、ビザンツ学の泰斗だけあって、ビザンツに関わるさまざまな知識を教示してくれた。例えば、ビザンツ研究の国際的な拠点の一つがソ連だということ。それはロシア正教との関わりのみならず、地政学的にソ連ではビザンツ地域への関心が高いからだ、ということだった。ベック氏は国際的に知られたビザンツ学者だったが、来日した折に会う機会があった。氏は「私も昔、編集者をやっていたことがありますよ」と気楽に話してくれたものだ。

単行本編集部に移ってただちに企画化に取り組んでいたのは、「岩波現代選書」というシリーズだった。それを出発させて二年後に、「叢書・文化の現在」（一九八〇～八二年）を、そして翌年には「20世紀思想家文庫」という新シリーズを、さらに一九八三年から「講座・精神の科学」を刊行しはじめる。今から思えば、よくもこんなに続けて仕事ができたものだとあきれるが、私自身も若くて知的好奇心でいっぱいの時代だったのだろう。あわせて、出す本のいずれもがよく読まれ、よく売れたので、編集者としては最良の時代だったのではないかと思う。以下順を追って記すことにする。

プールされていた企画

現代選書を準備するにあたって参考にしたのは、一九五一年に創刊された「岩波現代叢書」だった。戦後、それまで抑圧されていた自由な学問への希求が解放され、社会科学をはじめとして質の高い書物が求められた。ケーラー『心理学における力学説』、スウィージー『社会主義』、ヒックス『景気循環論』の三冊をもって出発したこの叢書は、一九六〇年代初めまで続き、文学作品を含めて、多くの名著を世に送り出した。私たちが学生の頃には、教科書的な「岩波全書」と並んで、この叢書をむさぼり読んだものだった。

この叢書を一つの参考にしながら、現時点で企画を考えるとしたらどんな書目が考えられるか、単行本の編集部員にそれぞれリストを提出してもらった。たちどころに数十冊の候補書目が集まった。わずか二、三名ではあったが、心ある編集部員の間では、このような場を借りて企画を実現したいと願う書物が、数多くプールされていたのだと思う。これなら行けるというので、さっそく出発することにした。後にこの選書に対して「記号論と現代社会主義論のシリーズだ」という批判が出たが、出発時の書目を見ていただければ、もっと幅広い分野を視野に入れていたことを、理解してもらえるだろう。

大江健三郎『小説の方法』
J・ジョル『グラムシ』（河合秀和訳）
R・P・ドーア『学歴社会　新しい文明病』（松居弘道訳）
渓内謙『現代社会主義の省察』
R・スチュワート『医師ベチューンの一生』（阪谷芳直訳）
E・ウィリアムズ
『コロンブスからカストロまで　I――カリブ海域史、一四九二―一九六九』（川北稔訳）

この六冊で現代選書は出発した。一九七八（昭和五十三）年五月のことである。このうちはじめの三冊を、私が編集した。

画期的な二冊

続けて年内に私が編集した現代選書の書目を記しておこう。

A・ストー『ユング』（河合隼雄訳）
滝浦静雄『言語と身体』
J・カラー『ソシュール』（川本茂雄訳）
田中克彦『言語からみた民族と国家』

V・S・ナイポール『インド——傷ついた文明』（工藤昭雄訳）
K・ポパー『果てしなき探求——知的自伝』（森博訳）
J・A・トレヴィシク『インフレーション——現代経済学への挑戦』（堀内昭義訳）
J・ブラッキング『人間の音楽性』（徳丸吉彦訳）

今から見れば、ずいぶん錚々たる方々に執筆と翻訳をお願いしたものだと思うが、これも四半世紀前だから可能だったのだと思う。私はこれらの方々から、非常に多くのことを教示してもらったのだが、ここでは省略せざるを得ない。ただ大江健三郎氏と田中克彦氏については簡単に触れておきたい。

大江氏の『小説の方法』は画期的な本だった。氏は、バフチンの考えやロシア・フォルマリズムの方法、さらには近年めざましく展開した記号論などの研究成果を踏まえたうえで、説得力に富んだ文学理論を提唱した。その中心的な概念である「グロテスク・リアリズム」は、大きな影響力を持ったと思う。大江氏は理論を提唱するだけにとどまらず、自らの作品においてそれを実証的に展開したのが、『現代伝奇集』（現代選書、一九八〇年）だと思うのだが、現代選書の成功のために、これほどまでに尽力してもらえたことに改めて感謝したい。そして「叢書・文化の現在」でも、さらに雑誌『へるめす』においても、氏の尽力はとどまることがなかった。それらについては、いずれ詳しく触れることになろう。

田中克彦氏についても、後にも触れる機会があるはずだが、『言語からみた民族と国家』は、氏の基本的な姿勢を非常に明瞭に示している本だと思うので、少し記しておきたい。現在では至極当然のことに思われるだろうが、民族とか国家を論じる際に、言語がどんなに重要な位置を占めるか、また言語を通して見ると民族や国家はどう理解できるかを、この著作によって田中氏は明らかにした。

この著作が政治学者や社会学者に与えた影響は、想像以上に大きかったと思う。当時は、世界各地での民族紛争や内戦がこれほどまでに激化する以前のことだったが、田中氏の認識には教えられることが多かった。このような見方からするならば、悪名高いスターリンも、その言語理論に関する限り、評価が少し変わってくるのではないか、という田中氏の意見には頷かざるを得なかった。ずっと後になって、田中氏には「岩波現代文庫」で、『「スターリン言語学」精読』（二〇〇〇年）を書いてもらうことになる。

この年には、『アラン 諸芸術の体系』（桑原武夫訳）の新版（旧版は『アラン 芸術論集』、一九四一年）も出したが、桑原氏についてはあまりにも多くのエピソードがあり、それらは面白いだけにさしさわりも少なくないので、記すことは控えたい。

新しい「知」の前提

翌一九七九（昭和五十四）年に私が編集した現代選書は以下の通り。

Yu・ロトマン『文学と文化記号論』（磯谷孝編訳）

中村雄二郎『共通感覚論──知の組みかえのために』（岩波書店）〔現代選書NS版〕

D・R・グリフィン『動物に心があるか──心的体験の進化的連続性』（桑原万寿太郎訳）

J・ハバーマス『晩期資本主義における正統化の諸問題』（細谷貞雄訳）

マジシ・クネーネ『偉大なる帝王シャカ』Ⅰ・Ⅱ（土屋哲訳）

フワン・ルルフォ『ペドロ・パラモ』（杉山晃・増田義郎訳）

C・ブラッカー『あずさ弓──日本におけるシャーマン的行為』（秋山さと子訳）

J・パスモア『自然に対する人間の責任』（間瀬啓允訳）

ここでは中村雄二郎、秋山さと子、間瀬啓允氏に触れておこう。

中村氏の『共通感覚論』は、哲学関係のみならず広範囲に大きな影響を与えた。価値観が大きく変動する時代にあって、新しい「知」への欲求が高まっていた。中村氏の「共通感覚」（センスス・コムーヌス）は、そうした新しい「知」の前提をなすものであった。つまり、新しい知は、理性のみならず、いわゆる五感の働きをも包含するものとして考えられていた。演劇をはじめとする諸芸術に関する、中村氏の該博な知識がものを言っている、と私には思われた。

このことは山口昌男氏にも当てはまることであり、山口氏の記号論的な分析を説得力ある魅力的なものに仕上げたのは、やはり氏の学問・芸術にわたる幅広い知見であった。同様に、先に書いた大江健三郎氏の『小説の方法』も、中村・山口両氏の仕事と通底する一つの具体例として考えることができるだろう。そしてこうしたことどもが相まって、大江・中村・山口氏を中心とする共同作業として、次に展開されるのが「叢書・文化の現在」であった。

シャーマン的翻訳者

秋山さと子氏は、TV局でプロデューサーのような仕事をしていた、と聞いたことがある。その後、スイスのユング研究所で学び、帰国して後は心理療法の仕事を続けていた。文章がうまく、翻訳も手なれたものだった。そして次々に著作を発表する。だから少し後には、多くの秋山ファンが自ずから生まれることになる。

英国の社会人類学者C・ブラッカー女史の『あずさ弓』は、名著といってよい書物だった。が、日本におけるシャーマニズムについての研究である本書は、誰にでも訳せるものとは思えなかった。ブラッカー氏と面識もあるという秋山氏に、翻訳をお願いしたのは正解だった。自身、東京の有名な禅寺に生をうけた秋山氏は、幼い頃からさまざまな宗教体験をしてきたという。加えて成人してからは、国内外の宗教学会などで、多方面にわたる知識を吸収していたので、まさに適役であったといえるだろう。

ときどき、早稲田の若松町にあるお宅に遊びに行って、M・ブーバーの素顔についての話や、G・ショーレムの消息などを聞いた。しかし、秋山氏自身シャーマン的要素を持っているようで、私としてはある程度以上に親しくなるのを敬遠していたように思う。後にわかったことだが、私のいとこの一人である詩人で翻訳家の矢川澄子（故人）は、秋山氏の親しい友人であった。

間瀬啓允氏は倫理学の研究者であったが、抽象的な倫理の研究だけでなく、自然や環境といった具体的な場において、人間の倫理的あり方を探求する立場を貫いていた。『自然に対する人間の責任』は、その原理論的分析といってもよい本だった。ずっと後になって、シリーズ「現代の宗教」の一冊で、『エコロジーと宗教』(一九九六年)という本をまとめてもらうことになるが、氏の立場はいっそう明瞭となり、説得力に富むようになっていることを知り、感服したものだ。また、一九九七年には、ジョン・ヒックの『宗教がつくる虹——宗教多元主義と現代』を訳出してもらった。

寝る間を惜しんで

一九八〇(昭和五十五)年に私が出した現代選書は次の通り。

T・イーグルトン
『文芸批評とイデオロギー——マルクス主義文学理論のために』(高田康成訳)
A・J・エイヤー『ラッセル』(吉田夏彦訳)
U・エーコ『記号論』I・II(池上嘉彦訳)
大江健三郎『現代伝奇集』
G・スタイナー『ハイデガー』(生松敬三訳)
P・ラビノー『異文化の理解——モロッコのフィールドワークから』(井上順孝訳)

J・M・エディ『ことばと意味――言語の現象学』（滝浦静雄訳）
M・A・ボーデン『ピアジェ』（波多野完治訳）

以上九冊の現代選書を編集したわけだが、そのほかに以下の単行本も刊行した。

『N・S・トゥルベツコイ　音韻論の原理』（長嶋善郎訳）
山口昌男編著『二十世紀の知的冒険　山口昌男対談集』
前田陽一著『パスカル『パンセ』注解　第一』
藤澤令夫『イデアと世界――哲学の基本問題』

そのうちトゥルベツコイの音韻論は、言語学の古典として知られている大著である。前田氏のパンセ注解は、B5判という大判の、名実ともに世に知られた名著である。そして藤澤氏の『イデアと世界』も、氏の主著の一冊であり、A5判四〇〇頁近い本格的学術書である。

この年はこれだけで終わらなかった。「叢書・文化の現在」を十一月から刊行し始め、年内に二冊を刊行した。このように書いてきて、これはやはり異常といわざるを得ない、寝る時間がよく取れた、と思う。しかし、つらいと思ったことは一度もなかった。むしろ楽しくてしかたなかったことを覚えている。そういえば、このころ毎土曜、日曜は、いつも自宅で企画カードを書いていた。長女が幼稚園で描いた〝パパ〟は、いつも本を読むか原稿を書いている姿だった。ウィークデーは通常の編集作業で手一杯だったから、企画のための読書とその整理には、土日をあてるほかに方法がなかったのだ。

イーグルトン／エーコ／スタイナー

それはともかく、現代選書のいくつかに触れておこう。まずT・イーグルトンについて。左派の文芸批評家として著名なイーグルトンの本は何冊か翻訳出版したが、これが最初である。『文学とは何か――現代批評理論への招待』（原題 *Literary Theory*、大橋洋一訳、一九八五年）については、いずれ触れる。また雑誌『へるめす』で高橋康也氏との対談を掲載するが、これも後に詳しく書くことにする。

次に、U・エーコについて。後に小説『薔薇の名前』で一躍世界的に名を知られるようになるが、もともとはヨーロッパ中世の研究者だ。記号論の分野でも開拓的な仕事を行ない、その成果を教科書ふうにまとめたのが、この『記号論』である。したがってどちらかといえば、平板で面白味に欠けるが、折からの記号論ブームに火をつけるかたちで、想像以上によく読まれた。ある現代音楽のコンサートに、詩人の高橋睦郎氏が本書を小脇に抱えて現われたこともあった。エーコは国際記号学会の副会長で、山口昌男氏とも親しかった。

G・スタイナーはユダヤ系の文芸批評家で、すでに邦訳が何冊か出ていた。ナチスのユダヤ人虐殺について、忘れ難い文章を書いている。したがって、ナチスに加担したとされるハイデガーについてのこの小著も、微妙なニュアンスに富む評伝となっていた。生松敬三氏は、そのニュアンスを生かす名訳をつくってくれた。なお、本書を含めて、現代選書の評伝の多くは、フォンタナの「モダン・マスター・シリーズ」から取られている。

次の『ピアジェ』もそうだ。この本の著者M・A・ボーデンは、英国の新進の女性心理学者だった。「ものすごく優秀な人だから、すぐに有名になるだろう」と教えてくれたのは、当時英国の出版界に彗星の如く現われた硬派の出版社、ハーヴェスター・プレスのジョン・スピアーズ氏だった。ハーヴェスター・プレスは、近年のポリティ・プレスがそうであるように、問題を先取りした書物を出版し、かつ新進気鋭の研究者を次々に世に送り出していた。ちなみに、宇野弘蔵氏の『経済原論』（岩波全書、一九六四年）の英訳を、伊藤誠氏や関根友彦氏などの尽力によって刊行したのも彼であった。それでスピアーズ氏とは、フランクフルトの見本市などでよく会っていたのだ。たまたま彼が来日した折に、ひそかにうちあけたところでは、ボーデン女史は彼の妻であるとのことだった。本書の翻訳は、原著者の祖父ぐらいの年齢の波多野完治氏にお願いした。波多野氏は実に若々しく、さまざまな話をきかせてくれた。林達夫氏との関係も深かった。その一部はすでに書いた。

言語論から広がる世界

ここで単行本のことにも触れておこう。まず『N・S・トゥルベツコイ　音韻論の原理』だが、翻訳は長嶋善郎氏にお願いした。二十世紀の初頭に、ロシアの地でR・ヤーコブソンらによって開拓された言語理論は、ソシュールなどの仕事と相まって、この世紀の知的世界の骨格をなすものになる。構造主義、記号論、詩学等々に与えた影響の大きさは測り知れないだろう。というわけで、トゥルベツコイもそうした文脈の中に位置づけた出版であった。

後にソシュールやヤーコブソンなどの翻訳や研究書を手がけることになるが、「講座・哲学」に『言語』の巻を入れたいと思った背景は、当時は明確な輪郭はとっていなかったとはいえ、こうしたところにあったのだと、今にして思う。そして一九七〇年代の後半だと思うが、このころ開かれていた「東欧記号学会」などには、折々顔を出して情報を仕入れたことを憶えている。

次に山口昌男氏の『二十世紀の知的冒険　山口昌男対談集』について。この本の装丁には、エイゼンシュテインのメキシコでのデッサンを用いている。闘牛士が牛の背中に剣を突き刺した瞬間を、天地逆にした十字架の上に描いた、まことに大胆な構図のデッサンだ。これは私の選択だったが、山口氏の何ものも恐れることのない、知的な大活躍を表現するのにふさわしいと思ってのことだった。

副題にあるように、この本には、R・ヤーコブソン、S・シルヴァーマン、C・レヴィ＝ストロース、M・ド・セルトー、ヤン・コット、R・フォーマン、オクタヴィオ・パス、A・チッコリーニ、R・シェクナー、バルガス・ジョサ、G・スタイナーの各氏と、山口氏の対談が収められている。音楽、演劇、文学、言語学、人類学、歴史学などにわたって、縦横無尽にくりひろげられた対談は、欧米のみにとどまらぬさまざまな異文化との出会いの記録でもあった。二年後に刊行される『知の狩人　続・二十世紀の知的冒険』に登場する対談相手のリストを加えるならば、さらに山口氏の関心領域の広大さを納得できるはずだが、それは次の機会に述べることにしよう。

がんの痛みに耐えて

最後に『パスカル『パンセ』注解 第二』について。前田陽一氏のパスカル研究は世界的に知られていたが、特に「複読法」というテキスト読解法によって、『パンセ』におけるパスカルの思想の展開を見事に捉えていた。その複読法を実際に書物の上に定着させたのが、この大著だった。まず『パンセ』の原稿を断片ごとに写真で掲げる。次にそれを活字で印刷したものの上に、棒や点などの記号を用いて、オリジナルの手稿がどのように最終稿に展開していったか、という過程を辿るわけだ。印刷技術の観点からも、本書の持つ意味は大きかったと思う。

前田氏のお宅を訪ねると、書斎の机のすぐうしろが本棚になっている。そこに『パンセ』の注釈書が何十冊となく並んでいる。氏は原稿を書きながら、必要に応じて、ふり返りもせずに、ひょいと後ろの本棚から本を抜き取る。それらの本は、パスカルの時代以後、何百年かの間に刊行された注釈書であった。当時、氏は前立腺ガンの手術を受けたが、その痛みに耐えるために、本書の校正の仕事に集中したという話を、後になって前田氏から聞いた。

本が刊行された直後に、国際文化会館の理事長であった前田氏は、本書出版の関係者を館での食事に招待してくれた。そして自らワインを選んで飲ませてくれた。それはサンテミリオンだった。「この銘柄はもともとサンテミリオンの修道院で作られていたものなんですよ」と教えてくれたワインの味は格別だった。後にサンテミリオンを口にするたびに、このときの光景がまぶたに浮かんできた。注解の仕事は、残念ながら氏の生前には完結しなかった。が、お弟子さんの手によって完成した。

「例の会」のメンバー

一九七〇年代の後半、雑誌『世界』で「例の会」と称する会合が持たれていた。作家の井上ひさし、大江健三郎、詩人の大岡信、建築家の磯崎新、原広司、作曲家の一柳慧、武満徹、演出家の鈴木忠志、映画監督の吉田喜重の諸氏、それに清水徹、高橋康也、東野芳明、中村雄二郎、山口昌男、渡辺守章といった学者の諸氏がメンバーだった。『世界』編集部の山口一信氏（故人）が事務局の役割をしていて、『世界』で文化の特集を組んだりしていた。それを途中から、私が引き継ぐことになる。

年に数回、メンバーの誰かが話をしたり、パフォーマンスを行なったりする。そしてそれをめぐって皆で議論をするのが、通常の会合のあり方だった。例えば、大岡信氏が「詩の中の色彩」について語り、山口昌男氏が「スケープ・ゴート」について語った。また鈴木忠志氏が早稲田小劇場の団員を連れてきて「鈴木メソッド」を披露する。大声で演歌を唱いながら、二人一組で役者の身体づくりと発声訓練を行なう迫力には、皆圧倒されたものだ。

大江健三郎氏が自らの創作の過程を開示した折には、メンバーの誰もが仰天した。氏は、『同時代ゲーム』だったと思うが、その第一稿が、第二稿、第三稿、そして決定稿と、どう変化していくかを明らかにした。第一稿では、志賀直哉ばりの文章だったのが、第二稿、第三稿となるにしたがって、大江氏独特の文章として完成されていく。その過程のダイナミズムには、さすがのメンバーたちも目を見張らざるを得なかったようだ。

ときには、原広司氏に自宅を見せてもらう機会もあった。町田の山の上にある原氏の自宅は、家の中に家があるような興味深い建築だった。そういえば、原氏の世界探険旅行の話も面白かった。自らの研究室の連中と共に、ランドクルーザーで世界中の「建築」を訪ね歩いた原氏、その原氏の「建築」論は抜群に刺激的だった。一度、井上ひさし氏が、知り合いの浅草のストリッパーを呼んできて、二人で話をするということになり、皆期待していた。しかし当日になって、彼女がこんなメンバーでは恐ろしいと姿を消してしまい、残念ながら実現しなかった。

通常は、夕食を摂りながら、話を聞き、その後に議論を交わす、というかたちだったが、会が終わっても話は尽きず、別の場所で飲みながら深夜まで語り合うこともしばしばだった。こうした「例の会」について、大江氏は次のように、私に手紙で書いてきたことがある。

「思ってみると、〝例の会〟は僕の、また幾人かの人には、その生涯の花として、やがて老年になって美しいものに思い出すものだろうと思います。それにしても、パンタ・レイ！」（「パンタ・レイ」とは「万物は流転する」の意、ヘラクレイトスの言葉）。

「叢書・文化の現在」の構想

そのうちに、このような会だけ続けていても仕方がない、何か書物の形で実現しようではないか、ということになった。それで、大江健三郎、中村雄二郎、山口昌男の三氏に編集代表になってもらい、「例の会」メンバーが編集委員となって、「叢書・文化の現在」（全十三冊）を刊行することにした。社内の編集会議で私は、日本を代表する芸術家と学者の協同作業として、学問と芸術に架橋し、新しい文化のあり方を探る、というような説明をした記憶がある。

最終的には三人の編集委員の間で議論して、全体の構成を決めた。が、そのためには叩き台が必要なので、山口宅でビールを飲みながら、山口氏と私であれこれ考えたこともあった。「文化の現在」というタイトルは、中村氏の新書『哲学の現在』に影響されているように思う。というよりも、中村氏と他のメンバーたちが、同じ雰囲気の中にいた、という方が正しいのかも知れない。以下に全巻の構成を示してみよう。

1 言葉と世界
2 身体の宇宙性
3 見える家と見えない家
4 中心と周縁
5 老若の軸・男女の軸
6 生と死の弁証法
7 時間を探険する
8 交換と媒介
9 美の再定義
10 書物——世界の隠喩

11　歓ばしき学問
12　仕掛けとしての政治
13　文化の活性化

一九八〇年十一月に出発し、八二年七月に完結した。「文化の現在」の編集部は、後輩のO君と二人だけ。私は現代選書や単行本も出すのだから、とても忙しかった。おまけにこの叢書には、編集委員以外に芸術家、実作者が多数登場している。例えば、唐十郎、志村ふくみ、谷川俊太郎、杉浦康平、別役実、清水邦夫、布野修司、林京子、安野光雅、大西赤人、加賀乙彦、宇佐美圭司、木村恒久、高松次郎、三宅一生、筒井康隆、寺山修司、富岡多恵子、渡辺武信氏などだ。中には文章を書くのが苦手な人もいる。一方、学者も多数登場してもらったが、論文を書くのとは違って、かえって真の実力が問われるので、そう簡単にまとまらない。原稿をもらうのにずいぶん苦労したこともあった。

O君は〝遅筆堂主人〟と自ら称する井上ひさし氏邸に何日間も泊まり込んだし、私も杉浦康平氏の三十枚くらいの原稿をもらうために、何回杉浦宅にかよったことだろう。しかし、そのおかげで杉浦氏と杉浦夫人とはすっかり親しくなった。杉浦氏とは、仕事の関係はそれだけだったのだが、現在に至るまで交流は続いている。

ファッション・ショーの合間に

右に掲げたアーティストの中で、印象に残っている人物は多いが、ここでは三宅一生氏のことを書いておこう。三宅氏には『美の再定義』の巻で、「伝統を生きる」というエッセイをまとめてもらった。いうまでもないことだが、三宅氏は売れっ子のファッション・デザイナーだ。国の内外で開かれるファッション・ショーの準備のために、氏は休みなく仕事をしていた。そうした状況にあっては、執筆をしてもらうというのは土台無理なことだ。それで、私が質問することに三宅氏に答えてもらい、その速記録を編集することで、一本のエッセイをまとめよう、と話が決まった。いわば私がインタビュアと編集役をするというわけだが、その機会を見つけることが簡単ではなかった。

三、四カ月後にインタビューの日時を設定し、それまでに私は、三宅一生氏のショーをできるだけ多く見る。そして質問の材料を見つける、ということになった。だから、私は柄にもなく、華やかなファッション・ショーの会場に何度も足を運んだ。思ったよりも違和感は少なかった。大学生のときアルバイトで、ファッション・ショーに介添え役の男のモデルとして出た経験があったからかも知れない。私の母は洋裁学校を経営するデザイナーだったからだ。しかし、何よりも三宅氏の作品そのものが力強く、いわゆる「流行」といった次元を超えるもの、このインタビューの中で私は「シアトリカリティ」(演劇性)と表現したが、そうしたものがあったからだと思うが、私はそれなりにショーを楽しむことができた。したがって、インタビューも充実したものになったと思う。

赤坂にある三宅氏の事務所で行なわれたインタビューは、助手の人たちが氏の意見を聞きにくるので、たびたび中断された。ときには小一時間も待たされることがあった。その折に供されたイタリア・ワインとチーズのおいしかったことが忘れ難い。三宅氏の会社の布工場がある、イタリア北部よりの小都市の産ということだった。氏のインタビューが掲載された『美の再定義』刊行後も、二年間ほど氏のショーに招待されて、楽しみにでかけたものだ。

もう一つだけ、「叢書・文化の現在」に関わる話を書いておきたい。それは、第10巻『書物——世界の隠喩』に清水徹氏が書いた、「書物の形而下学と形而上学」についてである。それから二十年後の二〇〇一年、この文章を中核にして、清水氏はついに大著『書物について——その形而下学と形而上学』をまとめるに至る。二十年間かけての熟成は、本書を内容の濃い、香り高い書物に仕立て上げた。読売文学賞ほかを与えられたのも、当然のことといえよう。

薄い紙函に入った軟らかい表紙のこの叢書は、岩波の本としては一風変わった装丁で、内容とともに新鮮な印象を読者に与えたらしい。思ったよりもよく読まれたし、他社の編集者から「面白いですね」とよく言われた。編集委員を含めて、執筆者の多くは楽しみながら書いてくれたように思う。

「火の子」の宴

仕事のうえでこうした会を継続させると同時に、一九八〇年前後から、私的にも山口昌男氏を中心に、新宿西口のバー「火の子」で集まる会を開いていた。後にこの会は「ダイサンの会」と呼ばれるようになった。その由来は、第三土曜日の夜に開かれるからという説もあったが、大塚と三浦の会という方がもっともらしいようだ。つまり、私と三浦雅士氏が呼びかけて、山口昌男氏を中心に集まる会、ということである。月に一、二回、夜の八時過ぎから夜中まで、ひたすら酒を飲んで語り合うという会だった。

恒常的なメンバーは、女性からあげると、川喜多和子（当時、フランス映画社、故人）、栗田玲子（画廊ガレリア・グラフィカ）、中村輝子（共同通信社）、吉田貞子（『思想の科学』）、森和（人文書院）といった諸氏で、男性陣は、井上兼行（文化人類学）、小野好恵（青土社、故人）、田之倉稔（演劇評論）、藤野邦夫（小学館）、安原顯（中央公論社、故人）、それに三浦雅士（青土社）と私だった。後に坂下裕明（中央公論社）もメンバーに入る。ときには、川本三郎、青木保、小松和彦、浅田彰（まだ大学院生だった）氏らが、そして大江健三郎や武満徹といった諸氏が加わることもあった。一時期、山口氏がたしかインドから外語大に招いていたビーマンという大男の研究者がよく顔を出していた。

「火の子」には実にいろいろな人間が集まったが、この「ダイサンの会」は、特別ににぎやかだったのではないだろうか。深夜まで飲んで、議論して、騒ぐ、というだけの会だったが、結果的には貴重な情報交換の場だったと思う。三浦氏は、まだものを書き始める以前のことだったが、私は十歳年下の彼と本格的に議論をしたら、負けてしまうかも知れないと思っていた（社内でそう感じることは稀れだったのだが）。女性陣も活発で、男たちはそのエネルギーに圧倒されがちだった。

そうした情景を、山口氏はニコニコと笑いながら見守っていた。思えば、この会合を最も楽しんでいたのは山口氏だったろう。ベル・エポックと呼ばれた時代がよく話題に上ったが、この会のことを思い出すたびに、この会自身がR・シャタックの本のタイトルの如く、「宴の年月」であったように思われる。

経歴不明の著者もいた

一九八一年、八二年は、「現代選書」「文化の現在」を動かしつつ、単行本も走らせる状態が続いた。と同時にこの二年間は、次の大きな企画、「20世紀思想家文庫」と「講座・精神の科学」の準備期間でもあった。特に後者に関しては、これまで岩波書店ではほとんど手がけていない分野であっただけに、その準備には今までにない配慮が必要だった。これらについては、おいおい述べていくが、ここではとりあえず、現代選書と単行本について記しておこう。八一年から八二年に出した現代選書は次の通り。

［八一年］

A・シュルマン『人類学者と少女』（村上光彦訳）

T・A・シービオク他

『シャーロック・ホームズの記号論――C・S・パースとホームズの比較研究』（富山太佳夫訳）

I・ウォーラーステイン

『近代世界システム――農業資本主義と「ヨーロッパ世界経済」の成立』Ｉ・II（川北稔訳）
［八二年］
フィリス・ディーン『経済思想の発展』（奥野正寛訳）

次に、この期間に刊行した単行本をリスト・アップすると、左の如くなる。

［八一年］
チャールズ・テイラー『ヘーゲルと近代社会』（渡辺義雄訳）
丸山圭三郎『ソシュールの思想』
篠田浩一郎『空間のコスモロジー』
［八二年］
河合隼雄『昔話と日本人の心』
山口昌男編著『知の狩人　続・二十世紀の知的冒険』
P・リクール『現代の哲学』Ｉ・II（坂本賢三、村上陽一郎、中村雄二郎、土屋恵一郎訳）
辻佐保子『古典世界からキリスト教世界へ――舗床モザイクをめぐる試論』
大江健三郎『核の大火と「人間」の声』
W・アレンズ『人喰いの神話――人類学とカニバリズム』（折島正司訳）

まず現代選書のうち、A・シュルマン『人類学者と少女』について。たしかフランス語のオリジナル原稿を、フランクフルトでエイジェントを通じて手に入れ、大変面白そうだったので、村上光彦氏に翻訳してもらったのだが、仏語テキストは結局刊行されなかったように思う。書物としては、日本語版だけが存在することになったわけだ。この小説の内容は、ドイツ人の優秀な人類学者が、一人の少女の頭蓋骨やその他の身体測定を綿密に行ない、ユダヤ人であるか否かを判定する、というものだった。その過程を克明に描写することによって、ナチスの「科学的合理性」の恐ろしさが、じわじわと身に沁みてくる作品だった。作者の経歴や作品もほとんどわからない状態だったにもかかわらず、この本はよく読まれた。

次に『シャーロック・ホームズの記号論』だが、これは当時盛んに開かれていた記号学会に、シービオクが招待されて、来日した機会に成立した企画だったと思う。山口昌男氏が日本記号学会の会長に就任していたので、氏の友人の研究者が世界各地から、さまざまな機会に日本へやって来た。たしかシービオクの歓迎会の折に、本人からこの本の翻訳許可をもらったはずだ。内容は副題に示されているとおりなのだが、富山太佳夫氏は実に見事に訳してくれた。

I・ウォーラーステインの『近代世界システム』について説明することは、必要ないだろう。この本の刊行後、日本の西洋史学界では近代世界システムに関する議論が盛んになり、今や一つの定説になりつつあると思われる。訳者の川北稔氏には、綿密な邦訳をつくってもらうことができた。そして一九八三年には、A5判の学術書『工業化の歴史的前提――帝国とジェントルマン』をまとめてもらう。川北氏にはその後も、さまざまなかたちで助けていただくことになる。氏が後に、「川北史学」とでも称すべき独自の学風を展開するのは周知のことだ。

ソシュール思想の多大な影響

次に単行本のいくつかについて述べる。まず丸山圭三郎氏の『ソシュールの思想』について。丸山氏が中央大学文学部の紀要で、ソシュールについて読みごたえのある論文を連載している、という情報を教えてくれたのは、木田元氏と生松敬三氏だった。木田、生松両氏と酒を飲んでいるときに、ソシュールのことが話題に上った。すると即座に二人の口をついて出てきたのが、丸山氏のことだった。

実は、私は丸山氏に学生時代にフランス語を習ったことがあるので、すでに知っていた。さっそく丸山氏に連絡し、紀要を見せてもらうと、なるほど、それはまことに興味深く刺激に富んだ論稿だった。ただちに企画化し、編集の実務を編集部のOさんに頼んだ。Oさんはフランス語もよくできる女性で、丸山氏の原稿を見事に本の形に仕上げてくれた。この本の影響は大きかった。前に書いたように、ソシュールが二十世紀思想の淵源の一つであることが、認められ始めていたからでもあろう。A5判四〇〇頁の高価な学術書が、非常によく読まれた。この本の出版をきっかけに丸山氏の活躍が始まり、氏独自の文化論を展開することになるのは、よく知られていることなので省略する。

ユング研究所への恩がえし

次に河合隼雄氏の『昔話と日本人の心』について。河合氏は当時、すでにグリム童話の分析をしていたので（『昔話の深層』福音館書店、一九七七年）、今度は日本の昔話の研究だと思い、氏に提案したところ、すぐ同意してもらうことができた。氏にとって、ユング研究所の卒業論文（？）が日本神話についての分析だったので、いずれ神話に本格的に取り組むにしても、その前段階として、よく知られた昔話を対象にすることは十二分に意味があることだろう、とかってに推測したわけである。河合氏も「あとがき」で、「極めて日本的表現ながら、本書によって、やっとユング研究所に「恩がえし」ができたと感じている」と書いているので、私の推測はそんなに誤っていなかったようだ。

この本は実によく読まれ、氏の主要著作のうちの一冊でもあるので、内容について言及することは控えたい。しかし、本書の刊行後、われわれが子供のときからなれ親しんできた昔話の数々が、このように日本人の心の独特なあり方を表わしているのかという驚きとともに、改めて日本文化への関心を惹起したことを、記憶にとどめておきたい。

そして私が社を去る二〇〇三年に、念願の『神話と日本人の心』が刊行される。その「あとがき」で河合氏は、前に引用した部分に続けて、「『昔話と日本人の心』（一九八二年）は、大塚さんの強いすすめと支援によってできたものであるが、ある意味では、その続篇とも言える本書を同じ出版社から出版できるのは、ほんとうに嬉しいことである」と書いてくれた。またそれに先だって「本来なら大塚社長の任期中の五月に出版するはずだったが、それを果たすことができなかった。ほんとうに申し訳なく思っている」とまで記してくれたのは、編集者冥利に尽きることだ。

本書が刊行されたのは七月十八日である。

華々しき対話

山口昌男氏の『知の狩人　続・二十世紀の知的冒険』では、以下に記すような多彩な人々と、山口氏との対話を収録している。ウンベルト・エーコ、ジルベルト・ベロ（ブラジルの社会人類学者）、R・ダ・マータ（ブラジル、社会人類学者）、A・ゴールド、R・フィズデール（共にピアニスト）、E・H・ゴンブリッチ（英国の美術史家）、トーマス・バイルレ（ドイツの画家）、カルロス・フェンテス（メキシコ、作家）、ロラン・トポール（ポーランド生まれの画家）、メレディス・モンク（アメリカで活躍するパフォーミング・アーティスト）、アラン・ジュフロワ（フランスの批評家・作家）、ジュリア・クリステーヴァ、G・E・R・ロイド（英国、古典学）。

この中から一例だけ、対談がどのように行なわれたかを記しておこう。著名な美術史家・ゴンブリッチ卿は、国際交流基金の招待で来日していた。四谷の福田屋で行なわれた対談には、夫人も同席した。当日この対談を設定したのは、『思想』編集部のA氏だったが、彼は私に「奥さんにはレディと言わなければ駄目ですよ」と言った。サーを相手の対談で、さすがの山口氏もすこし固くなっていたようで、対談自体はいまひとつ盛り上がりに欠けた。

が、対談が終わって食事となると、山口氏の早口でまくしたてる破調の英語に挑発されてか、ゴンブリッチ氏の話が急に勢いづいてきた。そして最後には、サーもレディもない、華々しい知的会話が飛び交った。数年後に、『世紀末ウィーン』の著者ショースキー氏と会った折に、ドイツ政治史の研究者を美術に関心を抱かせるように仕向けたのは、友人のゴンブリッチ氏だったという話を聞き、ゴンブリッチ氏の気さくな人柄を思い出し、なるほどと思った。

『知の狩人』の装丁には、ブレヒトに影響を与えたと言われる芸人カール・ヴァレンティンの写真を用いた。前著『二十世紀の知的冒険』のエイゼンシュテインの野性味に比して、良くも悪しくも、洗練された印象を与えたが、書物の内容も続篇の方が、少し成熟した感じを与えるように思えた。

パリでの出逢い

辻佐保子氏の『古典世界からキリスト教世界へ』は、名実ともに大著だった。A5判六〇〇頁、図版多数挿入の定価一二〇〇〇円の本である。しかし、おかげで美術史学者の綿密な仕事というものを体感させてもらった。このような本格的な学術書が受賞することは珍しいと思うのだが、本書はサントリー学芸賞を受けた。

著者の辻佐保子氏は、堂々たるこの学問的著作から来る印象とは別に、まことに魅力的な人柄の女性だった。それはご夫君の辻邦生氏も同様で、このお二人と話をするのは楽しかった。すぐ翌年、邦生氏に「20世紀思想家文庫」で『トーマス・マン』を書いてもらうが、そんなこともあって、このころはよく辻夫妻と会ったものだ。

そういえば、数年後に偶然、パリのあるレストランで夫妻と会い、翌日、ご自宅と市内を案内してもらったことがある。辻夫妻は、パリの繁華なデカルト街にある十八世紀に建てられたアパルトマンに住居を所有していて、年に数カ月はそちらで生活するとのことだった。だから車を所有していたようだが、その車でパリを案内してもらうのは、勇気のいることだった。ハンドルを握りしめた邦生氏は、果敢に、東京にまさるとも劣らぬパリの渋滞した車の渦に突っ込んで行くからだ。有名なカフェ・ドームの席に腰をおろしたときには、本当にほっとしたことを憶えている。

2 「20世紀思想家文庫」と「講座・精神の科学」

世紀末を迎えて

一九八三年一月に、次の四冊を以て「20世紀思想家文庫」が出発した。

辻邦生『トーマス・マン』
田中克彦『チョムスキー』
篠田正浩『エイゼンシュテイン』
木田元『ハイデガー』

そして年内に次の七冊を刊行する。

飯田善國『ピカソ』
滝浦静雄『ウィトゲンシュタイン』
西部邁『ケインズ』
中村雄二郎『西田幾多郎』
廣松渉・港道隆『メルロ＝ポンティ』
八束はじめ『ル・コルビュジエ』
鎮目恭夫『ウィーナー』

このシリーズを企画した意図は、しだいに世紀末を思わせる気分が濃厚になりつつある中で、二十世紀とはどのような時代であったのかを、考えてみたいと思ったところにある。そのために、世紀の問題に身をもって立ち向かったと思われる思想家・芸術家ら二十数名を選び、彼らの生き方を追体験し、思想の筋道を辿ることを試みた。

挑発的なチョムスキー論

執筆者には、右の問題意識に可能な限り鋭角的な切り込み方で応えてもらえるだろう方々に登場願った。丸山圭三郎氏の『ソシュールの思想』を担当してくれたOさんと私が、このシリーズでの編集部だった。執筆者はいずれも楽しんで書いてくれたように思うが、その一例として、田中克彦氏の『チョムスキー』の「あとがき」から引用しよう。長くなるが、当時の雰囲気をよく伝えていると思うので、ご容赦いただきたい。

岩波書店の旧知の編集者から、チョムスキーについて書いてみませんかと話をもちかけられたのは、もう二年以上もむかしのことだ。

——ぼくの書いたチョムスキーねえ。そんなおもしろい本があるんだったら、ぼくも読んでみたいもんだなあ——

と、そのとき答えたように思う。言いかたじたいはちょっとおかしいかもしれないが、それは、その時の私の気持をうまく言い表わしていると、今でも思う。

（中略）

ところがここにそんな本ができてしまった。そんなといっても、「私が書く」という条件が満たされただけであって、読者としての私が期待するであろうような条件の半分は欠けたままであるけれども。

（中略）

チョムスキー学を専業としない私にも、この人の思想について一つだけ並々ならぬ関心があった。それは、過去一〇〇年ばかりの言語学の流れの中に置いてみたとき、チョムスキーの主張はどういう意味をもっているかということだ。こういう角度からチョムスキーをとりあげることは、逆に、かれ以前の近代言語学がねらってきたことは何であったかを明らかにすることでもある。私がチョムスキーをめぐって切に知りたいと思うのはこういうことであり、私にこのような願いがある以上、それにもとづいたチョムスキー論は書けるはずだし、書かねばならないと、こう思ったのである。

くだんの編集者は、いつのまにか、私には私のやり方でチョムスキーを論ずる余地がまだあること、しかもそれは自分の考えにしたがって、照れずに正直にやれば必ずできるのだということを信じ込ませた。ある思想家を書くという作業は、機械がやるようにではなくて、いくぶんかは自分を書くことでもあると言うようなことを彼は言った。そのことばは、ちょっとうますぎるぞと思う半面、たいへん励ましになるところもあって、結局は、思いきってやって見ることにした。

×　×　×

ことしの夏、私は二度にわたってソビエト・トルキスタンに旅した。最初の六月の旅に、私は、ごく少数の、かさばらないチョムスキー文献だけをたずさえて東京をあとにし、時にサマルカンドの星空のもとで、またあるときは天山山脈のふもとの町で、チョムスキーを読むという稀有な体験をした。

（中略）

帰国してから、九月に予定された第二次トルキスタン旅行までの約一か月半の時間を、私は頭の中にぼんやりと浮かびあがっていたチョムスキー像に、私のことばでりんかくを与えるしごとについやし、できた原稿の束をとにかく編集者の手にゆだねてから、こんどはチョムスキー抜きの気ままな手ぶらで、再び中央アジアに旅立った。一と月して帰ってみたら、メモ同然の私の原稿は、すでに活字に組みあがっていて、あとには退けぬ状態になっていた。その時は思いきって書いた文章を、こうして時間を置き、頭を冷やして読みなおしてみると、ひと昔まえに書いた恋文をつきつけられたときのようなはずかしい思いがしたり、自分の気持にそぐわないと感じられる個所がいっぱい出てきた。そこで私は、これを印刷した人、校正をした人には申しわけなかったが、かなりの部分を削ったりつけ加えたりするわがままを許してもらい、やっと本書ができた。わがままを許されたとはいえ刷り上ったものは、ふしぎな権威をもって、私の自由をしばった。しかしこういういきさつはもう書くまい。

というのは、くだんの編集者からは、このあとがきはもともと不用であること、またかりにどうしても書きたいとしても、言いわけをだらだらと連ねるのは許しませんよと言い渡されているからだ。

『言語からみた民族と国家』の著者が、普遍文法のチョムスキーについて書くのだから、面白くないはずがない。事実、チョムスキー信者にとっては、たいへん挑発的なチョムスキー論になったと思う。

ところで、右の長い引用を許可してほしいと送った私の手紙に対して、次のような二〇〇六年七月十一日付けの田中氏の返事がきた。これも氏のお許しを得て引用しておこう。

なつかしい見おぼえのある筆跡のお手紙拝見しました。チョムスキーのあとがき、どのように御利用になっても結構です。その際、同時代ライブラリー、さらに現代文庫とずっと生き続け、それらには「七年の後に」という新しいあとがきが加わり、そこでは朝日ジャーナルの書評「人物と筆者とのとりあわせが、水と油のミスキャスト」というのがあり、「この役をあてがったこの文庫の編集者には大変申しわけないことをした」と書いたのを、思い出していただければありがたいです。とにかく大塚さんが、あんなふうに、ぼくにけしかけなかったとしたら、この問題の本は生まれなかった。そしてこの本はたんにチョムスキーの評伝、紹介をこえて、言語学の本として、ずっと生きつづけると思っています。これは老いの自画自賛ではなくて、学問をやる人にとって必要な勇気のもんだいです。長くなりました。お元気で。

エイゼンシュテイン／ケインズ／西田幾多郎

映画監督の篠田正浩氏は勉強家だった。映画はもちろん、歴史や文学、そして現実の社会について、あらゆることに一家言ある感じだった。だから氏と話をするのは楽しかったし、挑発を受けることもしばしばだった。エイゼンシュテインについて、言うべきことは多々あったろう。特に映画のモンタアジュが、文字によらない言語活動であることを、氏はすでに『白井晟一研究』I（一九七八年）に発表していた。またエイゼンシュテインとロシア・フォルマリズムとの関係も明らかにしていた。そうした点からも、この『エイゼンシュテイン』は、面白い本に仕上がっていると思う。氏の映画作品から、エイゼンシュテインの直接的影響を見ることは難しいかも知れないが、最後の作品と氏自らがいう「スパイ・ゾルゲ」に至っては、歴史的出来事の解明という点で、「戦艦ポチョムキン」の思想がほとんどそのままに継承されている、といえるのではなかろうか。

後に雑誌『へるめす』に短いエッセイを連載してもらったが、原稿を受け取るという口実で、渋谷のあるカフェで会い、何時間も話し込んだものだった。その後、音楽会やパーティで会うと、氏はいつも笑顔で元気な声をかけてくれる。

次に、西部邁氏の『ケインズ』についても触れておこう。西部氏の名前を見て、「おや？」と思う人がいるかも知れない。しかし、四半世紀近く昔の西部氏は、気鋭の社会科学者だった。麹町にあった『季刊・現代経済』の編集室に西部氏を訪ねると、そこに、現在革新派の論客と見なされている経済学者M氏と一緒に待っていた。当方の要望を述べて、執筆を依頼したところ、快く諒解してくれた。できあがった原稿の内容は実に格調高く、「英国流」の落ち着きさえ感じさせるもので、今日の西部氏の著作と重ねることは難しいかも知れない。

右に氏のことを「気鋭の社会科学者」と書いたが、当時の西部氏は経済学はもちろん、社会学や人類学、歴史学なども射程に入れた新しい社会科学を構築しようとしている、と思えた。それは『ソシオ・エコノミックス』（一九七五年）や『経済倫理学序説』（一九八三年）を見れば、明らかであろう。その意味では、前に述べたハロッドと通じるところがあったと思うし、同時に『倫理学ノート』を書いた社会学者・清水幾太郎氏と通底する部分もあったのではないだろうか。

しかし、現在の西部氏の言動と、私が最初に氏と会ったときに同席していたM氏のそれとの違いを見るとき、人間の生き方の不思議を感じずにはいられない。

中村雄二郎氏には、このシリーズにも登場願った。『西田幾多郎』だ。京都大学を中心に、西田学派が形成されていて、多分にエソテリックな雰囲気を醸し出しているのは周知のことだが、それは戦時下に学派の主要メンバーが行なった「近代の超克」論議が、暗に影を落としているのではないか、と私は思う。いずれにしても、学派外の人間が西田について書くことは、勇気のいることであったろう。しかし、中村氏は、この著作で〈問題群〉として西田哲学を捉え、大胆に切り込んでいった。そして氏は、「場所の論理」の捉え直しなどを通して、西田幾多郎の脱構築に取り組んだのであった。

最初のうちこそ、記述に対する瑣末な批判が聞こえてこないわけではなかったが、そのうちに中村氏の批判的評価に正対する動きが見られるようになった。そしてそれ以来、西田について自由な立場から広く論評が加えられ、今日に至っていると思う。それは、例えば二〇〇二年に岩波書店から刊行され始めた「新版・西田幾多郎全集」（全二十二巻）の、編集委員の顔ぶれにも反映されている。ちなみに、竹田篤司、クラウス・リーゼンフーバー、小坂国継、藤田正勝の諸氏が編集委員である。

ハイゼンベルク／花田清輝／和辻哲郎

このシリーズで最もよく読まれたのは、見田宗介氏の『宮沢賢治　存在の祭の中へ』（一九八四年）だった。八四年には、ほかに宇佐美圭司氏の『デュシャン』、村上陽一郎氏の『ハイゼンべルク』、小田実氏の『毛沢東』を出し、八五年には高橋英夫氏の『花田清輝』を出した。そして八六年には坂部恵氏の『和辻哲郎』を出す。

このうち、村上陽一郎氏、高橋英夫氏、そして坂部恵氏の本について、触れておこう。

まず村上氏の『ハイゼンベルク』について。氏は本書の「あとがき」に、次のように書いている。


この仕事を岩波書店の大塚信一さんがもって来られたとき、私には大きなためらいがあった。ハイゼンベルクを書く人なら、他により適任の方が沢山いらっしゃる。ハイゼンベルク個人を描くことになれば、個人的な交渉も極めて長い山崎和夫氏（『部分と全体』、その他ハイゼンベルク関係文献の邦訳も数多い）をはじめ、ハイゼンベルクを師とされた数多くの日本人物理学者がおいでになるはずだし、あるいは渡辺慧先生のように、ド・ブロイから、ボーア、ハイゼンベルクら、ここに登場する人々と、ここに登場する重大な時期に直接関りをもっていらっしゃって、当時の秘話と言うべきものまで御存知の方もおいでである。

また、物理学的な解説をすることも私の任ではない。そんなわけでためらいは大きかったが、この叢書は、対象に最適と思われるよりは少しずれた著者を選ぶところに面白味もあって、などと、このシリーズの他の著者には通用しない、しかし私にとっては一種の殺し文句を大塚さんが使われたりして、それならば、単にハイゼンベルクを書くということでなく、二十世紀科学のドラマとしては恐らくこれに匹敵するものは他にはあり得ないと思われる、二十世紀前半の相対論と量子論誕生の過程を、私なりに追ってみる、という了解で、お引き受けすることになった。かつて、雑誌『第三文明』誌上でその種の仕事の緒を付けながら、書肆側の都合で中断していたこともあって、それをある程度利用させて戴くという便宜も生れた。したがって、本書のタイトルは『ハイゼンベルク』ではあるが、内容はヴェルナー・ハイゼンベルクに焦点を絞った評伝とはかなり趣きを異にしている。読者の御理解を戴きたい。

それだけに、本来題材は極めて興趣に富むと言うことができ、一種知的昂奮を誘うはずのものである。私の手際で、そう仕上っているかどうか、まことに心許ないが、二十世紀最初の四半世紀を彩るパノラミックな知のドラマの一端なりとお伝えできれば、著者としてこれに過ぎる喜びはない。

右の言葉どおり、本書はまことに興味深い、二十世紀前半の知のドラマとして仕上がっていた。科学史における「聖俗革命」を見事に描いた、村上氏ならではの著作になっていたと思う。

編集実務は、次に述べる『花田清輝』の場合と同様に、N君に担当してもらった。N君とは、この後「叢書・旅とトポスの精神史」や「新講座・哲学」を一緒にやることになる。そしてN君は、やがて、哲学や聖書学の分野をはじめ、いくつもの大きな仕事の企画・編集をすることになる。坂口ふみ氏の大著『〈個〉の誕生——キリスト教教理をつくった人びと』(一九九六年)の編集を行なったということで、優秀な編集者に与えられるユニークな賞を受賞した。

それはともかく、村上氏には、「新講座・哲学」の編集委員をはじめ、いろいろな場面でお世話になることが多かった。それは何よりも氏の温い人柄と、私とほとんど同世代であることからくる、親近感によるものだった。

これは、私のかってな解釈だが、氏の著作に一貫して備わる上質な魅力は、自身チェロ奏者である、氏の豊かな感受性によるものではないだろうか。

次に高橋英夫氏の『花田清輝』について。第一章で書いたように、花田氏には、『思想』編集部の頃より、格別の思いを抱いていたので、高橋氏にこの本をまとめてもらえたのは、とても嬉しいことだった。

今回もまた、本書の「あとがき」から引用しよう。

花田清輝について一冊の本を書いていると話したら、意外だという顔をされたことが、幾度もあった。実は、私自身にも意外だったのである。最初、岩波書店の大塚信一氏が「20世紀思想家文庫」の企画を携えて見えたとき、氏は誰について書くのかをなかなか言わなかったが、巧妙なタイミングで「花田清輝」と切り出されて、私は少し茫然としたのを覚えている。いったいこれは出来るだろうか。しかし時間をおいて考えているうちに、私にも花田清輝と接点がないわけではないことが思い出されてきた。それどころか、直接の接触はなかったにせよ、花田清輝について考えるのは意味がある、という気持になってきた。

その結果、高橋氏はこの本を、花田氏と林達夫氏との関係などを含めて、まことに興味深くまとめてくれた。その意味で、花田氏も、そして前にも書いたように、高橋氏の仕事を高く評価していた林氏も、きっと喜んでくれたにちがいない。ちなみに高橋氏は、『わが林達夫』という著作を、一九九八年に小沢書店から刊行している。

坂部恵氏には、一九八三年に『「ふれる」ことの哲学　人称的世界とその根底』という力作をまとめてもらっていた。そして一九八九年には、『ペルソナの詩学――かたり　ふるまい　こころ』を、そして九七年には『〈ふるまい〉の詩学』を執筆してもらう。

その間にあって、この『和辻哲郎』だけは少し異質な書物という感じを与えるかも知れない。しかし本書は、まぎれもなく坂部氏でなければ書けない、ユニークな和辻論だった。だから、担当はOさんにお願いしたのだが、本書がサントリー学芸賞を受賞したとき、Oさんと共に本当に喜んだものだ。

私にとって、坂部氏は市川浩氏とともに、中村雄二郎氏に続く最有力の哲学者だった。それだけに、『へるめす』や講座などを含めて、ずいぶんかってなお願いをしたように思う。その最たるものは、後に述べる「カント全集」の編集委員だろう。しかし、氏はいつも笑顔で応えてくれた。それを想い出すと感謝の気持ちでいっぱいになる。

現状では困難な企画

この年（一九八三年）正月早々に「20世紀思想家文庫」を発足させたが、四月には、私の初めての講座企画である「精神の科学」（全十巻・別巻一）を実現させる。大型の講座の企画では、準備期間として三年間ぐらいは必要だ。だから八〇年代の初頭から準備をしていたはずだ。この講座は、精神医学と臨床心理学の過去一世紀の蓄積を、集大成しようと意図していた。

その頃、経済的に安定し、さらにバブル期を迎えつつある日本社会では、〝こころの病い〟に基因する、さまざまな社会現象や事件が多発していた。それに応じて、人間の〝こころ〟に対する洞察と十分な理解が求められることになる。しかし、精神医学にしても臨床心理学にしても、学問としての体系の整備を完了しているとは思えなかった。

そこでまず、河合隼雄氏に相談したところ、精神医学の方は学問の体系化が、十分ではないにしても、いちおう百年間の歴史と蓄積があるので講座をつくることは可能だろう、一方臨床心理学の方はまだようやく自分の足で歩き始めたところなので、体系化は難しい、という判断だった。しかし、だからこそ、この段階で講座をつくることによって、〝こころ〟についての学問の進展に寄与すべきではないか——という私の、ある意味では大変乱暴な意見に、河合氏はしばらく考えた後に賛成してくれた。この後何回も、私は河合氏のこのような「教育的配慮」に助けられることになる。

が、それはともかく、それでは精神医学の笠原嘉氏に会おう、ということになった。精神科医は多忙なので、ある日曜日の午後、名古屋から上京してもらい、岩波書店の一室で河合氏とともに会った。私が講座をつくりたいと説明を始めると、笠原氏はただちに言った。「現状ではとても不可能です。だいたいきちんと論文を書ける精神科医は、そう、四、五人から多くても十人ぐらいしかいないのじゃないですか」。頼みの綱の精神医学がそのようでは、と怯む心を励ましつつ、河合氏に言ったのと同じことを伝えた。河合氏も「そうです。ここでがんばれば、精神医学も臨床心理学もぐっと伸びますよ。編集者にだまされたと思って、一つやってみましょうよ」と言い添えてくれた。河合氏と私で説得を続けた結果、笠原氏は、本当にだいじょうぶかな、という顔をしつつも、最終的には賛成してくれた。それで、精神医学の方から笠原氏のほかに、飯田真、中井久夫の両氏、臨床心理学から河合氏のほかに佐治守夫氏に、編集委員として加わってもらうことにした。

今後十年を予告する

この五人の編集委員に何回も集まってもらって、最終的につくり上げたのが次のような構成である。

第1巻　精神の科学とは
第2巻　パーソナリティ
第3巻　精神の危機
第4巻　精神と身体
第5巻　食・性・精神
第6巻　ライフサイクル
第7巻　家族

第8巻　治療と文化
第9巻　創造性
第10巻　有限と超越
別　巻　諸外国の研究状況と展望

総勢一〇〇名を越す執筆者たち。ここには笠原氏の予想を越えて、多くの精神科医・臨床心理学者に参加してもらうことができた。編集部は私と、T君とU君の三人。編集の実務は二人に任せた。二人は原稿をもらうのにずいぶん苦労したようだが、それだけに若い精神科医や臨床心理学者と親しくなり、その結果、数年後に、この講座の副産物として「叢書・精神の科学」（全十六冊、一九八六年出発）が誕生することになる。そこに登場した安永浩、小出浩之、山中康裕、内沼幸雄、成田善弘、河合逸雄、滝川一広、遠藤みどり、野上芳美、大平健、吉松和哉、花村誠一ほかの諸氏は、その後さまざまな場面で活躍することになる。それをまさに予告する文章を、中井久夫氏が叢書の内容見本に寄せてくれているので、引用しておこう。

「山に登る者は山全体を持ち帰りはしない、リンドウの花の一輪をこそ」とは西の詩人の一句だが、精神科医の営みの中で言葉になるものは少なく、書に編むことのできるものはさらに僅かである。この「フィールドの知」が『精神の科学』として人間理解に貢献しうるとの他からの指摘は狭い世界に住むわれわれを驚かすが、もしそうならば今後十年のわが精神医学の代表的一面を予告するこの叢書はまず手に取るにふさわしいだろう。

精神科医のユニークさ

ところで、この講座で原稿をもらうのに最も苦労したのは、編集委員の中井久夫氏であった。氏の該博な知識は、精神医学以外に多方面に及び、ギリシア語の詩の翻訳なども手がけることは、よく知られている。しかし、所与のテーマがツボにはまった場合には、先に哲学講座のときの山口昌男氏がそうであったように、中井氏の場合も、とても規定の枚数に収められるものではなかった。だから第8巻『治療と文化』の巻頭論文「概説——文化精神医学と治療文化論」は、なんと一二四頁にもなり、この巻の三分の一を占めるものになった。それは後に、「岩波同時代ライブラリー」に『治療文化論——精神医学的再構築の試み』として収録されるが、ゆうに書籍一冊分の分量があったのだ。

中井氏は、ときには、自分が教授として属する神戸大学病院に、自分でカルテを書いて入院してしまう、とのことだった。氏の発想の面白さは抜群だったが、行動も少し常人と異なる場合があった。たしか京都で講座の編集会議を開いたとき、氏は欠席したが、後で聞いたところでは、新幹線を乗り過ごして名古屋まで行ってしまい、時間がなくなった、ということだった。が、中井氏本人の分析によれば、京都には京大にいた時代のトラウマがあり、無意識のうちに京都に行くことを回避したのだ、という話だった。それに対して、笠原氏も河合氏もなるほどと言って、不思議そうな顔一つしなかったのには驚いたものだ。

笠原氏にも、その後ずいぶんお世話になった。いつも笑顔で、独特の鷹揚な口調で話す氏は、人に安心感を与える精神科医だった。後にラカンの『セミネール』の翻訳を何冊も出すことになるが、難解なラカンの文章を日本語にすることを可能にしたのは、笠原氏が主催していたラカンの研究会であり、『セミネール』の読書会だった。そこから多くの秀れた精神科医が誕生することになるが、ここでは小出浩之氏と鈴木國文氏のお二人だけ名前をあげておこう。また後に、フランスから帰国したばかりの新宮一成氏について、「彼は『へるめす』にぴったりの人物ですよ」と推薦してくれたことも忘れられない。

T君とU君の努力もあって、講座は無事に完結した。日本における「精神の科学」の定着に大いに寄与した、と評された。編集委員の打ち上げの会を開いたときのこと、笠原氏は言った。「編集者にだまされたつもりでやったら、本当に立派な講座ができました。編集者とは恐ろしいものですね」と。

3 『魔女ランダ考』『世紀末ウィーン』など

この年に刊行した単行本と現代選書についても記しておこう。単行本では、

渡辺守章・山口昌男・蓮實重彦『フランス』
中村雄二郎『魔女ランダ考――演劇的知とはなにか』

ノーマン・コーン『魔女狩りの社会史――ヨーロッパの内なる悪霊』（山本通訳）
カール・E・ショースキー『世紀末ウィーン――政治と文化』（安井琢磨訳）
阿部善雄『最後の「日本人」――朝河貫一の生涯』
H・ロイド＝ジョーンズ『ゼウスの正義――古代ギリシア精神史』（真方忠道・真方陽子訳）
川北稔『工業化の歴史的前提――帝国とジェントルマン』
坂部恵『「ふれる」ことの哲学　人称的世界とその根底』

そして現代選書では、

山口昌男『文化の詩学』Ⅰ・Ⅱ

を出した。

〈臨床の知〉〈演劇的知〉〈パトスの知〉

中村雄二郎氏の『魔女ランダ考』は、六月二十日に刊行された。翌月十四日に、先に記した『西田幾多郎』（20世紀思想家文庫）が出る。中村氏は『西田幾多郎』の「あとがき」で、次のように書いている。

六、七月と——同じ編集者（大塚信一氏）の手を煩わして——引きつづいて出すことになった前著『魔女ランダ考——演劇的知とはなにか』と本書『西田幾多郎』の関係について一言しておくと、この二つの本は表題だけからするとまるで異質な、関係のない仕事に見えるかも知れない。また一見〈哲学〉からもっとも遠い本と、もっともそれらしい〈哲学〉の本という明確な対照をなしている。けれども、近頃私自身が辿りついた新しい立場——それは扱われる問題の側面次第で〈パトスの知〉とも〈演劇的知〉とも〈臨床の知〉とも呼ぶことができる——に立っての組織的な思索の企てとして、この二つの著書は文字どおり表裏をなしている。そして自分では、この二つを書き上げたことで、『共通感覚論』に拠った段階からようやく離陸して別の段階に移行しえたのではないかと思っている。

『魔女ランダ考』は、一つの章を除いて、他は〈叢書・文化の現在〉に発表された論稿からなっている。中村氏は一九七九年に、「例の会」のメンバー、井上ひさし、大江健三郎、清水徹、高橋康也、原広司、山口昌男、吉田喜重、渡辺守章の諸氏と共に、バリ島に行く。翌年、氏は再び「都市の会」のメンバーである、市川浩、多木浩二、前田愛の各氏と、バリ島を訪れる。そこでの体験をもとに本書はまとめられたが、主要テーマである〈臨床の知〉〈パトスの知〉〈演劇的知〉は、右の人々と共有する知的雰囲気の中で熟成された哲学的コンセプトといってよいだろう。

だから、いずれ述べる山口昌男氏の『文化の詩学』とも自ずから通底するところがある、と私は思う。それは山口氏のみに限られるのではなく、他のメンバーの場合でも、大なり小なり共通しているはずだ。さらにいえば、先に引いた中井久夫氏の文章の中にも、「フィールドの知」という言葉が出てくるが、偶然のことではないだろう。この点に私は、最も優れた一つの〈時代の精神〉を見る。そしてそこに、多少なりともコミットすることができたのを、喜びと同時に誇りに思う。

ウィーンに魅せられた経済学者

次に、私が最も愛着を感じている本の一冊である、カール・E・ショースキー『世紀末ウィーン——政治と文化』(安井琢磨訳)について記そう。安井氏は、日本における近代経済学の開拓者の一人として著名であるが、氏に最初に引き合わせてくれたのは、先輩のT氏だった。新書編集部にいた頃のことだ。

食事をとりながら二、三時間話をしたが、経済学の話がほとんど出てこないのには驚いた。何よりもよく記憶しているのは、「最近、岩波新書で『現象学』という本が出たが、あれは面白かった」と氏が言ったことだ。T氏が「あの新書は大塚君がつくりました」と紹介してくれたので、しばらく現象学をめぐっての話が続いた。『世紀末ウィーン』とも関係するのだが、このころ安井氏は、近代経済学の祖・ワルラスを生んだ知的風土の探求に取り組んでいた。当然、ウィーン学団やヴィトゲンシュタインにも関心を抱いていた。だから哲学の動向にも詳しく、話を聞いていて、これがあの著名な近代経済学者かと、びっくりしたものだ。

それ以来、氏のお宅——最初は長岡天神、次いで宝塚市の逆瀬川の——にはたびたびおじゃまし、さまざまなことを教示してもらった。特に氏が熱中していたウィーンの画家、グスタフ・クリムトやオスカー・ココシュカについて、当時はそれらを専門とする美術史の研究者もほとんどいなかったので、興味深い話をたくさん聞かせてもらった。ネーベハイというウィーンの歯科医がクリムトのことをよく調べていて、大きな本を書いているので、文通をしているなどということも。

氏のクリムトへの関心は、ヴィトゲンシュタインの姉マルガレート・ストンボロウ－ヴィトゲンシュタインの肖像をクリムトが描いていたからだった。一方氏のヴィトゲンシュタインへの関心は、K・ポパーの仕事にも広がり、ポパー自身と会見するまでになっていた。以前にポパーの伝記『果てしなき探求――知的自伝』（一九七八年）を現代選書で出したときには、細部の事実についていろいろと指摘してもらった。

氏が文化勲章を受けたときにお祝いに行くと、「今まで全く関係のなかった駅前の銀行支店長が、花を持って現われ、預金をよろしくと言っていった。うるさくて仕方がない」と言っただけで、叙勲のことを離れて、ウィーンの話になった。こういう状況だったので、いくつか決まっている氏の経済学関係の企画は、少しも進展する気配がなかった。

このような安井氏の関心のありようを知っていた私は、『世紀末ウィーン』の翻訳を氏に依頼する。その間の経緯を、同書「訳者あとがき」の氏の言葉で明らかにしよう。

「私は……ウィーン学団やウィトゲンシュタインを媒介として、一九七〇年代の初期の頃から、クリムトを糸口に次第にウィーンとウィーン文化とに熱中していった。……私のウィーンへの傾倒を知っていた岩波書店の大塚信一氏は、本書の原本が公刊される前の一九七九年の秋に、その校正刷を携えて私にこの書の翻訳を慫慂した。校正刷には私がすでに読了していた四つの論文が含まれていたので、私は大塚氏の申し出を喜んで引き受けた」。

氏の言葉どおり、この本の原書が刊行される一九八〇年の前年、Alfred A. Knopf 社のカタログで予告を見た私は、さっそく手紙を出して校正刷を送ってくれるように頼んだ。送られてきた校正刷を見ると、カラー図版がいまだ挿入されてはいなかったが、大変面白いものに思えた。それで翻訳権を取得し、その上で安井氏に邦訳を依頼しに行ったのだった。その時点で氏が、すでに七本のうち四本の論稿を読んでいるとは、思ってもみなかった。ちなみに、その七本とは、左記のとおりである。

Ⅰ　政治と心情《プシュケ》——シュニッツラーとホフマンスタール
Ⅱ　リングシュトラーセ——その批判者と近代的都市計画の生誕
Ⅲ　新調子の政治——オーストリアのトリオ
Ⅳ　フロイトの『夢判断』における政治と父殺し
Ⅴ　グスタフ・クリムト——絵画と自由自我の危機
Ⅵ　庭園の変容
Ⅶ　庭園の爆発——ココシュカとシェーンベルク

この本では、ウィーンの世紀末文化に関わるすべて――政治、都市、建築、思想、心理、絵画、文学、音楽――が語られている。そしてその相互の関係が説き明かされている。アメリカで本書が刊行されるや、大変なベストセラーとなり、出版の翌年にはピューリッツア賞（ノン・フィクション部門）を受賞した。しかし、翻訳となると一筋縄ではいかない。さすがの安井氏も、苦労に苦労を重ねて翻訳に当たってくれた。

その途中、次のようなこともあった。「……岩波書店の配慮によってショースキー教授夫妻と京都で会談する機会が与えられたことである。それは教授が国際交流基金の招聘に応じて来日された一九八一年の四月のことであったが、本書の内容とウィーン文化について語り合った一夕の歓談は、私には忘れがたい楽しい思い出となって残っている。私の質問に答えて、教授は自分の研究の歩みと本書の成り立ちとに関して多くのことを語ってくれたが、これが訳筆を進めていく上で大きな心の支えとなった」（「訳者あとがき」）。

二人の会談は「なかむら」という古い京料理の店で行なわれたが、ショースキー夫妻は、なれない日本座敷で両足をもてあましつつも、料理と会話を本当に楽しんでくれた。夫妻はよほど楽しかったらしく、私に向かって、ロングアイランドにある別荘に招待したいとまで言ってくれた。シェーンベルクなど音楽に関しては、専門家である徳丸吉彦氏の助力を得て、翻訳は完成し、一九八三年九月に刊行された。そのときの定価が六二〇〇円だから、菊判で五〇〇頁近い大冊だとしても、決して安いとはいえなかった。しかし、驚くべきことに、この本は一万部近くも売れた。おまけに「翻訳出版文化賞」も受賞した。

原書よりも正確

『世紀末ウィーン』の出版を記念して、一九八三年の十一月に、安井氏のお弟子さんたちの会である「安井琢磨ゼミナリステン」が祝賀会を開いてくれた。その折に私もしゃべらされたが、その記録を引用してみたい（「安井琢磨ゼミナリステン・ニュース」№17、一九八四年）。

ご紹介いただきました、大塚でございます。まずなによりも、安井先生に大変すばらしいご訳業をいただきましたことに対して、心からお礼を申しあげたいと思います。

今日このようなすばらしい会合に参加させていただきましたことも、大変ありがたく思っております。さらに申し述べますと、今日ご出席の四十数名の方の他に、さらに四十数冊のお買上げをいただくことができまして、岩波書店としては大変光栄でございまして、今後ともよろしくお引き立ていただければ、ありがたいと思っております。

私は、二十数年間、編集者という職業についておりますが、編集者というのは大体黒子みたいなものでございまして、こういう晴れがましい席には出るべきではない、というふうに考えられているものでございますが、ご指名いただいたことで、もし責をはたすことができるとすれば、今回の『世紀末ウィーン』という本について安井先生がどのようなお仕事ぶりをなさったか、あるいは原著者でありますショースキーさんとの関係がどのようなものであったかというようなことを、二、三ご紹介させていただこうかと、こんなふうに考えているわけでございます。

　まず先生のお仕事ぶりにつきましては、さきほどの松本先生からもご紹介がありましたように、完全主義と申しましょうか、文字通り徹底しておりまして、このことを一言で言ってしまいますと、今回の本は、カール・E・ショースキー先生の原著 *FIN-DE-SIÈCLE VIENNA, Politics and Culture* よりも完璧な本である、ということが間違いなくいえる、と私は思うわけでございます。

　どうしてそういうことがいえるのかと申しますと、安井先生は、例えばクリムトにしましても、リングシュトラーセをつくったヴァーグナーといった建築家であるにしろ、あらゆる文献を全部渉猟なさって、それで原著者であるショースキー先生が英訳ですませているようなホフマンスタールの詩の飜訳であるといったものにいたるまで、全部ドイツ語の原著にあたってたしかめていらっしゃるわけです。ですから、原著にあるさまざまな間違い、これは英米系の研究者には往々にしてございますけれども、割合にラフな引用の仕方をするわけですが、そういうことについても、今回の本につきましては原著以上に正確、かつていねいな訳文が付いているのです。これは、文字通り原著以上に完璧な本であると、間違いなく申しあげることができる、と思うわけでございます。

　それから、多分ごらんいただけたと思いますけれども、朝日新聞の書評の末尾に、〝近来まれにみる名訳である〟というようなことが書かれておりますけれども、実はあの書評を書かれたのは、種村季弘さんという、ドイツ文学者でございます。この方は、ドイツ文学者ではありますが、ヨーロッパ文化史に精通している人で、ご自身もいろいろおもしろい文章をたくさん書かれており、ご自作もたくさんおありの方で、ファンも大変多い人ですけれど、滅多に人をほめない方なのです。そういう方が、〝近来まれにみる名訳である〟とおっしゃることは、これ以上のほめ言葉はまずないだろう、というふうに考えるわけでございます。

次に、原著者のカール・E・ショースキー先生との関係を申しあげますと、これは一昨年（一九八一年）の春のことだったと思いますが、京都で一晩、安井先生とショースキー先生ご夫妻に一緒に会食していただくことがありました。その時、カール・E・ショースキー先生は、国際交流基金の招聘で日本に来られていたわけです。

カール・E・ショースキー先生は、もともと政治思想史家で、SPD（ドイツ社会民主党）の研究者として大変著名な方でございます。したがって、日本で招聘いたしました場合でも、ほとんどが政治学者の方が中心になってお招きになったわけです。そんなわけで、日本においでになったショースキー先生と安井先生とご歓談いただいたわけでございますが、その時に実におどろくべきことがおこりました。

お二人は全くの初対面でいらっしゃったのにもかかわらず、なんと三時間以上にわたって、実にたのしい会話がくりひろげられたのでございます。そこに私はたまたま同席させていただく光栄に浴したわけでございますけれども、実は私一人が非常に興奮したわけではなくて、当のショースキー先生が大変によろこばれて、日本の国際交流基金の受入側の責任者であられた萩原延寿氏に、日本で一番たのしかったことは、安井先生との会談であった、ということをおっしゃったわけです。萩原延寿氏は私のところにまでお電話をくださいまして、そういうふうにショースキーさんはおっしゃったということで、感謝の意を表してくださったわけですが、ショースキー先生が日本での一番たのしい思い出として、そういうことをお感じになっていらしたことを、申しあげたいと思います。

ついでに申しますと、ショースキー先生は政治思想史家として大変著名でございますし、もちろん安井先生は経済学者として著名でございますが、お二人とも直接のご専門でない領域であれだけのお仕事をそれぞれおやりになって、しかも言葉のいろいろむずかしい面を越えて、三時間以上にわたって本当に心をうちあけてはなしをされたということは、すばらしい機会だったと思います。私は二十年間編集者という職業をやっておりまして、いろいろな方がたにそういう場合同席させていただいておりますけれど、滅多にない機会でございました。

最後になりますが、私ごとになって大変恐縮でございますけれども、実は安井先生には十数年前から、私が岩波新書の編集部におります時から、いろいろうかがわせていただいております。先生のお宅にうかがうたびに、「君、こういう本を読んだか」とか、「こういう本を知っているかね」というようなことで、次々に本をおだしになってくるわけですが、もちろんのことながら、そのほとんどを知らないわけです。それでなんとか先生のおっしゃっていることの半分ぐらいは理解しようと、必死になって勉強いたしまして、現在までなんとか破門されずにおつき合いいただいている、という状況でございます。

みなさま方は、それぞれ東大および東北大のゼミナールのご出身とうかがっておりますが、私は全くプライベートな安井ゼミの現役であるというふうに申しあげたいわけでございます。最初はここに居りますことは、大変な場違いな感じをもったのでございますが、今申しあげましたようなことから、今日この会合に参加させていただいたことの理由づけになるのではないか、と考えている次第です。

今日は本当にありがとうございました。

本書の出版の後に、ウィーン・ブームともいうべき現象が起こり、クリムトやココシュカがもてはやされた。しかしながら、本書ほどウィーン文化の核心に迫った書物はない、と私は思う。

編集者は負け犬か

阿部善雄氏の『最後の「日本人」――朝河貫一の生涯』について。この本は、講座「精神の科学」を担当したU君に編集の実務を頼んだ。U君についてはさまざまな思い出があるが、編集部に異動してきたときのことを記そう。彼は入社以来ずっと営業部にいた。営業部では特異な存在で、時間があれば倉庫に入って、新旧のいろいろな本を読んでいるとの噂だった。そして特に、幸田露伴が彼の愛読書であることを後で知る。

そのU君が編集部に異動してくる直前、当時彼が配属される課の責任者であった私は、一夕彼を大塚にある居酒屋に誘った。編集部員の基本的な心得などを話したのだが、少し酒が入ってくると、彼は次のように言い放った。「でも編集者なんて、所詮負け犬でしょう。だって、物書きになれない人間が仕方なくやってる仕事なんだから」。私はこの言葉に驚いた。たしかに、編集者から小説家になったり、学者になったという例は少なくない。しかし、私は彼の言うように考えたことは一度もなかったし、編集者の仕事は作家や研究者の仕事とは全く別のものと思っていたからだ。そこでU君に対して、私は次のように言った。「君の意見に対して、今ここで反論することはしない。ただ一年間編集の仕事をした後に、もう一度話をしよう」と。

U君が阿部善雄氏の本を編集することになったのは、編集部に移ってしばらくたってからのことだった。朝河貫一は、戦前にアメリカのイェール大学で法制史を講じていた、国際的に知られる学者だ。日欧の封建制研究を通して、歴史家のマルク・ブロックと親交があった。入来《いりき》文書の研究は著名である。日米間の雲行きが怪しくなってくると、アメリカの地にあって何とか開戦を回避させようと、積極的に米国政府に働きかけた。一方、日本政府にも訴えようとしたが伝《つて》がなく、岩波茂雄らを通じて政治家や知識人に開戦反対を伝えようとした。

こうした朝河貫一の姿を、著者の阿部善雄氏（一九八六年没）は見事に捉えていた。しかし惜しむらくは、朝河を賞揚するあまり、余分な形容詞や装飾過剰の文章が鼻につき、逆効果をもたらす原稿になっていた。それで私は、ゲラの十頁分ほどに徹底的に朱を入れ、可能な限り事実を伝えるだけの文章にスリム化することを試みた。それをU君に見せて、残りの原稿に同様の仕方で手を入れるように伝えた。もちろん、そのうえで著者の諒解を得なければならない。それは並みたいていの編集作業ではなかった。U君は必死の努力の結果、名著といって過言でない、朝河貫一の評伝を仕上げることができた。

この本はよく読まれた。朝河の郷里、福島の二本松の書店では、特に売れたようだ。国際文化会館で開かれた出版記念会には、二本松の方々がたくさん参加し、大いに盛り上がった。本書は一九九四年には「同時代ライブラリー」に、二〇〇四年には「岩波現代文庫」に収録され、さらに多くの読者に読まれることになる。

この本の刊行後、しばらくたってから、U君が私に「一晩つきあってください」と言った。神保町にあった秋田料理の店で飲み始めるやいなや、U君は、「私が編集部に移る前に言ったことはまちがいでした。編集という仕事が何であるか、おぼろげに見えてきました」と語った。大塚の居酒屋で話をしたときから、一年以上の時間が経過していた。U君は、講座「精神の科学」を担当しつつ、その後特色のある本を何冊か出し、講座の副産物である叢書も手がけた。そして数年後に、念願の「全集　黒澤明」（全六巻、一九八七〜八八年）を出すことになる。

岩波書店では作家の全集を多数刊行しているが、シナリオの全集は初めてのことだった。この全集の企画化には、当初からさまざまの困難が伴ったが、U君の熱意が巨匠黒澤明を動かし、ひいては企画の成立をもたらした。黒澤明氏には、U君に連れられて二度会いに行った。御殿場の別荘を訪れたときに、黒澤氏は書庫からロシア・アヴァンギャルドの本をもってきて、「この赤を装丁に使いたい」と言った。それで全集の装丁は決まった。全集は大成功だった。しかし、U君はその後大きな事故に遭い、退職することになってしまった。

著者からの夜討ち朝駆け

現代選書の『文化の詩学』I・IIについては、どうしても触れておきたい。山口昌男氏の著作の中で、私が最も愛着をもつものであり、氏の広大な知のあり方を最もよく示す一つの見本である、と思うからだ。次に両巻の章立てを掲げておこう。

I

この目次を眺めているだけで、当時のあの熱っぽい状況が眼前によみがえってくる。山口氏が外国に出かけている場合を除いて、毎朝八時過ぎに私の家に電話がかかってくる。十五分から三十分くらい、昨日何をしたか、今日何をしようとしているかを語る。妻によく「まるで恋人同士のようね」と言われたものだ。

面白そうな展覧会があれば一緒に見に行き、演劇や演奏会の目ぼしいものは必ず覗く。氏の主催する研究会にも、顔を出さないときげんが悪い。他の出版社や雑誌の編集者と会うときにも、私の時間の都合がつけば合流する。昼夜を問わず、時間が空けば、ビヤホールや酒場で飲んで話をする。ときには氏の自宅に出向き、国の内外で購入した本のうち、だぶっているものをまとめてもらってくる。外国から氏の友人が来日した場合には、しばしばつきあわされる。米国の著名な文化人類学者、マーシャル・サーリンズ夫妻の場合には、夫妻と夕食をつきあわされたうえ、翌日にはサーリンズ夫人の骨董店探訪の案内をさせられた。もっともそういうときには、山口氏は現われないのだが。めったにないことではあったが、酒場で沈没してしまった氏を、翌朝救出しに行ったりもした。

このような生活をしていて、よくもこの本にまとめたような論稿を、次から次へと氏は執筆したものだと思う。たしかに記号論は、何でも分析の対象にすることができた。だから氏は、この本にあるように、かたっぱしから切っていった。しかも切れ味がよいので、その行為はとどまるところがなかったのだ、と今にして思う。こうした状況は、『へるめす』の創刊によって、さらに熱した様相を呈する。が、それはいずれ詳しく述べることになるだろう。

ここではある夜、大江健三郎氏と三人で飲んでいたときの、一場の光景を紹介しておこう。大江氏がカウンターの花瓶から花をちぎってウィスキーにひたし、それをコースターの裏に押しつ

けて模様を描いた。それを見ていた山口氏は、その上にまず、

ハイヌウェレ
記号論とは
無関係　　　　　昌

と書いた。それを承けて大江氏が、

おおげつ
ひめも
ミクロ
コスモス　　　健

と付けた。ハイヌウェレとは、Y氏という神話学者が、それについて本を書いていたからだ。そして〝おおげつひめ〟は、そのとき三人でそれをめぐって話をしていたのだった。当時、山口氏の記号論が、その意気軒昂さがどんなものであったか、想像ができるだろう。

俊秀たちの会

一九八三（昭和五十八）年に私が企画立案して刊行した本は以上に述べたとおりだが、この年に「例の会」のジュニア版ともいうべき会をつくった。最初は「新人の会」と言っていたのだが、二、三年後には「現代文化研究会」とも称するようになり、そのうちに名前は消えてしまった。しかし、五、六年は続いたと思う。

当初のメンバーは、伊藤俊治（美術評論）、丘沢静也（ドイツ文学）、土屋恵一郎（法哲学）、富永茂樹（フランス思想史）、富山太佳夫（英文学）、中沢新一（宗教学）、野家啓一（哲学）、花村誠一（精神医学）、松岡心平（国文学）、八束はじめ（建築）の諸氏。後に落合一泰（文化人類学）、佐藤良明（アメリカ文学）、森反章夫（社会学）、奥出直人（アメリカ研究）らの諸氏が加わる。当時、彼らは助手か講師で、二、三年後に助教授になる人も出てきた。彼らは、まさに新進気鋭の研究者たちだった。

私の方では、毎月一回、集まる場所（岩波書店の会議室）と食事を提供するだけで、メンバーの誰かが報告し、それを承けて皆で議論をする。専門分野は違っていても、それぞれ一騎当千の人々だったので、議論は白熱し、とても面白かった。岩波側は、私のほかにT君と新入社員のK君が加わった。

ときには、ゲストを招くこともあった。例えば、演劇の如月小春さんや現代音楽の一柳慧氏、植島啓司氏（宗教学）や新宮一成氏（精神医学）、あるいは田中優子さん（国文学）や松浦寿夫氏（フランス文学）等々。また、八束はじめ氏の新築の自宅を見せてもらいに行ったこともある。ウィーン分離派の建築を思わせるユニークな建物で、八束氏の素晴らしいセンスが皆の話題になった。

それぞれのメンバーが、そのときに関心を持っているテーマについて、それが十分に熟していない場合にでも、この会で披露し、他分野の人から意見を出してもらうことで、ずいぶん参考になったという話を、後年何人かのメンバーから聞いた。メンバーのうちで中沢新一氏だけは、めったに現われなかったが、思いもかけぬときに、二、三の友人を伴ってやってきたりした。富永氏は京都から、野家氏は仙台からの参加だったが、五、六年の間、実によく出席してくれたと思う。

時間もエネルギーも十分

メンバーの諸氏は、今では各専門分野における第一人者となって活躍しているが、当時は時間もエネルギーも十分に持っていた。だから、各々のメンバーに多くの仕事をしてもらうことができた。というより、多くの仕事を押しつけた、と表現する方が正確かも知れない。

その最たる例は、富山太佳夫氏だろう。先にシービオク『シャーロック・ホームズの記号論』のことを書いたが、その後、J・カラー『ディコンストラクション』I・II（一九八五年、折島正司氏との共訳）、R・スコールズ『記号論のたのしみ　文学・映画・女』（一九八五年）、C・ダルシマー『思春期の少女たち――文学にみる成熟過程』（一九八九年、三好みゆき氏と共訳）、J・ギャロップ『ラカンを読む』（一九九〇年、他二人と共訳）、W・ドムホフ『夢の秘法――セノイの夢理論とユートピア』（一九九一年、奥出直人氏との共訳）とたて続けに翻訳をお願いした。

それ以後も現在に至るまで、ご自身の著作を含めていったい何冊の仕事をしてもらったことだろう。富山氏の守備範囲は抜群に広いうえに、何よりも安心して任せられる。だから編集部では、手に負えない悪訳が寄せられたときなど、よく氏に助けてもらった。専門の領域で著名な人であっても、翻訳がうまく正確であるとはかぎらない。表には出せない隠れた仕事を、氏にはずいぶん押しつけてしまった。

ところで、私が氏に押しつけた最大の仕事は、何といっても『岩波＝ケンブリッジ　世界人名辞典』（一九九七年）であろう。日本版の編集主幹を氏にお願いし、金子雄司氏と共に、まことにやっかいな仕事を仕上げてもらった。それは後に、私が編集の役員と辞典の役員を兼務するようになったときのことだ。該博な知識の持ち主である富山氏を見込んでの依頼だったが、その判断に誤りはなかった。

この辞典では、富山・金子両編集主幹のほかに、可児弘明、河合秀和、佐藤文隆、佐和隆光、多木浩二、徳丸吉彦、中村雄二郎、山内昌之の諸氏に、日本語版編集委員になってもらった。いずれも、おなじみの方々である。

山内昌之氏には、後に『岩波イスラーム辞典』（二〇〇二年）の編集委員もお願いすることになる。山内氏には、氏の夫人も含めて、大変お世話になった。氏には、大著『納得しなかった男――エンヴェル・パシャ　中東から中央アジアへ』（一九九九年）ほか多数の書物を執筆してもらったが、後に、当時の政治状況のあまりのおそまつさに、〝緊急出版〟として、『政治家とリーダーシップ――ポピュリズムを超えて』（二〇〇一年）を執筆してもらったことは、忘れ難い思い出である。

また丘沢静也氏にも、いろいろとお願いした。エンデ、エプラー他『オリーブの森で語り合う――ファンタジー・文化・政治』（一九八四年）をはじめ、M・エンデの作品を翻訳してもらった。『鏡のなかの鏡――迷宮』（一九八五年）、『遺産相続ゲーム――五幕の悲喜劇』（一九八六年）、『夢のボロ市――真夜中に小声でうたう』（一九八七年）、『ミヒャエル・エンデの スナーク狩り』（一九八九年）。それにエンデ、クリッヒバウム『闇の考古学――画家エトガー・エンデを語る』（一九八八年）、エンデ、ボイス『芸術と政治をめぐる対話』（一九九二年）などがある。

また一九九六年には、M・エンデ編『M・エンデが読んだ本』を訳出してもらった。荘子、シュタイナー、ゲーテ、O・ヘリゲル、G・R・ホッケ、ドストエフスキー、G・G・マルケス、ボルヘスら、二十五人の思想家や作家などの文章が収められた、興味深い本である。

丘沢氏は、その著作『からだの知恵　こころの筋肉――泳ぐ・走る・考える』（一九九〇年）が示すように、身体と精神のバランスを重んじるユニークな思想の持ち主であり、独特なしゃべり方とともに深く印象に残っている。今でも折々に、水泳やジョギングの話を送ってきて、刺激を与えてくれる。

法哲学専門で、中村雄二郎氏の弟子筋に当たる土屋恵一郎氏も、面白い人柄だ。P・リクールの『現代の哲学』I（一九八二年、坂本賢三氏他との共訳）の翻訳をお願いしたり、『へるめす』に登場願ったり、さらに氏には数多くの著作をものしてもらうことになる。初期のものには『元禄俳優伝』（一九九一年）、『独身者の思想史――イギリスを読む』（一九九三年）がある。

氏は思想史家としての仕事のほかに、インプレサーリオ（興行師）としての特異な才能を持っている。松岡心平氏とともに、「橋の会」という能の革新的な組織をつくり、長年にわたって古曲の復演などを行なったことは、よく知られている。現在は、松岡氏らとともに「能楽観世座」をつくり、意欲的な能の上演を続けている。私も土屋・松岡両氏のおかげで、数多くの能の公演に接することができた。

松岡心平氏は中世芸能の専門家だが、ユニークな視点で国文学の面白さを私たちに伝えてくれている。この研究会でも、稚児《ちご》について報告してくれたことがある。氏の最初の著作は『宴の身体――バサラから世阿弥へ』（一九九一年）だが、その後の氏の活躍は知る人ぞ知るである。

八束はじめ氏には、すでに「20世紀思想家文庫」で『ル・コルビュジエ』（一九八三年）を執筆してもらっていた。氏は最近、『思想としての日本近代建築』（二〇〇五年）という大著をものしてくれた。

野家啓一氏にはその後、何冊もの本をまとめてもらうことになるが、また後に触れることになるだろう。その他のメンバーもそれぞれすでに一家を成しているが、二十年前の若々しい一人ひとりの面影が、私の脳裡から消えることはない。

第五章　不可能への挑戦　『へるめす』の輪　I

1　文化創造のための季刊誌

無謀な試み

一九八四（昭和五十九）年にも、それぞれ数冊の単行本と現代選書を出した。そして十一月には、新しいシリーズ「旅とトポスの精神史」を出発させる。それらについては、いずれ述べよう。同時にこの年は、翌八五年に出発する「新岩波講座・哲学」の準備のための、最後の年でもあった。先にも述べたように、大型の講座ともなれば最低三年の準備期間が必要だが、この講座の場合には、八二年以降、特に入念に編集委員の間の調整を行なった。八三年から八四年にかけては、企画の最終的確定と執筆依頼を行なわねばならず、多忙な時を過ごした。

しかし私は、このような状況にもかかわらず、さらに無謀な計画を抱き、実現しようとした。それは「叢書・文化の現在」の延長上に、季刊の文化雑誌を創刊しようという試みだった。八三年秋の全社的な長期編集会議で諒承を得、翌年には何とか出発させるという予定を組んだ。季刊

『へるめす』がそれであった。

年に一回開かれる長期編集会議で、私は季刊『へるめす』を創刊する意図を次のように説明した。日本を代表する学者と芸術家の協同作業によって、現代文化を風俗的な次元まで含めてトータルに把握し、二十一世紀に向けて新しい知の方向と、真に豊かな文化創造の可能性を探る、と。しかし、これは口で言うは易く、実現するのに容易でない課題であった。

第一に、編集同人制をとるとして、誰になってもらうか、という難問を乗り越えなければならなかった。学者の側は比較的容易に想定することができた。今まで述べてきたように、山口昌男・中村雄二郎両氏の活躍が圧倒的だったからだ。そしてそこに芸術の側から、大江健三郎氏に加わってもらうのには、何の問題もなかった。彼ら三人は、いわば同じ空気を呼吸し、問題意識も重なり合う部分が多かった。しかし、芸術の側からほかに誰に参加してもらうか——「例の会」と「叢書・文化の現在」という流れの中から、自ずから浮上してきたのは次の三氏だった。建築の磯崎新、詩人の大岡信、音楽の武満徹の諸氏である。

これらの六氏は、快く編集同人になることを諒承してくれた。のみならず、可能な限りの協力を惜しまない、と約束してくれた。以下に具体的に書いていくが、六氏の絶大な協力がなければ季刊『へるめす』は成立しなかった。六氏はそれぞれ国際的にも認められ、次から次へと仕事が押しよせてくる状況だった。にもかかわらず、あれだけの時間とエネルギーを季刊『へるめす』に振り向けてくれたのは、今から思えば一つの奇跡としか考えられない。

サントリーに感謝

第二は、誌名を何とするか？　さまざまな案が出された。有力だったのは「媒介者」と「ヘルメス」だった。「媒介者」とは、「叢書・文化の現在」の編集会議のときによく使われた言葉だ。「叢書・文化の現在」の第八巻は、『交換と媒介』というタイトルだった。各巻の目次にこの言葉は載らなかったが、各巻の最後に当該の巻全体を見渡したうえで、各論稿のもっている意味を明らかにする役割を持った人が、必ず登場している。それが媒介者だった。この役回りは重要なので、編集委員に務めてもらったものだ。「叢書・文化の現在」が学問と芸術に架橋することを意図していたように、この雑誌も、さまざまな異質の要素間の架橋と媒介を目論んでいた。曰く、学問と芸術、ハイ・カルチュアとポップ・カルチュア、男性と女性、精神と身体、都市と伝統社会、西洋と東洋、等々。したがって「媒介者」というネーミングには捨て難いものがあった。

一方「ヘルメス」を最初から推していたのは、山口昌男氏だ。脱領域の知性と変幻自在の行動は、山口氏がトリックスターに与えた特性であったが、それを体現している存在を探すならば、ギリシア神話に登場するヘルメス神以外にはなかった。大議論のうえで、ヘルメスにしよう、ということになった。

しかし、ここで思わぬ障害にぶつかることになる。編集部であれこれ調べたところ、「ヘルメス」という言葉は、サントリー株式会社によって商標登録されていて、酒類はもちろんのこと、雑誌や本にも使用できない、ということが判明したからだ。これでは「ヘルメス」を誌名にすることはできない。困った、と皆が嘆いている最中に、突如山口氏がヘルメス的行動に出た。それは、ある人を介して直接サントリーの社長に交渉しよう、という案だった。山口氏は当時、サントリーの宣伝部長K氏と親しかったので、K氏に頼んでS社長の諒解を得よう、と言いつつすぐにK氏に電話をかけた。

後に編集同人や私とも親しくなるK氏は、社長に同人の顔ぶれを伝えて、特別に認めることを進言してくれたらしい。その結果、サントリー社は正式に使用を許可してくれた。「このような例は聞いたことがありませんよ」と、岩波の商標関係を担当している顧問弁護士が言っていたように、珍しいことだと思う。そこで、サントリー社に感謝しつつ、また多少遠慮する思いもあって、誌名を季刊『へるめす』とすることに決定した。

編集同人たちの力作

さて、誌名は決まったものの、具体的にどんな雑誌をつくるのか、編集同人も編集部も、はっきりしたイメージを描いていたわけではない。編集部はT君と新人のK君、そして私が編集長。そもそも岩波書店では、カラー図版入りの雑誌などを出した経験がほとんどない。私が新人のときに経験した『思想』は、雑誌といっても活字ばかり。大学の紀要に近いものだ。

そこで編集同人と相談して、まず季刊『へるめす』というロゴを含めて、表紙のデザインを誰に依頼するかを検討した。磯崎新氏の強い推薦もあって、黒田征太郎氏にお願いすることにした。売れっ子のイラストレーターである黒田氏が引き受けてくれるかどうか心配だったが、会って依頼すると、「この編集同人の顔ぶれじゃ、引き受けない訳にはいきませんよ」と快諾してくれた。

黒田氏は、思案の結果、鳥のシリーズで続けてくれることになる。鳥のような鳥の表紙は、創刊号以来好評で、第18号まで続いた。

雑誌の顔である表紙が決まったので、次には誌面の講成とレイアウトを誰に頼むか、これは社内のベテラン製作者S氏と相談して、志賀紀子氏のデザイン事務所にお願いすることにした。志賀さんをはじめ、三、四人の有力なスタッフをかかえていたからだ。

今から思えば、編集長の私をはじめズブの素人が雑誌づくりに、しかもセンスの良さが求められる文化雑誌の編集に挑戦したのだから、無鉄砲としかいいようがない。表紙と誌面のレイアウト担当者が決定したとはいえ、内容をどのような構成にするか、編集方針は全く未定だ。そこで、私は考えた。編集同人にまず全力を投じてもらおう。それらを基本的な骨格にし、残りの誌面を、若手を中心に元気のよい記事で埋める。この方針を立てた私は、T君とK君に「雑誌の編集長は独裁者じゃなければ駄目だからね」と念押しして、目次をつくり始めた。

雑誌の場合、表紙の次に目につくのが、口絵だろう。そこでここをカラー・グラビアにし、磯崎氏に、「ポスト・モダニズムの風景」という連載を担当してもらうことにした。創刊号は「シュプレマティスト・トポグラフィ」と題し、「ザハ・ハディドの建築」についてだ。おそらくこのときが、一般読者の目に触れる最初の機会だったと思うが、ザハ・ハディドのまことにドラマティックなイラストレーションには、あっと息をのむものがあった。おまけに磯崎氏の挑発的な文章が、一層そのドラマティックな誌面を引き立てていた。しかしその実、磯崎氏の論は、人を驚かせるばかりでなく、モダニズムの最終形式であるシュプレマティズムと、ロシア・フォルマリズムの関係を指摘し、それが形式の自律と自動運動の具体的検証であることを、明らかにするものでもあった。

巻頭の論文は、山口昌男氏の「ルルの神話学――地の精霊論」が飾った。十九世紀末から一九二〇年代にかけて、演劇や芸術の華やかな主題であった「ルル」の神話を分析し、ナタリー・デイヴィスのいう「さかしまの世界」との関係から、その本質を明らかにする、山口氏ならではの論稿であった。またジュール・シェレらの挿絵も、時代の雰囲気をよく表現していた。

次に、大江健三郎氏は、小説「浅間山荘のトリックスター」を書いてくれた。いかにも季刊『へるめす』にふさわしく、「わが国に稀な人文学者《ユマニスト》H・T（林達夫）」の逝去のことから、小説は始められていた。この小説を読んで、私は、林達夫氏が元気な頃、大江氏や山口氏、中村氏とともに、何回も林氏に会ったことを思い出した。林氏のお宅を訪ねたときもあったし、都心のレストランで食事をしながらのこともあった。

あるとき林宅を訪れた帰り、藤沢駅のプラットホームで突如として発せられた山口氏の言葉、「われわれはネオ・プラトニストになったような気分だね」を忘れることができない。そのときには高橋巖氏も一緒だった。この小説には、ネオ・プラトニズムの雰囲気が濃厚に感じられる、と私には思えるのだが……。

大岡信氏は「〈組詩〉ぬばたまの夜、天の掃除器せまってくる」を発表した。この組詩は抜群に面白かった。大岡氏には、後に長い評論を書いてもらうこともあったが、初回にこのような刺激的な作品を書いてもらえたのは、幸いだった。「巻の三　小曲集」の「五　かつて神と呼ばれし堕天使の唄」を引いておこう。

性の倦怠だつて？
優雅だつて？
おきやあがれ。
おれは阿修羅だ。
地底に住み　天を駆け　海底に寝る。
闘争を好み　女に淫す。
さうよ、
みんなとびきり上等の
けつを振つて迎へたもんだぜ、
土手いつぱいの
お陽さまをさ。

そして最後に、中村雄二郎氏には「場所・通底・遊行――トポス論の展開のために」で、雑誌全体を締めくくってもらった。バルテュスの作品を分析しつつ、〈人生の階段〉について述べ、さらには熊野比丘尼による曼荼羅の絵解きから、中上健次氏の作品にまで説き及ぶ論稿は、まさに季刊『へるめす』にふさわしい力作だった。山口氏の場合もそうだったが、中村氏も、絵画、演劇、文学、歴史、神話といった領域を自在に飛び回る、ヘルメス神さながらの活躍であった。

多様な企画を

このような編集同人の力作が、雑誌の性格を明確に描き、それによって雑誌の構造が確固たる基礎を築くことができたので、そのうえに可能な限り多様性を表現すべく、若手の執筆陣に登場してもらうことを試みた。それを列挙すると次のようになる。

松岡心平「バサラの時代――パフォーマンスの考古学」
赤瀬川原平「価値をつくる」
上野千鶴子「ジェンダーの文化人類学」（フェミニズムの地平①）
近藤譲「現代音楽の不可能性、または可能性」
伊藤俊治「鏡のなかのイコン――新しい写真表現への一視点」

そしてさらに、河合隼雄・前田愛両氏の対談、「歌舞伎町から三浦さんまで――性風俗と現代社会」（Decoding Culture①）、高橋康也氏の「縄脱けのレッスン――ベケットと「世界劇場」」を配した。翻訳も二本、一つはM・エンデ『鏡のなかの鏡』の「この紳士は文字だけからできている」ほかを、丘沢静也氏に訳してもらい、掲載した。

コラム欄は三つつくった。

「表現とメディア」　「知の方位」
如月小春　花村誠一
瀬尾育生　小松和彦
小野耕世　高山　宏
南　伸坊　徳丸吉彦
水木しげる　高橋英夫

もう一つの「ことばのパフォーマンス」では、八人の方に毎回同じテーマで、一頁のエッセイをお願いすることにした。具体的には以下のとおり。

高松次郎（色）　篠田正浩（ことば）
吉原すみれ（光）　宇佐美圭司（面）
浅見真州（音）　杉浦康平（身体）
鈴木志郎康（線）　間宮芳生（声）

創刊の辞

これで創刊号のラインアップが決まった。残るは創刊の辞だけ。何回かの会合の後、大江氏に原案を起草してもらった。それは、編集同人が共有する気分を見事に表現していたが、「例の会」、「叢書・文化の現在」と続けてきた協同作業の成果を、反映するものであったと思われる。以下に全文を引用しよう。

『季刊へるめす』創刊にあたって

いま知の地殻変動のなかで、新しい文化の胎動を呼びおこすべく、われわれが季刊誌をつくろうとして想起するのは、林達夫の言葉です。
《歴史家というものは、……常に臨機応変、時代・時間を逆行したり、横すべりしたりして、自在にとび廻っている人間のことである。……もし古風に「精神史」の守護神を求めるならば、それはミューズ九神のうちのクリオでもなければ、またアポロでもなく、まさしくそれは秘教の元祖としてのオルフェウスであり、特に冥界、地上界、天上界の使者《メッセンジャー》＝神ヘルメスであろう。》
われわれはすでに永く、お互いを自由に結びつける談論をかさねてきました。知の楽しみに活気づけられ、個としての仕事を勇気づけられながら。それはわれわれ各自に、自分の関心領域に根ざしつつ、かつそこを超えるようにして、独自の文化の理論をつくりだすことを促すものでもありました。われわれは確かに臨機応変、時代・時間を逆行したり、横すべりしたり、自在にとび廻ることをめざしたのですし、その姿勢の肝要さを疑わぬのが、共通の諒解でもありました。

しかもおのおのの自由な軌跡があいまじわるところ、同時代の今日と明日を読みとり、構想しようとする共通の意志も、あきらかにかたちをあらわしています。われわれがヘルメスの名を創刊する雑誌に冠することには、充分な理由があるでしょう。

われわれはこの新しい雑誌をつうじて、自分たちの領域を超えたひろがりを行き来する使《メッセンジャー》者の役割をはたしたいし、お互いに隔絶している人びと間の媒介者の役割もはたしたいと思います。なにより多様な人びとの伸びのびしたパフォーマンスの舞台をつくりだすことが、われわれの希望するところです。

それを、すでにある地点まで自分の仕事をかさねて来た者として、在来の表現形態の枠組みをあえてはずし、根本的な組みかえを可能にする確かな見とおしにかさねたいとねがうのでもあります。守護神ヘルメスのシンボリズムは十全に生かされねばなりません。

磯崎　新　　武満　徹
大江健三郎　中村雄二郎
大岡　信　　山口昌男

さらなる無謀

これで創刊号の目途《めど》はついた。しかし、創刊号の準備を続けている間に、何としてもこの雑誌を成功させたい、と思うようになった。一つは、季刊なので、創刊のインパクトを可能な限り大きくして、2号以下に続けたい。二つは、創刊号本体は内容が非常に充実しただけに、読者からもう少しリラックスした雰囲気も、同時に求められるのではないか――このように考えた結果、そこに出てきたのは、創刊号の別巻をつくるという案だった。

創刊0号などと称して、小手調べをする例が出版界にないわけではないが、全く手がけたことのない雑誌をつくり出すだけでも必死の思いをしているのに、別巻まで同時に刊行しようというのは、自分でも狂気の汰沙に思えた。しかし、時の勢いとは恐ろしいもので、T君もK君も「ぜひ作りましょうよ」と賛成してくれた。編集同人たちも、社の幹部たちも、あきれはしたが、反対はしなかった。その結果できたのが、次のような内容の創刊記念別巻だった。

誌上シンポジウム（戦後日本文化の神話と脱神話①）
ユートピア探し　物語探し――戦後の文学をどう考えるか
井上ひさし／大江健三郎／筒井康隆

誌上シンポジウム（戦後日本文化の神話と脱神話②）
科学とテクノロジーの変貌――その人間・文化にとっての意味
江沢洋／中村雄二郎／村上陽一郎／米本昌平

都市とトポスへの視点①

都市論の現在
磯崎新／大岡信／多木浩二

つまり、鼎談二つと座談会で全巻を埋めたのだ。大江、中村、磯崎、大岡の編集同人諸氏には、今では信じられないほどの協力を要請していたわけだが、諸氏が快諾のうえで全面的に支援してくれたことを、本当にありがたく思う。

この別巻を、季刊『へるめす』の定期購読を予約してくれた読者には、無料で進呈することにした。発刊以前から新聞などの多くの取材を受けた。また編集同人に参加してもらって、新宿の紀伊國屋ホールで開いた創刊記念の集まりには、会場一杯の読者が足を運んでくれた。そんなこともあって、季刊『へるめす』は予想以上に多数の読者に迎えられた。雑誌の場合には珍しいことだが、初刷部数がたりなくなり、急遽増刷しなければならなかったことは、嬉しい思い出である。

磯崎新氏の「ポスト・モダニズムの風景」

第2号以降は、創刊号と別巻を引き継いだ内容で構成した。まず口絵について。磯崎新氏の「ポスト・モダニズムの風景」の連載を列挙してみよう（連載回数と号数が一致するものは号数を省略する、以下同）。

2　ベルナール・チュミのフォリイ――コンストラクティヴィスト・ランドスケープ
3　デイヴィッド・ホックニイのフォトコラージュ――キュビスト・フォトグラフィ
4　(磯崎新の) ディスコテク〝パレイディアム〟
――マルティ・メディア・パフォーミング・スペイス
5　アンドレア・ブランジのデザイン――インテリア・ランドスケープ
6　ナム・ジュン・パイクのタイム・コラージュ
――ビデオ・インスタレーション　(創刊一周年記念別巻)
7　フランク・ゲリーの建築――文字通りのデコンストラクション　(第6号)
8　フランチェスコ・クレメンテの自画像――解体した自我の奥底に　(第7号)
9　フィリップ・スタルクの家具――デモダニザシオン　(第8号)

この連載は、二年間続いた。この間「ポスト・モダニズムの風景」は、季刊『へるめす』の編集方針を具体的に明示してくれていた、と思う。つまり、この雑誌はポスト・モダニズムという時代の雰囲気の中で、それを表現しつつ、それを乗り越えるべく奮闘した記録であったからだ。磯崎氏自身がポスト・モダニズムの旗手といわれたが、氏はこの連載の後、新たな口絵の連載を開始する。そのテーマは「建築の政治学」だ。ここに、ポスト・モダニズムからの脱却と新しい方向の摸索を見ることは、決して難しいことではないはずだ。

それにつけても、ここでいかにもポスト・モダニズム的なエピソードの一つを紹介しておこう。

第6号の口絵でフランク・ゲリーの建築を取り上げたが、同じ号で、磯崎氏にF・ゲリーとの対談をお願いした。対談の場所は、磯崎氏がつくった、日本のポスト・モダニズムの代表的作品といわれる「つくばセンター」にしよう、ということになって、F・ゲリー夫妻と磯崎氏、それに私とK君で、車に乗ってつくば市に向かった。途中首都高速6号線を隅田川に沿って走っているとき、F・ゲリー氏は、浅草の街並みを眺めながら、「下町のスカイラインは、でこぼこの不揃いが美しいな」と言った。私はびっくりした。乱雑でくすんだ町屋の連なりが、美しいとは思えなかったからだ。しかし、後にF・ゲリー氏が行なったボストンの再開発を見て、彼の言っていたことの意味が諒解できた。そこには、浅草など下町の持つ親密な空間が、見事に再現されていたのだ。

大江健三郎氏の『M／T』ほか

次に、大江健三郎氏の小説を掲載順に書き出してみよう。

2　河馬の昇天
3　四万年前のタチアオイ
4　サンタクルスの「広島週間」

そして第5号より、長篇小説の連載が始まる。挿絵は司修氏。司氏には、本連載を単行本化した『M／Tと森のフシギの物語』、そして後の「キルプの宇宙」の連載およびその単行本である『キルプの軍団』でも挿絵・装幀をお願いした。

5　M／T・生涯の地図の記号──『M／T』序章
6「壊す人」──『M／T』第一章
7　オシコメ、「復古運動」──『M／T』第二章
8「自由時代」の終り──『M／T』第三章

大江氏も連載を8号で終え、三年目からは、新しい形で小説を発表してくれることとなる。

大岡信氏の〈組詩〉

大岡信氏の〈組詩〉「ぬばたまの夜、天の掃除器せまってくる」は、さまざまな実験や大胆な試みを盛りつつ、毎号連載され、第10号で完結した。最後の「巻の三八　四季のうた」を引用しておこう。

一　夏のうた

爬虫類こそ力づよい生命の形

一瞬たりとも直線に同調しない
海から来て地を縫ひ合はせ
再び波に帰つてゆく種族を讃へよ

二　秋のうた

夜は大きな青い椅子だ
その椅子の背に沿うて
目も鼻もない《混沌》の指が
ぼくらを拈華《ねんげ》しにやつてくる
波打際のピチヤリピチヤリの足音が
空のはてから昨日明かるく聞こえてゐた

三　冬のうた

かたつむりはまた
卵に還つた

一度もまだ会つたことのない
春を育てるために

四　春のうた

また一枚　仏陀のコトバに愕いた
黄色い衣が
裾の方で
大河に変らうとしてゐる

生類の死が
どんどん上から流れてきても
時の河は末の末まで
人を超えたコトバの流れでできてゐる

山口昌男氏の〈知の即興空間〉

山口昌男氏の論稿を、2号以下掲載順に並べると、以下のとおり。

2　夢見の時——異文化接触の精神史
3　水と世紀末の文明
4　神話的世界としての『ハックルベリー・フィンの冒険』（第6号）
5　四月はいちばん無情な月〈知の即興空間〉①（第7号）
6　宝塚を観る——ジーグフェルドからバリ島まで〈知の即興空間〉②（第8号）
7　「へたうま」の力——ピロスマニの祝宴の世界〈知の即興空間〉③（第9号）
8　音と新しい都市文化〈知の即興空間〉④（第10号）
9　「笑いの記号学」紀行〈知の即興空間〉⑤（第13号）
10　挫折の昭和史——エノケンから甘粕正彦まで〈知の即興空間〉⑥（第14号）
11　土地の精霊とその眷族たち
——吉田喜重『嵐が丘』をめぐって〈知の即興空間〉⑦（第15号）

中村雄二郎氏の〈かたちのオディッセイ〉

終わりに、中村雄二郎氏の論稿掲載は、

2 純粋形式と演劇的知――S・I・ヴィトキェヴィチ＝二〇年代のルネサンス　（第4号）
3 〈南型〉知の掘り起こし――ナポリ論序説　（第5号）
4 ホログラフィと共振　〈かたちのオディッセイ〉①　（第9号）
5 六大にみな響あり――宇宙リズムと形態生成　〈かたちのオディッセイ〉②　（第10号）
6 形象の誘惑――モルフォロギアと怪物曲線　〈かたちのオディッセイ〉③　（第11号）
7 〝かたち〟の射程（杉浦康平氏との対談）〈かたちのオディッセイ〉④　（第12号）
8 色の領界――かたちの分身　〈かたちのオディッセイ〉⑤　（第13号）
9 迷宮と原型――渦巻きと螺旋の驚異　〈かたちのオディッセイ〉⑥　（第14号）
10 幾何学と混沌――形象の彼方／根底にあるもの　〈かたちのオディッセイ〉⑦　（第15号）
11 ファジィと新しい科学認識論　（臨時増刊別巻、一九八八年七月）

という具合になり、後に刊行される大著『かたちのオディッセイ――エイドス・モルフェー・リズム』（一九九一年）の原型を、ここに見ることができる。

社会・風俗の解読

編集同人の活躍は右に見たとおりであるが、その他の連載記事についても、左に列挙しておこう。まず「Decoding Culture」について。

2　井上ひさし／R・パルバース
　世紀末のガイジン――日本人の異文化理解をめぐって
3　中村雄二郎／矢川澄子／山中康裕
　子どもたちが見えない――教育するとはどういうことか
4　宇沢弘文／C・W・ニコル
　スポーツ全盛時代――人間にとって健康とはなにか
5　別役実／宮本忠雄
　犯罪万華鏡――テロリズムの日常化
6　種村季弘／前田愛
　現代食物考――小さな差異を求める独身者文化
7　安野光雅／富岡多恵子
　「いじめ」の現象学――均質社会のかかえる病理
8　玉村豊男／宮田登
　なぜ人は旅立つのか――巡礼から温泉ブームまで
9　篠田正浩／所ジョージ
　現代若者考――新人類は頭が咲いている？
10　吉田ルイ子／立松和平
　中流意識の虚実？――写真週刊誌からステーキハウスまで

11　青木保／中沢新一
日本人にとってオリエンタリズムとはなにか？——ロマン主義から天皇制まで
12　生井英孝／伊藤俊治／細川周平
80年代のファッションを考える　（第13号）

この連載は、創刊の意図にも書いたように、現代文化を風俗の次元まで含めて捉える、という本誌の特質の一つをなすものであった。一九八四年から八七年までの三年間、日本の社会状況がどんなものであったか、この連載からある程度読みとれると思う。

連載の難しさ

次に「都市とトポスへの視点」について。

2　川本三郎「ユートピアとしての都市の暗がり——子供の視覚から」
3　伊藤俊治「ジオラマ都市」
4　青木　保「ヌワラ・エリヤ——時間に沈んだアジアのリゾート地」
5　内藤　昌「名所《などころ》のトポス——歴史における都市の活性」
6　池澤夏樹「アトランティスの無稽の地理——あるいは都市の造営と生成」
7　西　和夫「修学院御幸記——数寄世界とその時代」

8　杉本秀太郎／原章二（対談）「京都の文化は見えにくいか――自然・人・ことば」

この連載は第8号をもって終わる。並べて見ると、それなりの面白さはあるが、今一つ求心的な要素に欠けているように思える。これはもちろん編集部の責任だが、この雑誌とほぼ時を同じくして出発した、シリーズ「旅とトポスの精神史」に引っぱられたのかも知れない。このシリーズについては、いずれ述べる。

続いて「フェミニズムの地平」について。

2　伊藤俊治「女たちの女探し――写真を撮る二〇世紀の女たち」
3　宮迫千鶴「都市型社会のフェミニズム――あるいは〝ゴーマン・リブ〟よさようなら」
4　玉野井芳郎「人間におけるジェンダーの発見――女、そして男の世界」
　足立真理子「自然領有と女性――労働と記憶と語ること」
5　富山太佳夫「フェミニズムから文学批評へ」
6　藤本和子「あんた、ブルースだってただの唄――女たちのことば探し」
7　阿奈井文彦「異界への回路――野口体操を手がかりに」　（第8号）

この連載は二年で終了する。ユニークな執筆者をなかなか発見できなかったことは残念だ。

次に「戦後日本文化の神話と脱神話」は、創刊記念別巻所収の二本のほかに、次の三本を掲載した。

3　高橋悠治／武満徹
　日本の現代音楽――過去・現在・未来　（第2号）
4　磯崎新／宮内康
　建築と国家　（第3号）
5　宇佐美圭司／大岡信／武満徹／松浦寿夫
　前衛とはなにか――瀧口修造と戦後美術　（第5号）

三冊の別巻

なお、ここで以下の三冊の別巻に掲載した企画を書き留めておこう。
まず創刊一周年記念別巻（一九八六年一月）には、

・井上ひさし／大江健三郎／筒井康隆
　小説の面白さ――イマジネーションと言葉の力
・伊藤俊治／植島啓司／川本三郎／佐藤良明／細川周平
　〈シンポジウム〉宇宙感覚のなかの超越
・鈴木忠志

〈インタビュー構成〉演劇の演劇性とは？

続いて創刊二周年記念別巻（一九八七年二月）には、

・磯崎新／大江健三郎／大岡信／武満徹／中村雄二郎／山口昌男
〈編集同人シンポジウム〉世界把握の新しいモデルをつくる
——現代における文化創造の条件
・伊藤俊治／松浦寿夫
〈対談〉パリから見た現代美術——「前衛の日本展」などを中心に
・網野善彦／中村雄二郎／松岡心平／横山正／岡田幸三／勅使河原宏
〈座談会〉中世芸能にみる日本人の心——花鎮・婆娑羅・会所
第一部　日本文化のダイナミズムをさぐる（網野、中村、松岡、横山）
第二部　能舞台と花（岡田、勅使河原、中村）

を掲載した。最後に臨時増刊別巻（一九八八年七月）には、次のシンポジウムの記録を掲載。

・市川雅／白石かずこ／中上健次／三浦雅士／山口昌男
〈シンポジウム〉BUTOH の現在——侵犯性と洗練の彼方へ

外国からのゲストたち

また、第4号から〈Guest From Abroad〉という連載を始めた。

1　F・ジェフスキー／武満徹
　現代社会における作曲家の役割　（第4号）
2　R・M・シェイファ／山口昌男
　音楽と土地の精霊　（第5号）
3　M・フェルドマン／近藤譲／武満徹
　〝閉じた〟音楽、開かれた会話　（創刊一周年記念別巻）
4　L・マラン／中村雄二郎
　パスカル・記号学・〈日本効果〉　（第6号）
5　A・ガデス／山口昌男
　身体の幾何学——フラメンコと文化のアイデンティティ　（第7号）
6　ナム・ジュン・パイク／磯崎新
　壊しつつ、創り出す——ビデオ時代の芸術とは？　（第8号）
7　ミヒャエル・エンデ／井上ひさし
　物語とは何か？　（第9号）

8　ジョン・ケージ／山口昌男
8　音楽、人生、そして友人たち（創刊二周年記念別巻）
8　A・ブランジ／磯崎新
　　ポスト・モダンのデザインに未来はあるか──イタリアと日本の対話（第10号）
9　A・ノーブル／高橋康也
　　世紀末のシェイクスピア（第11号）
10　S・ブソッティ／山口昌男
　　音楽と演劇のはざまで（第12号）
11　ジェルマーノ・チェラント／磯崎新
　　現代はバロック的時代か？──〝アルテ・ポーヴェラ〟以後の美術と建築（第13号）
12　クリスチャン・ウォルフ／近藤譲
　　音楽における前衛性について（創刊三周年記念別巻）
13　ピーター・アイゼンマン／磯崎新
　　過激さは、中心からの距離！──建築と現代思想（第14号）
14　ジョージ・ラッセル／武満徹
　　音楽を通して世界を考える（第15号）

ご覧のように、私のまちがいによって、第8回が重なってしまっている。当時のあわただしい雰囲気がよくわかるだろう——というのは言いわけにすぎないが。

武満徹氏からの手紙

この連載には思い出が多い。まず、第一回目のF・ジェフスキーと武満徹両氏の対談について書いておこう。編集同人の武満氏は、当時多忙の極みで、雑誌にたびたび登場できないことを残念がっていた。それでも第2号では、高橋悠治氏と本格的な対談をしてくれたのは、右に見たとおりである。しかし、他の編集同人の活躍があまりにも目覚ましいこともあって、武満氏はいつも私に、「申し訳ない」とくり返していた。だから、第4号から〈Guest From Abroad〉という欄をつくると決まったときに、まっ先にF・ジェフスキー氏を推薦したのは武満氏だった。

渋谷のある料理屋で行なわれた対談は、二人の親密な関係から単刀直入に議論の核心に入っていった。社会批評の強い視点を持つジェフスキー氏と、真剣に語り合う武満氏。二人は共に、現代社会の物質主義に抗し、精神的なものの重要性を強調していた。このまことに爽やかな対談の校正ゲラを返送してくるとき、武満氏は次のような手紙を付してきた。

たいへんきっちりとまとめていただいて感謝の言葉もありません。とてもすっきりとした対談になって、たいへんうれしいです。これもジェフスキーの明晰な考えと、大塚さんの力によるものだと思います。

目下、山で、悪戦苦闘しています。バカげたオーケストラをあきもせず書いています。

Dream / Window というもので、題名が暗示しているように、流行《はやり》ことばで言えば、内部《インテリア》（夢）と外部《エクステリア》（窓）の問題です。余りうまく書けないで困り果てています。どうかお元気で。この対談、ほんとうにうまくいってうれしいです。

次に、第3回目のM・フェルドマン、近藤譲、武満徹三氏の鼎談について。一九二六年生まれのモートン・フェルドマンは、アール・ブラウンや後に述べるクリスチャン・ウォルフとともに、「ケージ・グループ」の一員だった。来日したとき、彼は小牛のような大きな身体に似合わぬ本当に繊細な、しかも長い曲で、日本の聴衆を驚かせもし、楽しませもした。彼の楽譜には *ppp*, *pppp* といった最弱奏の指示が書き込まれているそうだが、そのような音楽が一時間も、ある場合には六時間も続くのだから、どんなに音楽に深い関心を抱いている聴衆でも、途中でコックリしても仕方がないだろう。事実、あるコンサートで山口昌男氏は、気持ちよさそうに眠っていたものだ。しかし、この作曲家の饒舌ぶりは大したもので、この鼎談でも一人でしゃべっていたような感じがした。

このフェルドマンが、二、三年後に逝去することになる。ある音楽会の休憩時間にロビーに出ると、武満氏に呼び止められた。「モートン・フェルドマンが亡くなってしまった。亡くなる直前にベッドから電話をかけてきて、“Toru, I love you” と言ったんですよ」と言って、武満氏は絶句した。

世の中は広いようで狭い

最後に、第12回目のクリスチャン・ウォルフのことに触れておきたい。ウォルフのときも、近藤譲氏に対談をお願いした。「音楽における前衛性について」と題された対話を行なうために、私はウォルフ氏をホテルに迎えに行った。ウォルフ氏は、ダートマス・カレッジで音楽と古典学を講じている、ということだった。古典学の教師をしているのは、音楽だけでは食べていけないからだと言っていた。

彼は私が学術的な出版社に勤めていることを知ると、いろいろなことを質問してきた。出版界のことを非常によく知っているので、不思議に思い、その理由を尋ねた。すると、「父親がパンセオン社の創立者の一人だったからですよ」と答えた。パンセオン社とは、良質な出版で知られる米国有数の出版社だ。それで今度は、こちらがさまざまなことを質問した。「パンセオンの創設者は二人で、一人が私の父親クルト・ウォルフ、もう一人はジャック・シフレンという人だった。フランスから亡命してきて、二人は出版社をつくったのだ」と教えてくれた。

ずっと後になって、シフレン氏の息子のアンドレ・シフレン氏と出会うことになる。彼のことは前に書いた。彼はパンセオンにいたが、しばらく前に新しい出版社、ザ・ニュー・プレスを起こした。ヘッジ・ファンドの親玉として知られるジョージ・ソロスの本や、ジョン・ダワーの『敗北を抱きしめて』(岩波書店から邦訳を刊行した)を出版したことで知られる。現在のアメリカの出版社の中では、最も良心的な出版社といってよいだろう。9・11同時多発テロ事件が起こってすぐ、Juan Gonzáles, *Fallout : The Environmental Consequences of the World Trade*

Center Collapse を出版している。二〇〇二年のことだ。私はただちに翻訳権を取得し、岩波書店で邦訳を刊行した（ファアン・ゴンザレス『フォールアウト――世界貿易センタービル崩落は環境になにをもたらしたのか』尾崎元訳、二〇〇三年）。担当はS君が引き受けてくれた。

アンドレ・シフレン氏と話をしていて、クリスチャン・ウォルフ氏のことを話題に上せると、「彼とは子供の頃からよく一緒に遊んだものですよ。親どうしが親戚みたいなものでしたからね」と言った。思わぬきっかけで、パンセオン社創立の経緯を知り、その息子たちと知り合うことができた。前に書いた石黒ひで氏とのことを考え合わせると、つくづく世の中は広いようで狭いものだと思う。

二〇〇二年七月のある日、アメリカのA・シフレン氏から小包が届いた。中には氏の著作（*The Business of Books: How the International Conglomerates Took Over Publishing and Changed the Way We Read*, Verso, 2000）の邦訳本、『理想なき出版』（勝貴子訳、柏書房、二〇〇二年）が入っていた。

目次のすぐ後にある「謝辞」を眺めていたら、この本のフランス語版『編集者なき出版』（*l'Édition sans éditeurs*）を刊行したファブリック社のエリック・ハザンという名前が目に止まった。エリック・ハザン（フランス人なので、私たちはアザンと呼んでいた）氏は、もともとアザン社という美術を中心とする良質な出版を行なっていた、フランスの出版社の社長だった。

私たちとは深い関係を持っていて、フランクフルトに行くたびに、時には日本で、何回食事を共にしたことだろう。アザン社のスタッフと岩波のスタッフが興奮して、英、日、仏、伊、独語をチャンポンにして語り合う光景が目に浮かんでくる。
残念なことに、アザン社はシフレンの原書の副題にあるとおりに、巨大資本に吸収されてしまったのだった。それはともかく、シフレン、アザンという優れた編集者・出版人と出会えたこと、そして出版の本来の姿について率直に語り合えたことは、編集者としての喜びの最たるものといって過言ではない。

主要論稿の執筆者たち

第2号以降で、巻頭あるいは巻末の主要論稿を、編集同人以外では次の方々に書いてもらった。

2　中井久夫「神戸の光と影」
3　前田　愛「明治二三年の桃源郷《ユートピア》——柳田国男と宮崎湖処子の『帰省』」
4　多木浩二「視線の考古学《アルケオロジー》——絵画と写真、あるいは構造から欲望へ」
5　川崎寿彦「つくられた理想の風景——洞窟・廃墟・ロマン主義」（第6号）
6　秋山邦晴「右と左に見たもの（眼鏡なしで）の思想
——またはダダのなかのサティとブルトン」（第7号）
7　坂部　恵「和辻哲郎と〈垂直の歴史〉」（第7号）
8　赤瀬川原平「脱芸術の科学——視線をとらえる視線」（第8号）
9　多木浩二「ファシズムと芸術——デ・キリコを手がかりにして」（第9号）

10　高橋裕子「画家とモデル――D・G・ロセッティ再考」（第10号）
11　河合隼雄「片側人間の悲劇――昔話にみる現代人の課題」（第11号）
12　多木浩二「フランス革命の詩学」（第12号）
13　赤瀬川原平「芸術原論」（第14号）
14　吉田喜重
「風にはためくハンカチ、一枚のプロマイド写真――映画のエセー」（第15号）

実作者たちとのつきあい

それから、「連載」と銘うってはいなかったが、事実上の連載が二本ある。その第一は、画家など実作者の「現場からの声」とでもいうべきエッセイで、その作家の作品をイラストに使ったものだった。創刊号では、赤瀬川原平氏の「価値をつくる」を掲載した。第2号以下、列挙しておこう。

2　中西夏之「遠くの画布、目前の絵――作業から作業への結び目＝瞬間のために」
3　木村恒久「原宿民族のための終末史観《カタストロフィ》――イマジナティブ・パワーのエクスタシー」
4　司　修「語る絵――不真面目なエカキの一日」
5　原　広司「沖縄・首里の〈村としての小学校〉」
6　増田　感「古霊樹――木と音の彫刻コンサート」

7　若林　奮「森のはずれで――所有・雰囲気・振動」

そして第9号から、〈パフォーマンスの現場〉というタイトルを付して、連載を続けることになる。

8　黒田征太郎「創世記」（第9号）
9　井田照一「一・二・三、雪・月・花……――護美箱文化のなかの三累項音律」（第10号）
10　岡崎乾二郎「ネオ・プラトニズムの方へ!?」（第11号）
11　武満徹／近藤譲「MUSIC　TODAY　1987」（第12号）
12　宇佐美圭司「流出する人型――ghost plan の展開」（第13号）
13　大森一樹「僕の映画の文法」（第14号）
14　荒川修作／市川浩／三浦雅士「未知のシンタックスを求めて――荒川修作の軌跡」（第15号）

この連載は、一人一人の実作者との接触に緊張感があって、面白かった。身体を張って作品を創り出している作家とつきあうことは、編集者にとって最も刺激的な機会であるかも知れない。何よりも、彼らの仕事を全体として理解しなければならないからだ。だから、たった一回のつきあいが、その後の三十年にわたる親交を生むことにもなる。例えば、中西夏之、木村恒久、若林奮、井田照一、岡崎乾二郎の諸氏たち。このようにして得た関係は、何ものにも代え難いものだと思う。

若手の顔ぶれ

もう一つの名前のない「連載」は、建築をめぐって若手の建築家に登場してもらう試みだった。

1　三宅理一「フリーメーソン再考――一八世紀フランスの建築家たちの場合」（第2号）
2　杉本俊多「ヒトラーの建築家――シュペーア・人と仕事」（第4号）
3　八束はじめ「形態のアルファベット――建築におけるネオ・プラトニズム」（第6号）
4　小林克弘「アール・デコのスカイスクレーパー――建築とシンボリズム」（第8号）
5　片木　篤「あこがれのドリームハウス――郊外住宅の原イメージをさぐる」（第11号）
6　片木　篤「あこがれのウェディング・ショウ――結婚の儀式と空間」（第15号）

この連載も楽しかった。特に片木篤氏の論稿には、目を開かれる思いをしたものである。最後に、上述したもの以外に、第2号以降、三、四年の間に登場してもらった若手の論稿執筆者の顔ぶれを見ておこう。

田之倉稔、藤井貞和、牛島信明、松岡心平、青野聡、荒このみ、新宮一成、落合一泰、原章

二、小松和彦、今福龍太、狩野博幸、土屋恵一郎、奥出直人、高橋達史、松浪克文、三浦雅士、鈴木國文

なお、翻訳を掲載した外国の著作者の主要な顔ぶれは、以下の如くである。

R・ダーントン、N・ゴーディマ、M・クンデラ、U・エーコ、J・アップダイク、G・グラス、I・ハウ、S・ベケット、M・シェパード、R・リーブ、M・マツォーバ、D・アシュトン、W・ヘレラー、P・ハントケ、C・E・ショースキー、J・デリダ、E・ショワルター

2　支柱としての林達夫

「知の愉しみ」

本章を終えるに当たって、第3、4号に掲載した、林達夫／大江健三郎／山口昌男「知の愉しみ――林達夫氏を囲んで」に触れておかねばならない。「創刊のことば」にも見られるように、この雑誌の精神的支柱の一つが、林達夫氏であるからだ。鼎談の内容については読んでもらうしか方法がないのだが、第3号の鼎談の後に付された、大江健三郎、山口昌男両氏の文章を引用してみよう。そこには、若き知的英雄たちに対する林氏の姿と、林氏を取り巻く人々の雰囲気が活

写されていると思うからである。

林達夫の「ヘルメスの輪」

大江健三郎

林達夫先生を、当時三十代から四十代だった秀れた学者たちが囲む集りに——山口昌男をはじめ、そののち世界にひらく知の前線を築きあげる人びとの多くが参加していた——作家としてひとり招んでいただいたことがあった。十五年前、いやすでに二十年もさかのぼるだろうか……。また、こちらは山口昌男とふたりで、林先生の広大無辺な談論に接する機会が、やがて本誌を一緒にやることになる大塚信一の媒介で、いくたびかつづいた。

（中略）

林先生との対話のうちに、魅力的だがさりげない一瞬のきらめきのように出ていた作家や詩人、思想家の名が、のちになって僕に重い意味をあらわすことはしばしばあった。むしろそれが常態であった。たとえば林先生が、僕に新版の御著書を送ってくださった際、扉に書かれていたのはトーマス・マンの言葉だったが、それをイエーツの詩のひとつのエピグラフからとった、と先生はこの対話のなかでいわれている。そして数年たち、イエーツが自分に重要な詩人となり、さきに林先生の口からイエーツの名が出た時、F・イエーツであってW・B・イエーツではないのではないかと、とっさに内心に湧いた思いが、いかにも軽薄なものであったことに気づいたのであった。

ネオ・プラトニズムの世界は、僕にとってはブレイクを読みつづけることから、それもキャスリン・レインに介添えされて視野に入ってきた、参入の困難な大きな森だが、これから時をかけて、なんとかそこに立ち入って行かねばならぬとして、先行きの眺めがどこか明るいのは、様ざまな時の林先生の言葉が、それ自体光を発しつつ、要所要所に打ちこまれた標識をなしているからだと思う。

林先生を中核にしていくつもの場所につくりあげられた「ヘルメスの輪《ハーミティク・サークル》」は、みんなでひろげようという輪とはまた別の、おおいに閉鎖的な緊密さをもったものにちがいなく、林先生没後も、その緊密さによって崩壊をまぬがれ、これからも多くの成果を世に示してゆくにちがいない。（後略）

林達夫との出会いと別れ

山口昌男

林さんとはじめてお会いしたのはまだ塙嘉彦氏が世にある頃であった。だから、多分一九六九年の春ごろのことではなかったかと思われる。林さんがかかりつけの医師が中央公論社の診療所に勤務していたので、林さんは二週間に一度くらいの間隔で同社に現われていた。たしか、その時は、社屋の最上階のレストランの和室に行ったような気がする。丁度社を訪れていた蘆原英了さん、志水速雄さんも加わってにぎやかな会合になった。驚くべきことに、このとき同席していた人々のうち、四年前に塙氏、三年前に蘆原氏、昨年は林氏、今年は志水氏が物故され、私だけが残されることになってしまった。時の浸蝕作用というのは恐しいものである。

同じ林さんでも、大江氏が触れている毎日出版文化賞受賞を〝口実〟に持たれた林さんを囲む会の出席者は、西郷信綱、丸谷才一、萩原延寿、清水徹、由良君美、高橋巌、大江健三郎、高階秀爾氏ら、それに編集者として大塚信一氏ら全員が、ますます旺盛に仕事を発表されているのを考えると、偶然とは言え人間の集いというのは不思議な運命の糸に操られているという想いを禁じ得ない。塙組の方は、塙君が敬愛する人のすべてをあの世へ帯同してしまったのか、私のみは、それほど好かれていなかったのかはよくわからないが、少なくとも大塚組は今までのところ健在である。

私が林さんの著書をまともに読んだのは比較的おそく、一九五六年ころのことであった。古本屋で手にした戦前の『思想の運命』がきっかけで、病みつきとなりその頃入手できるものなら何でも読んだ。こういう読み方をしたのは、その前では渡辺一夫と花田清輝だけである。

（中略）

林さんとお会いするのは私と大塚氏のときもあれば、大江氏、時には中村雄二郎氏その他の方に御同席いただいたりしたこともある。中村氏はいうまでもなく、林さんが長年教えていた明治大学における同僚であるから日常的にお会いしていたそうであるが。林さんと私は、私と浅田彰氏くらいの年の隔たりがあったので、林さんも私をテラ・インコグニタで獲れた珍獣と思っていたふしがある。

「君は動きが敏捷だから、ある地点にいると思って、近づいてみると、土煙だけ残っていて、君の姿はもう見えないという場合が多いね」とある時に言われた。

（中略）

本誌に収録した会話は、大塚氏が、ボズウェル的執念に駆られて収録していたテープによるもので、最近は、ああいう火花の散る会話を愉しむ余裕がこちらにも無くなったと改めて痛感させられる。

残念なことに晩年の六〜七年、林さんが病床に伏してから、私は高橋巌氏や大塚氏と共に林さんを病床にお見舞して以後ついに相まみえる機会を得なかった。林さんは、少々依怙地になって、お見舞にいこうとしても、「山口君と会うには二カ月くらい準備がいるから」と言っておあずけを喰うのが常だった。知の世界で林さんは、ついに枯淡の境地には達しないまま、鬼籍に入られた。最後まで我々〝若者〟と会ったときに話題にのせるための書籍の山に埋れていたそうである。

明治と昭和の対話

この二本の鼎談と、林・山口両氏に中村雄二郎氏が加わった鼎談、及び林・山口両氏に古野清人氏が加わった座談の記録と合わせて、一九八六年には単行本で山口昌男編『林達夫座談集　世界は舞台』が刊行される。編集は、当然のことながら私が行なった。その「編者あとがき」に、山口氏は次のように書いた。

私は、林達夫の後継者を以って自ら任じようとする意志は毛頭ない。林達夫は、林達夫として生まれ、自身で育てた人に過ぎないと思っている。とはいうものの、林達夫を育てた時代はエノケンを育て、村山知義を育て、蘆原英了を育て、秦豊吉を育て、田河水泡を育てた時代である。日本近代の中で、最も面白い時代を指せと言われるなら、私は躊躇することなく、昭和一桁を挙げるだろうと思う。こうした、日本が知的に最も開かれた時代に、知的なリーダーシップをとった人物が、戦後も、一九八〇年代まで生き残って、後続の世代に胸を貸すような座談を娯しむ機会を悠々と保ったというのは、前代未聞のことである。

この座談が全く偶然の機会を経て記録され残ることができたことに、私は編集者という奇妙な人種の不思議な生きざまを感じないではいられないという思いを籠めて、この書の上梓にゴー・サインを出した次第である。本書はある意味で、大正を頭ごしにした明治と昭和生れの世代の対話ということもできる。

この本が刊行された頃、ある『へるめす』編集同人会議の折に、大江健三郎氏が、左記のような内容を記した色紙を持ってきてくれた。

ルナンはどこかで言っている。「読書はそれがためになるには、何らかの労作《トラヴアイユ》を包含するひとつの修練《エグゼルシス》でなくてはならぬ」と。そのような読者の頭脳的訓練を特に要求することを目差すような叙述もまた、一つの啓蒙的形態として、多くの整然たる体系的叙述の一方にその存在権を主張してもよいのではなかろうか——林達夫

大江健三郎

大塚信一兄

この色紙は、それ以来二十年間、私の書斎にかけられている。

第六章　知的冒険の旅を楽しむ

1　単行本と新しいシリーズ

季刊『へるめす』については、また次章で立ち戻ることにして、ここでは一九八四年から四、五年の時期のことを見ておこう。まず一九八四年について、単行本、現代選書、そして新しく出発する「叢書・旅とトポスの精神史」の順に述べることにする。

一九八四（昭和五十九）年に、私が企画・編集した単行本は以下の通り。

風間喜代三『印欧語の親族名称の研究』

M・エンデ、E・エプラー他

『オリーブの森で語り合う――ファンタジー・文化・政治』（丘沢静也訳）

廣川洋一『イソクラテスの修辞学校――西欧的教養の源泉』

坂崎乙郎『エゴン・シーレ――二重の自画像』

B・ポティエ『一般言語学――理論と記述』（三宅徳嘉、南舘英孝訳）
服部四郎『音声学（カセットテープ付）』
武田清子編、加藤周一・木下順二・丸山眞男『日本文化のかくれた形』
一柳　慧『音を聴く――音楽の明日を考える』
バーバラ・A・バブコック編
『さかさまの世界――芸術と社会における象徴的逆転』（岩崎宗治・井上兼行訳）
青木昌彦『現代の企業――ゲームの理論からみた法と経済』

一代の碩学のことなど

風間喜代三氏の『印欧語の親族名称の研究』は、A5判四三六頁の本格的学術書だ。内容について軽々に論じることはできないが、今まで書いてきたように、私たちの「知的冒険」の旅が、ソシュールや二十世紀初頭のR・ヤーコブソンたちの仕事から出発している要素が大きいことを考えると、本書の持つ意味についても、多少は理解することができたように思う。加えて風間氏の人間的魅力もあり、編集の仕事は楽しいものであった。氏には新書で『言語学の誕生――比較言語学小史』（一九七八年）という名著があり、たしかそのときの担当編集者だったと思うが、S氏を交えて、三人で何回か楽しく酒を飲んだことを覚えている。また一九九三年には赤版新書で、『印欧語の故郷を探る』もまとめてもらった。

ついでに服部四郎氏の『音声学（カセットテープ付）』について触れておこう。この本のテキスト部分は、一九五一（昭和二十六）年に刊行された、岩波全書の『音声学』をもとにしている。服部氏は、刊行後三十年経過した著書に、参考文献など多少の追加は行なったものの、改変の要を一切認めなかった。心配した氏の後輩である教授諸氏が集まって協議した結果、当時ある有名大学の言語学科主任教授であるU氏が代表となって、最低限訂正した方がよいと思われる百数十個所のリストを持参し、服部氏と相談することになった。担当編集者である私にもついて来てほしいとのことなので、従って行った。結論を言えば、その結果訂正されるに至った個所は一つもなかった。またテープに録音する作業は容易でなかった。つくり代えた入れ歯がうまく収まらずに、服部氏自身納得のゆく発音がなかなかできなかったからだ。しかし、何とか刊行することができた。

この編集作業を通して、私は一代の碩学の偉大さと、ある意味での悲惨さを学ばなければならなかった。氏に関わるエピソードはたくさんある。しかし文章にするには支障がありすぎて、とても不可能だ。残念なことである。

廣川洋一氏には、「講座・哲学」の折に登場してもらって以来、三十年間にわたっておつきあい願ってきた。一九八〇年に単行本『プラトンの学園アカデメイア』をまとめてもらい、その続篇的な位置づけで、『イソクラテスの修辞学校』が誕生することになる。そして、本書の副題にある「西欧的教養の源泉」の延長上に、一九九〇年には新書で、『ギリシア人の教育――教養とはなにか』の執筆をお願いした。単行本の担当編集者O君と共に、筑波山の見えるお宅におじゃましたことは忘れられない。なお二〇〇〇年には、大著『古代感情論――プラトンからストア派まで』をまとめてもらう。

『エゴン・シーレ』は、坂崎乙郎氏が雑誌『世界』に連載したものをまとめたものだ。先に述べた『世紀末ウィーン』に続く時代の、特異な画家シーレの人と芸術を描いた本書は、「世紀末ウィーン・ブーム」の中で、よく読まれた。

『日本文化のかくれた形』は、国際基督教大学アジア文化研究所主催の連続講演会「日本文化のアーキタイプスを考える」に基づくものである。編集は同大学出身のT君が担当してくれた。

現代音楽の面白さ

一柳慧氏の『音を聞く』には、特に思い出が多い。「あとがき」の中で一柳氏は、私のことに触れ、「本業の音楽の方を優先させてしまうために、(私はここ数年特に作曲・演奏・企画の活動が多かったので)、その間辛抱強く、しかもそれらの音楽会を欠かさず聴いてくださり、私の書くことと音楽との関係をご自分のなかで納得のいくようなものとなるよう考え、作業を続けてこられた」と書いてくれた。また一柳氏は、ほぼ同じ内容の文章を、『朝日新聞』の夕刊のコラム欄に、「編集者」というタイトルで発表していた。

これは私にとって大変光栄で面映《おもはゆ》いことであったが、本当のところは、私は氏の音楽が面白くて仕方がなかったのである。だから、時間の許す限り、氏のほとんどのコンサートに出かけて行ったのだ。現代音楽の場合、同じ曲がくり返し演奏されることは、そんなに多くはない。しかし一柳氏の「パガニーニ・パーソナル」などは、いったい何回聴いたことだろう。またこのころ多数作曲された、笙、龍笛、筝などの和（というより東洋の）楽器を用いた作品や、「往還楽《おうげんらく》」「廻《え》然楽《ねんらく》」など雅楽の作品に、どれほど興奮させられたことだろう。おかげで笙の奏者、宮田まゆみさんたちとも親しくなることができた。後に、宮田さんには、市川浩氏のお別れ会で笙を演奏してもらった。

本書の編集作業は楽しいものであったが、苦労することがなかったわけではない。一柳氏が多忙なので、原稿を書く時間がほとんどなかった。それで氏の既発表の文章を集めてきたのだが、それでも足りない。仕方がないので、私が聞き役になって、氏にインタビューを試み、それを文章化した。こうした経緯をすべて見抜いたうえで、書評の中で本書の意味を非常に高く評価してくれたのが、作曲家の間宮芳生氏であった。そんなこともあって間宮氏とも親しくなり、後に新書『現代音楽の冒険』（一九九〇年）をまとめてもらうことにもなる。また一柳夫人とも親しくなったが、その後若くして亡くなられたのは、まことに残念なことである。

B・A・バブコック編『さかさまの世界』は、D・カンズル、バブコック、N・Z・デイヴィス、J・L・ピーコック、B・G・マイヤーホフ、B・ジャクソン、V・ターナーの論文によって構成されている。原書ではさらに数名の論稿が収録されていたのだが、日本の読者向きに、編者の諒解を得て、編集し直した。さまざまな象徴的逆転の事例を分析した、まことに興味深い本で、「イメージの逆転」と「行為の逆転」に分けて、それぞれ文化史家や歴史家、それに文化人類学者によって論じられている。図版もできるだけたくさん掲載した。解説は、本書に登場する執筆者たちとも親交のある、山口昌男氏に執筆してもらった。

青木昌彦氏の『現代の企業』は、次に述べる青木保氏の『儀礼の象徴性』と共に、この年のサントリー学芸賞を受けた。

痛切なあとがき

次にこの年に刊行した現代選書について書こう。以下の五点である。

M・ミード『フィールドからの手紙』（畑中幸子訳）
F・フェルマン『現象学と表現主義』（木田元訳）
R・バーコヴィチ『野うさぎ』（邦高忠二訳）
青木　保『儀礼の象徴性』
多木浩二『「もの」の詩学――ルイ十四世からヒトラーまで』
L・プリエート『実践の記号学』（丸山圭三郎・加賀野井秀一訳）

まず、F・フェルマン『現象学と表現主義』について。これは、ホフマンスタールやロベルト・ムージルなどとフッサールの関係を描いた、興味深い本である。世紀末から二十世紀初頭にかけてのドイツ精神史でもある本書は、『世紀末ウィーン』の補論といえるかも知れない。「訳者あとがき」から、少し長くなるが引用したい。木田元氏の痛切な思いは、私も等しく共有するものだからである。

最後に、恐縮ではあるが、いささか私的感傷にわたらせていただきたい。私はつい先頃、今年の五月二十四日に、もっとも親しい友人生松敬三に先立たれてしまった。彼が東西にわたる当代切っての思想史家であったことは言うまでもないと思うが、もともと歴史音痴であった私に思想史的な物の見方を教えてくれたのも彼であった。同じ大学に勤め、つねに行を共にする親しい仲であり、同じ哲学を専攻もしていたのだが、生松は思想史、私は現象学と、当初はかなり違った立場で違った物の考え方をしていた。しかし、四半世紀ものあいだ、絶えず近くにいて話し合っていると関心も次第に収斂してくるものらしく、最近では生松が昔毛嫌いしていたハイデガーに興味をもちはじめ、スタイナーの『ハイデガー』（岩波現代選書）を訳したり、私も現象学を思想史的な視角で見直すといったようなことにもなっていた。殊に生松は最後の時期、世紀末から一九二〇年代・三〇年代のあたりに関心を集めていたし、それは丁度私のやっている現象学が展開される時期でもあるので、話していて興味の重なり合うことが少なくなかった。私が本書を読んで、まっさきに話したのも生松にであった。去年の春先、どこかへ旅行した車中ではなかったろうか、この本にふれ、「びっくりするような話が次から次に出てくるんで、面白くて仕方がない」と、ホフマンスタールやムージルとフッサールとの交渉の話をすると、「あってもおかしくない話だな」と生松もひどく興味を示して、文学上の表現主義についてあれこれ教えてくれた。世紀末から今世紀初頭にかけての、芸術だけではなく、哲学思想の展開をも、「印象主義《インプレシオニスムス》から表現主義《エクスプレシオニスムス》へ」という図式で考えてみることができそうだと話していたのも、その時のことではなかったか。この翻訳のできるのを楽しみにしてくれていたのだが、とうとう間に合わなかった。ゲラ刷りになったのを改めて読んでみると、いかにも二人の興味の重なり合う主題なので、これを話題に生松と話し合ったら本当に尽きるところがなかったろうし、これをもっと深めて考えてゆくこともできたろうにと思われ、残念でならない。この拙い訳書を畏友生松敬三の霊前に捧げたい。

売れる売れないの差はどこに

次に、R・バーコヴィチ『野うさぎ』について。これはニューヨーク生まれの、無名のシナリオ作家の手になる小説である。ナチスの強制収容所に隣接した森の中で、二人の少年が見たものは何だったのか。美しい自然と人間の蛮行を対比的に、少年たちの成長とともに描いた佳作だった。題名に惹かれたのか、この本はよく読まれた。『週刊プレイボーイ』の書評で絶讃されたのが記憶に新しい。

青木保氏の『儀礼の象徴性』は、該博な知識と鋭い分析力を持つ青木氏ならではの力作だった。二十年近く前に、講座「哲学」の月報にカーゴ・カルトについて書いて以来、氏の思想はさらに肉づけされ、洞察力を増していた。しかし残念ながら、サントリー賞の受賞以外には、書評などでも正当に評価されたとは思えなかった。

そうした事情は、多木浩二氏の『「もの」の詩学』の場合にも、共通するようだ。本書は私の思うところ、思想家としての多木氏の、最も優れた一側面をあらわす著作なのだが、見るべき書評一つ出なかった。氏の数多くの著作の中でも、岩波新書の『天皇の肖像』（一九八八年）と並ぶ名著だと思うだけに、読者の反応の鈍さには納得できないものがあった。経験則からすれば、青木、多木両氏の本は、まちがいなく多くの読者から迎えられてしかるべきなのにと、ずいぶん悩んだことを覚えている。それは、現代選書という枠組み自体が力を失いつつあったからなのか、とも思う。しかし一方、先に書いた如く、全く無名な作家なのに『野うさぎ』はよく読まれた。こうした違いが何に由来するのか、今でも納得できる答えを見出してはいない。もっとも出版の面白さは、このあたりにあるのかも知れない、とも思うのだが……。現在では、幸いなことに、『儀礼の象徴性』『「もの」の詩学』の双方ともが、岩波現代文庫に収録されている。

「叢書・旅とトポスの精神史」

この年の十一月に新しいシリーズを発足させた。「叢書・旅とトポスの精神史」だ。初回は、以下の三冊を同時刊行することで始めた。

山口昌男『祝祭都市——象徴人類学的アプローチ』
吉田喜重『メヒコ　歓ばしき隠喩』
田村　明『都市の個性とはなにか——都市美とアーバンデザイン』

翌一九八五年には、

宮田　登『妖怪の民俗学——日本の見えない空間』
可児弘明『シンガポール　海峡都市の風景』
渡辺守章『パリ感覚——都市を読む』
大室幹雄『西湖案内——中国庭園論序説』

一九八六年には、

土肥美夫『タウト芸術の旅——アルプス建築への道』

を出した。このシリーズでは、冒頭の山口昌男氏のサブタイトルが示すように、象徴人類学的あるいは記号論的なアプローチが基本になっている。しかし、田村明、可児弘明、土肥美夫といった方々は、独自の方法論でまとめている。

そういえば、この頃、山口氏の東京外語大における共同研究は、「象徴と世界観」というタイトルで行なわれており、宮田登、大室幹雄、そして先の青木保氏なども参加していた。つい最近(二〇〇六年四月)、「東アジア出版人会議」が中国杭州の西湖畔のホテルで開かれた折、韓国の代表的出版人である金彦鎬氏から、「昔『西湖案内』を読みました」と言われ、嬉しい思いをした。

また、これもつい最近（二〇〇六年五月）、渡辺守章氏の『パリ感覚』が岩波現代文庫に収録された。渡辺氏は「岩波現代文庫版あとがき」を、以下のように書き出している。

> 『旅とトポスの精神史』というシリーズの中で一冊書いていただけませんか――どの都市を書くのですか――たとえばアムステルダムとか――以前にフランス・ハルスのことは書いたことがあるし、一般に十七世紀オランダ絵画には強い関心があるけれど、いざ改まってアムステルダムという都市について書くほどの経験も知見もないし、パリはどなたが書くのですか――いや、それがまだ決まっていないので――それならパリを書かせて下さいよ、等々。
>
> 当時岩波書店に《文化の現在》の勉強会というものがあって、その世話役をされていた、後の社長の大塚信一氏と、このような会話を交わしたのは、多分、一九八二年のことではなかったろうか。それに先立って、その頃、高田宏氏が編集長をしていた異色の広報誌『エナジー対話』の最終号に、「フランス」をテーマとして、前半は山口昌男氏、後半は蓮實重彦氏との対談で作ったものがあり、それが大塚氏の企画で、岩波からも単行本『フランス』として出たのが、一九八三年であった。

渡辺氏のポール・クローデル研究は著名だが、ついに『繻子《しゅす》の靴』を岩波文庫（各五〇〇頁を超える、上・下二冊）で邦訳してくれた。二〇〇五年のことである。詳細な注を付したこの文庫の刊行は、文字どおりの〝快挙〟であると思う。

『ベル・エポック』『日本人の病気観』など

一九八五（昭和六十）年の五月には、「新岩波講座・哲学」を発足させる。それについて触れる前に、この年に刊行した単行本と現代選書について見ておこう。まず単行本から。

E・リーチ『社会人類学案内』（長島信弘訳）
大江健三郎『生き方の定義　再び状況へ』
前田陽一『パスカル『パンセ』注解　第二』
W・ハース『ベル・エポック』（菊盛英夫訳）
大貫恵美子『日本人の病気観――象徴人類学的考察』
ルイ・イェルムスレウ『言語理論の確立をめぐって』（竹内孝次訳）
ミヒャエル・エンデ『鏡のなかの鏡――迷宮』（丘沢静也訳）
G・バラクラフ『歴史学の現在』（松村赳・金七紀男訳）
M・L・ワイツマン『シェア・エコノミー――スタグフレーションを克服する』（林敏彦訳）
T・イーグルトン『文学とは何か――現代批評理論への招待』（大橋洋一訳）
H・I・マルー『古代教育文化史』（横尾壮英・飯尾都人・岩村清太訳）
D・W・プラース『日本人の生き方――現代における成熟のドラマ』（井上俊・杉野目康子訳）
菊盛英夫『知られざるパリ――歴史の舞台裏を歩く』

塩川徹也『パスカル　奇蹟と表徴』
R・スコールズ『記号論のたのしみ――文学・映画・女』（富山太佳夫訳）

次に現代選書。

J・カラー『ディコンストラクション』I・II（富山太佳夫・折島正司訳）
G・グティエレス『解放の神学』（関望・山田経三訳）

W・ハースの『ベル・エポック』は、『世紀末ウィーン』と同じ判型の菊判で、写真・図版を多数収載している。同様の意図で刊行された本にはもう一冊、E・ルーシー＝スミス『一九三〇年代の美術――不安の時代』（多木浩二・持田季未子訳、一九八七年）がある。いずれも時代と文化の関わりを克明に描いた名著であったが、『世紀末ウィーン』の成功には及ばなかった。この本と、続いて刊行された『知られざるパリ』は、Sさんが担当してくれた。

大貫恵美子氏のことを教えてくれたのは、山口昌男氏だった。「アメリカでいい仕事をしている人がいるよ」との情報を得て、さっそく帰国中の大貫氏を、神戸は阪急電車沿線の高台にある高級住宅地に訪ねた。

氏はアメリカの大学において独学で文化人類学を勉強したと言っていたが、〝エスキモー〟のフィールドワークなどを経て、目下は象徴人類学に興味を抱いているとのことだった。当面の関心は、日本の医療制度と、そこにおける日本人の病気観にあると聞き、それを一本にまとめてくれるように提案した。完成した『日本人の病気観』は、象徴人類学の見本といってよいほど興味深いもので、原稿を読んでいる途中で何回となく、目からウロコが落ちる思いをしたものだ。

その後『コメの人類学――日本人の自己認識』（一九九五年）を執筆してもらい、二〇〇三年、私の退職の直前に大著『ねじ曲げられた桜――美意識と軍国主義』が刊行された。西欧的な教養を身につけ、理想に燃える若き知識人である学生たちが、なぜ神風特攻隊員となり、死地へ赴いていったのか？　特攻隊員たちの遺した膨大な記録を読み解き、遺族へのたび重なるインタビューを行ない、日本文化における桜の意味を歴史的に辿る本書は、日本が生んだ象徴人類学の最高の成果だと、私は確信する。

その後大貫氏は、『ねじ曲げられた桜』の副産物ともいうべき『学徒兵の精神誌――「与えられた死」と「生」の探求』（二〇〇六年）を上梓した。その本の冒頭にある「謝辞」を大貫氏は以下のように書き出している。

この本は、二〇〇三年に岩波書店から出版した『ねじ曲げられた桜――美意識と軍国主義』への読者の反応、書評などにおいて学徒の日記の章に対しての反響が非常に大きかったことから、日記を中心にしてもっと精細に、彼らが小さい時から「お国のために命を捧げよ」と言われ続け、即ち「死を与えられた」少年・青年時代を過ごし、二十代の初めに、負けることがわかっていた戦争で「殺された」、その彼らの苦悩と葛藤を、あらためて紹介しようと考えたものである。

日記の紹介は予期していたよりはるかに時間がかかったが、その第一の理由は、この本でとりあげた学徒兵の知的レベルが高く、前著の時以上に、今回もまた背伸びをしながら彼らの思考をできるだけ理解しようとして苦労した、ということが挙げられる。

そして、本書の本扉裏には、次のようなエピグラフを掲げてもいる。

この本の中の青年の満たされなかった夢、彼らの葛藤、号泣を読むことにより、このような若者たちを殺す戦争の恐ろしさと無意味さを読者に伝え、反戦と世界平和にわずかでも貢献できることを祈って。

エンデ氏の旧宅を訪ねて

M・エンデ『鏡のなかの鏡』は、一部季刊『へるめす』にも掲載した。この本によって、児童書の作家と思われてきたエンデ氏の評価は、一変する。デモーニッシュな側面を持つ作家、現代文明に対する根底的な批評眼を持った思想家として、見られるようになる。と同時に、エンデ氏の子供向きといわれる本の意味も、より多元的な要素から成る書物として、再認識されはじめる。

二〇〇〇年のことだと思うが、エンデ夫人やエンデ氏と親しかった友人二人と共に、ローマ近郊のジェンツァーノにある、エンデ氏の旧宅を訪ねたことがある。高台にある邸宅自体が、ローマ時代の、さらにはそれ以前の遺跡の上に建てられている。遠くはるかに海の方を眺めれば、そこには太古以来の歴史が、重層的に蓄積された風景が横たわっている。カバラなどエソテリックな思想にも深い関心を抱いたエンデ氏の思想が、歴史的にも思想的にも、実に奥行きの深いものであることを、私はそのときに実感することができた。エンデ氏の旧宅の隣りには、マニエリスム研究で高名なG・R・ホッケが住んでいた。現在は編集者である息子のホッケ氏が引き継いでいるが、エンデ氏とホッケ氏が親しい間柄であったことは、エンデ氏の作品を知るうえで、大きな示唆を与えてくれるのではなかろうか。

『文学とは何か』の驚くべき産物

テリー・イーグルトンの『文学とは何か』の原題は *Literary Theory, An Introduction* であり、刊行年は一九八三年である。この本では、当時の代表的な批評理論が紹介されている。曰く、英文学批評の誕生、現象学・解釈学・受容理論、構造主義と記号学、ポスト構造主義、精神分析批評、政治的批評。『文芸批評とイデオロギー』以降、本書、そして『クラリッサの凌辱――エクリチュール、セクシュアリティー、階級闘争』(一九八七年)を刊行し、一九九七年には『文学とは何か』の新版も刊行する。いずれもベテラン編集者H氏の手によって実現した。

この本が刊行された直後、東京で筒井康隆氏と会う機会があった。季刊『へるめす』で小説を連載してほしいと頼んだのだ。別れぎわに、「新幹線の中で読んでください」と本書を手渡した。数日後、電話が筒井氏からかかってきた。「イーグルトンの本、新神戸に着くまでに、ほとんど読んでしまいましたよ。あの本をネタに『へるめす』の連載を書きましょう」と。その結果誕生したのが『文学部唯野教授』である。T・イーグルトンの、易しいとはとてもいえぬ批評理論の本から、あのとてつもなく面白い『文学部唯野教授』を創り出すとは、作家の想像力とは何ともすごいものだ、と感嘆したことをよく記憶している。

容易に通らない企画

マルーの『古代教育文化史』は *Histoire de l'Éducation dans l'Antiquité*, 1948 の全訳である。イエーガーの『パイデイア』と並び称される本書の邦訳は、広島大学の研究者グループによってなされた。たびたびの研究会、訳稿の検討会が行なわれたが、江田島での会に泊まり込みで参加したことは忘れ難い。ギリシア、ローマ、そして中世初頭に至るまで、西欧文化の根源であるヒューマニズムに基づいて教育の歴史を辿った本書は、前出の廣川洋一氏の著作と同様、私が最も大切に考える著作の一つである。

実は、A5判五〇〇頁を超える本書の企画を通すのは容易ではなかった。そろそろバブルがはじける予感が広がりはじめた頃だったからだ。たびたび編集会議で保留に付された。そこで私は作戦を考え、著作自体の評価は問題ないのだから、著者の情熱に強調を置くことで、企画の成立を計った。つまり、本書の序文にある「わたしのこの書物は、第二次世界大戦の暗い日々、若い人びとの心に自由の焔をよみがえらせて、全体主義的な蛮行の偽りの威信に立ちむかわせる必要があったときに書かれたものだ」という文章を強調し、対独レジスタンスの闘士でもあったマルーの心情をクローズアップして、ナチズムに対する西欧的ヒューマニズムの宣揚の書として位置づけたのだった。不思議なことに、このような視点に立って本書の内容を読み直すと、目次が生きいきと立ち上がってくるではないか。改めて自信を持って企画を上程し、成立させることができた。

塩川徹也氏の『パスカル　奇蹟と表徴』は、ソルボンヌ大学に氏の博士号学位請求論文として提出され、Edition A. G. Nizet から出版された *Pascal et les miracles*, 1978 の日本語版である。前田陽一氏からこのフランス語論文の話を聞いて、最初に塩川氏に会ったのは、どこでだったろう。パリでのことだったようにも思うし、東京のある喫茶店のようにも思える。でも話の内容はよく記憶に残っている。L・マランのことや記号学関係の本の話をしたのだが、塩川氏は実に丁寧に最近の動向を教示してくれた。本書は、奇蹟の問題を中心にした本格的なパスカルの研究である。『ソシュールの思想』のOさんが担当してくれた。なお、『言語理論の確立をめぐって』と『日本人の生き方』もOさんの編集である。

最後に現代選書について。J・カラーの『ディコンストラクション』は、誰もかれもが〃脱構築〃という風潮の下での、脱構築についての見事な紹介と解説である。またグティエレスの『解放の神学』については、前に書いたので省略する。

2　「新講座・哲学」と単行本

学派を超えた討議を

「新岩波講座・哲学」の編集には十分な時間をかけた。一九六七年から刊行を開始した「講座・哲学」から、十八年ぶりに刊行される哲学の講座である。前回の講座の編集に関しては、途中から参加したということもあったが、アカデミズム・マルクス主義・分析哲学などの学派が並存しているだけで、哲学の本来的な営為であるはずの、学派を超えた徹底的な議論が欠けているのではないか、と思っていた。そうした反省の上に立って、今回は企画段階で徹底的に議論を尽くすべきだと考えた。さいわい、編集委員をお願いした方々とは、親しい関係にある。それぞれ何冊もの本をまとめてもらった方々ばかりだ。編集委員の顔ぶれを列挙すると左の如くなる。上段の四人は、下段の方々より、一世代とまではいかないが、少し年齢が上の方々だ。

大森荘蔵	市川　浩
滝浦静雄	加藤尚武
中村雄二郎	木田　元
藤澤令夫	坂部　恵
	坂本賢三
	竹市明弘
	村上陽一郎

この十一人の編集委員に、足かけ三年もの間に、合計三十数回にわたる編集会議をお願いした。全員が教職に就いている方々なので、日程の調整が容易ではなかった。編集会議は、必然的に日曜日になることが多かった。しかも議論は徹底的に行なわれるので、一回の会議が六、七時間に及ぶことも珍しくない。だから後輩のN君と共に、この三年間は、土日もほとんど休みなく働いていたように思う。後にS女も加わり、編集部は三人で構成されることになる。

いま哲学とは

まず全十六巻の構成を見ておこう。

1　いま哲学とは
2　経験・言語・認識
3　記号・論理・メタファー
4　世界と意味
5　自然とコスモス
6　物質・生命・人間
7　トポス・空間・時間
8　技術・魔術・科学
9　身体・感覚・精神

一見しただけで、従来の哲学講座とは違うことをご理解いただけるだろう。第一巻からして、通常は「哲学とはなにか」、あるいは「哲学の意義」というようなタイトルになるのではないだろうか。本講座では「いま哲学とは」となっている。これは、いま二十一世紀を目前に、哲学に与えられた課題とは何か、いま哲学にできることは何か、といった問いに、編集委員たちが真摯に答えようとしている姿勢を明確に表現している。事実第一巻では、編集委員のすべてが全力を投じて、自らに課された問題に応えているのだ。左に第一巻の目次を紹介しておこう。

Ⅳ　過去の制作　大森荘蔵
Ⅴ　哲学と言語　滝浦静雄
Ⅵ　哲学の言葉と自己関係性　加藤尚武
Ⅶ　哲学と反哲学　木田　元
Ⅷ　かたりとしじま――ポイエシス論への一視角　坂部　恵
Ⅸ　断章・身体による世界形成　市川　浩
Ⅹ　死を巡る第二の断章　村上陽一郎
Ⅺ　現代の日本で哲学することの意味　坂本賢三

各編集委員の意気込みが、よく伝わってくると思う。三十数回に及ぶ編集会議は、自ずから編集委員の間で問題を共有させることになり、同時にその哲学的課題に、一人一人が独自の方法で答えを出す、という結果を生むことになった。

記号と論理の広がり

次にいくつか特色のある巻を取り上げてみよう。まず第三巻『記号・論理・メタファー』の目次を次に掲げる。

Ⅰ　記号・論理・メタファー――縦横断的考察の試み　中村雄二郎

第一線の研究者たちが、それぞれのテーマに全力で取り組んでいるようすが感じられると思う。記号とか論理といった概念が、メタファーや象徴の問題まで含めて、かつてとは比較にならぬほどの広がりと深さを持ちだしたことがよくわかる。

新たなコスモロジー

次に第五巻『自然とコスモス』の目次を見てみよう。

この巻では、コスモロジーとの関連で自然が論じられている。現代宇宙論の飛躍的な展開の中で、新たなコスモロジーが要請されていることが、よく理解できると思う。

科学と魔術

もう一巻だけ取り上げてみたい。第八巻『技術・魔術・科学』である。構成は左のとおり。

Ⅰ　人間と技術
　1　技術の発生と展開　坂本賢三
　2　技術概念の成立　森　俊洋
Ⅱ　呪術・魔術の伝統
　1　プラトンの魔法　大沼忠弘
　2　ヘルメス思想の源流――『アスクレピオス』の自然哲学とその周辺　柴田　有
Ⅲ　科学の成立
　1　科学と非科学　村上陽一郎
　2　科学史のヒストリオグラフィ　大谷隆昶
Ⅳ　ヨーロッパ近代と科学・技術
　1　科学革命論――一七世紀的学問理念の形成と受容　佐々木力

この巻では、科学・技術を論じる際に、呪術や魔術の伝統をも考慮に入れなければならないとしている。また科学と非科学の関係も、正面から問われている。つまりこの講座では、従来自明なものと思われてきた概念のすべてにわたって再検討を行ない、現代にふさわしい定義を付与しようと試みている、といってもよいだろう。科学・技術の驚異的な発展の中で、新しいコスモロジーと価値を求めて、編集委員はじめ執筆者の多くが必死の努力をしている、と言い換えてもよいかも知れない。

企画の端緒をつかむ

私はこの講座の編集を手がけることによって、この後に展開するさまざまな企画の端緒をつかんだ。講座企画でいえば、「転換期における人間」（全十巻・別巻一、一九八九～九〇年）であり、

「宗教と科学」（全十巻・別巻二、一九九五〜九六年）である。またシリーズでいえば、この講座の副産物である「現代哲学の冒険」（全十五冊、一九九〇〜九一年）をはじめ、「21世紀問題群ブックス」（全二十四冊、一九九五〜九六年）や「叢書・現代の宗教」（全十六冊、一九九六〜九八年）などである。

この講座は一九八五年五月に出発し、翌年八月に完結する。部数的にいうならば、十八年前の講座の一割五分くらいであったが、それでも平均一万部の大台には乗っていた。この頃よりしだいに「出版不況」ということが言われだすのだが、編集委員も私たちも精魂を籠めて創り出したこの講座は、やはりそれなりの力を発揮することができたと思う。

『宗教と科学の接点』ほか

一九八六（昭和六十一）年には、哲学の講座を刊行し続けるほかに、次の単行本を出した。

『へるめす』編集部編『世紀末文化を読み解く』
D・E・スタナード『歴史を精神分析する——フロイトと心理歴史学の失敗』（南博訳）
R・ヤーコブソン、L・ウォー『言語音形論』（松本克己訳）
宇沢弘文『近代経済学の転換』
市倉宏祐『現代フランス思想への誘い——アンチ・オイディプスのかなたへ』
山口昌男編『林達夫座談集　世界は舞台』

河合隼雄『宗教と科学の接点』
ミヒャエル・エンデ『遺産相続ゲーム――五幕の悲喜劇』(丘沢静也訳)
ルイ・マラン『絵画の記号学――エクリチュール パンチュール』(篠田浩一郎・山崎庸一郎訳)
P・C・ヤシルド『洪水のあと』(山下泰文訳)
坂本百大『心と身体――原一元論への構図』
トマス・フィッツシモンズ『日本 合わせ鏡の贈り物』(大岡信・大岡玲訳)
山口昌男『文化人類学の視角』
大江健三郎『M/Tと森のフシギの物語』
B・スパンヤード
『地獄を見た少年――あるアメリカ人のナチ強制収容所体験』(大浦暁生・白石亜弥子訳)

このほかに現代選書を二冊刊行した。

J・グディ『未開と文明』(吉田禎吾訳)
S・ボウルズ、H・ギンタス
『アメリカ資本主義と学校教育――教育改革と経済制度の矛盾』I(宇沢弘文訳)

このころになると、編集部の副部長という仕事も加わって、実のところてんてこまいの状態だった。だからここに挙げた書目についても、T君やOさん、新しく加わったS君に助けてもらったところが多い。しかし、私自身で編集したものも十冊を越えるので、記憶に残っている書目について簡単に記しておきたい。

まず、『言語音形論』について。言語学に関する一連の本格的な学術書の一冊である。おそらくR・ヤーコブソンの最後の著作だと思うのだが、若い女性の弟子リンダ・ウォーとの共著だった。ヤーコブソンからすれば孫に近い、しかも大変美しいL・ウォー氏とは何かの機会に会って、ヤーコブソンの話をしたのを憶えている。

河合隼雄氏の『宗教と科学の接点』は、雑誌『世界』に連載したものをまとめた本だ。この本は、宗教と科学をそれぞれリジッドにとらえるのではなく、人間の生き方と関わらせて具体的に論じたもので、たいへん説得力に富んでいた。したがって非常に多くの読者に迎えられた。本書は、数年後に刊行する「講座・宗教と科学」の予告篇的な意味を持った、といってもよいだろう。

フィッツシモンズ氏はアメリカの詩人で大学教授だったが、夫人と共に滞日中だった。大岡信氏の親友で、二人で連詩などを作っている。大岡夫妻、フィッツシモンズ夫妻と一緒に何回か会食したが、いずれも楽しいひとときだった。

現代選書のS・ボウルズとH・ギンタスの『アメリカ資本主義と学校教育』は、興味深い本だった。既成の経済学に満足できずに、独自の経済学を構築しようとするボウルズとギンタスは、宇沢氏の親しい友人でもあった。アメリカ資本主義の発展との関わりの中で、教育の本来的なあり方を考察した本書の思想は、後に宇沢氏がまとめた岩波新書『日本の教育を考える』（一九九八年)の、主柱の一つをなすものである。実をいえば、この新書はS・ボウルズ、H・ギンタスと親しかった故石川経夫氏に、執筆を依頼していたものだった。優秀な後輩の一人を失った宇沢氏は、その欠落を埋めるために、自ら筆を執ったのである。新書の「はしがき」に、宇沢氏は次のように書いている。

本書はもともと、畏友石川経夫君が執筆される予定でしたが、よんどころない事情で私が代って執筆することになったものです。石川君は日本を代表する経済学者の一人で、既成の新古典派経済学を超えて、社会正義、公正、平等の視点から経済学の新しい展開を主導してきました。石川君にとって、教育の経済学は、この経済学の新しい展開の過程でもっとも中心的な役割をはたすものです。石川君はかつて、ハーヴァード大学でケネス・アロー教授に師事し、サミュエル・ボウルズとも親しく、本書の主旋律を形づくるボウルズ=ギンタスの「対応原理」の形成に当っても重要な貢献をしました。ボウルズ=ギンタスの「対応原理」は、教育理論に革命的な影響をもたらした考え方で、二十一世紀における学校教育制度のあり方を考察するさいに中心的な役割をはたすものです。

なお石川経夫氏には一九九一年に、名著『所得と富』をまとめてもらった。また石川夫人、幹子氏には、後に大著『都市と緑地――新しい都市環境の創造に向けて』(二〇〇一年)を執筆してもらった。

『奥村土牛』『空間〈機能から様相へ〉』など
一九八七（昭和六十二）年に刊行した単行本は次のとおり。

近藤啓太郎『奥村土牛』
原　広司『空間〈機能から様相へ〉』
J-A・ミレール編
『ジャック・ラカン　精神病』上・下（小出浩之・鈴木國文・川津芳照・笠原嘉訳）
エーコ、イワーノフ、レクトール『カーニバル！』（池上嘉彦・唐須教光訳）
マーティン・ジェイ『アドルノ』（木田元・村岡晋一訳）
E・ルーシー＝スミス『一九三〇年代の美術――不安の時代』（多木浩二・持田季未子訳）
ミヒャエル・エンデ『夢のボロ市――真夜中に小声でうたう』（丘沢静也訳）
宇沢弘文『現代日本経済批判』
中村雄二郎『西田哲学の脱構築』
宇沢弘文『公共経済学を求めて』
大岡　信『ぬばたまの夜、天の掃除器せまつてくる』
山口昌男『山口昌男・対談集　身体の想像力――音楽・演劇・ファンタジー』

現代選書では、
S・ボウルズ、H・ギンタス
『アメリカ資本主義と学校教育——教育改革と経済制度の矛盾』II（宇沢弘文訳）
A・ケイジン『ニューヨークのユダヤ人たち——ある文学の回想一九四〇—六〇』I・II
（大津栄一郎・筒井正明訳）
C・ギーアツ『文化の解釈学』I・II（吉田禎吾・柳川啓一・中牧弘允・板橋作美訳）

近藤啓太郎氏は作家として知られていた。本人は放蕩無頼の生活をしているように言っていたが、実に真摯な人柄だった。『奥村土牛』にもその人柄が反映されていて、土牛の芸術をしっかりと見据えた良質の評伝となっていた。千葉県の鴨川からときおり出て来る氏と話をするのは、とても楽しみだった。この本によって、私は日本画を見る眼を教えられたように思う。後に、横山大観などの近代日本画の創生を綿密に描いた、遺稿の『日本画誕生』を、ベテラン編集者H氏の手により刊行した（二〇〇三年）。

原広司氏の文章は独特の文体を持っている。内容的には、既成の概念をはるかに超えた原氏独自の新しい概念を、数学やときにはイスラム教の用語を使って語るのだから、簡単に理解できる訳はないのだが、何となく理解できた気になってしまう。それは氏の建築作品を見れば、理由の一端が解けるかも知れない。つまり、とてつもなく新しい型態の建築でありながら、それを見る人間に全く抵抗感を抱かせない、むしろ心地よくさせてしまう。この本も、〈機能から様相へ〉というコンセプトを中心に、独自の空間論を展開したもので、決して易しい内容とはいえないのだが、建築という枠を越えて、非常に多くの人に読まれた。

難解ラカンに挑む

ジャック・ラカンの思想は難解をもって知られる。しかしラカンの講義録である〝セミネール〟は、比較的わかり易いといわれていた。編者のJ-A・ミレールは、ラカンの女婿だそうだが、一種エソテリックな雰囲気を形成し、近づき難いとの評判だった。ラカンについての解説書は日本で山ほど出版されているが、ラカン自身の書物、その信頼できる邦訳がほとんどない状況の中で、私はセミネールの主要部分だけでも翻訳して出版したいと考えた。

セミネールは全体で二十数冊にもなるのだが、その中から笠原嘉氏や小出浩之氏と相談して、ラカンの思想を理解するうえでもっとも重要と思われるものを、まず数冊訳出することにした。数冊と言っても原書一冊は邦訳すると二分冊になることが多いので、十数冊の訳書を出すことになる。おまけに、セミネールは比較的易しいといっても、正確に訳出するためには、徹底した読書会と研究会が必要とされる。だから原書一冊を訳出するには、最低で三、四年はかかる。こうした事情をフランスの出版社 Edition Seuil の人に、何年もかけてよくよく説明し、セミネールの半ば独占的な翻訳の権利を得ることができた。

その過程で、J-A・ミレールの代理人と称する人々に何回も、東京やパリで会った。その中の一人はピエール・スクリヤビン氏といい、ロシアの作曲家スクリヤビンの甥だということだった。一九八七年二月に東京でスクリヤビン氏に会った折に、彼はJ‐A・ミレールの私宛ての手紙を持参した。そこには『フロイトの技法論』のほかに、『精神分析の倫理』と『精神分析の四基本概念』はぜひ訳出してほしい、と書いてあった。この『精神病』はセミネールの翻訳の最初のものである。

この後、一九九一年に『フロイトの技法論』上・下（小出浩之・小川豊昭・小川周二・笠原嘉訳、下巻は小出浩之・鈴木國文・小川豊昭・小川周二訳）、一九九八年に『フロイト理論と精神分析技法における自我』上・下（小出浩之・鈴木國文・小川豊昭・南淳三訳）、二〇〇〇年に『精神分析の四基本概念』（小出浩之・新宮一成・鈴木國文・小川豊昭訳）、二〇〇二年に『精神分析の倫理』上・下（小出浩之・鈴木國文・保科正章・菅原誠一訳）、二〇〇五年に『無意識の形成物』上（佐々木孝次・原和之・川崎惣一訳）が刊行されている。下巻は二〇〇六年三月に刊行された。

『カーニバル！』については、書評らしい書評もほとんど出なかった。しかしつい最近、海野弘氏が『海野弘　本を旅する』（ポプラ社、二〇〇六年）の中で書いているので、引用したい。カーニバルとバフチンなどの現代思想の本質を、見事に捉えていると思うからだ。

カーニバルへの興味は、ロシアの記号論学者バフチンからの影響である。大学の頃、ロシア・アヴァンギャルドを調べていた時、バフチンのラブレー論、ドストエフスキー論は鮮烈であった。ことばによって、パフォーマンスによって、日常や体制の秩序を転倒させ、新しい世界を誕生させるというバフチンの考えは私にとってコペルニクス的転回であった。

私がテーマとしている〈世紀末〉というのも、古い世紀を転倒させ、新しい世紀をつくるカーニバルではないだろうか。すると、アール・ヌーヴォーはカーニバルのスタイルだということになる。

古い秩序は硬化し、行きづまり、動かなくなる。その殻を破って、大いなる混乱をあふれ出させなければならないのだ。私は自分のやっている小さな研究が、バフチンからエーコにいたる現代思想の大きなうねりとまったく無縁ではないのではないかと思えるようになり、いくらか方向が見えたように思った。

山口氏の『身体の想像力』については、目次を掲げておこう。

Ⅰ　音楽と土地の精霊
　R・M・シェイファー
Ⅱ　身体の幾何学　フラメンコ文化のアイデンティティ
　アントニオ・ガデス
Ⅲ　演劇の始原に向けて
　ピーター・ブルック
Ⅳ　ファンタジーと演劇的想像力

ミヒャエル・エンデ

V 音楽、人生、そして友人たち

ジョン・ケージ

VI 音楽と演劇のはざまで

シルヴァーノ・ブソッティ

VII 〝グラスノスチ〟のなかの記号論 念願かなったモスクワでの出会い

V・V・イワーノフ

この内容を、『二十世紀の知的冒険』と『知の狩人』と併せ見るとき、かつて日本人で山口氏以外に誰がこれだけの知的エネルギーを、しかも多方面にわたって、発揮することができたであろうか。私はこれらの対談の多くに立ち合ったが、そのたびに、尽きることのない精神の昂揚を経験したものだった。山口氏には心からの御礼を申し述べたい。

管理職についた編集者

一九八八（昭和六十三）年に出版した単行本は以下のとおり。企画は私が立てたが、経済関係以外の書目では、編集の実務をSさんやS君らに助けてもらうことが多かった。

スーザン・ストレンジ『カジノ資本主義——国際金融恐慌の政治経済学』（小林襄治訳）

H・P・ミンスキー『ケインズ理論とは何か――市場経済の金融的不安定性』（堀内昭義訳）
パール・バインダー
『ドレスアップ・ドレスダウン――人は何のために服を着るのか』（杉野目康子訳）
井上ひさし・大江健三郎・筒井康隆『ユートピア探し　物語探し――文学の未来に向けて』
J・L・ピーコック『人類学と人類学者』（今福龍太訳）
マーヴィン・ハリス『食と文化の謎――Good to eat の人類学』（板橋作美訳）
M・エンデ、J・クリッヒバウム
『闇の考古学――画家エトガー・エンデを語る』（丘沢静也訳）
大江健三郎『キルプの軍団』

前年に編集部長の職に就いていたので、この年に編集した書目は急に変化してくる。井上・大江・筒井三氏の『ユートピア探し　物語探し』も、大江氏の『キルプの軍団』も、『へるめす』に掲載したものだ。それらを除くと、すべて翻訳ものである。管理職についた編集者のありようが、端的に表現されていると思う。一人一人の執筆者と時間をかけて議論し、迫力ある書物を生み出していく――そうした編集者の本来的な仕事ができなくなってしまったことは、何とも寂しいことだ。翻訳ものの一点一点は、自信をもって刊行したつもりだ。例えば『カジノ資本主義』によって、S・ストレンジの名はよく知られ、「カジノ資本主義」という言葉も流行語のようになった。マーヴィン・ハリスの『食と文化の謎』にしても面白い本で、非常によく読まれた。また『人類学と人類学者』は、私が彼の処女作 *Rites of Modernization*, 1968 以来注目してきた人類学者の興味深い本だ。この本は後に書名を『人類学とは何か』と変更し、一九九三年には「同時代ライブラリー」の一冊として刊行されている。ちなみにピーコック氏は先に述べた『さかさまの世界』にも寄稿している。しかし、編集者としては、翻訳ものが中心というのは、まことに不本意な結果としか言いようがないことだ。

以下、二章を使って、『へるめす』のその後についてと、編集者としての終盤の仕事について書いてみよう。

第七章　編集長としての後半戦

『へるめす』の輪 II

1　同人たちのがんばり

磯崎新氏の「建築の政治学」

私は『へるめす』の編集長を、第29号まで続けた。一九八四年から一九九一年の七年間ということになる。第19号（一九八九年五月）から、季刊を隔月刊に変える。季刊のペースでは、企画をこなし切れなくなってきたからだ。編集部には新人のTさんが加わり、四人になった。

ここでTさんのことについて、少し触れておきたい。『へるめす』の出張校正は、いつも徹夜になり、終了するのは夜明けだった。空がほの明るくなってきた頃、印刷所の前に待機しているタクシーに乗って、各々家路につくのが通例だった。うら若き女性であるTさんに、そこまでつきあわせるわけにもいかない。私はTさんに、地下鉄の最終に間に合うように、出張校正室を出るように言った。Tさんは素直に、「お先に失礼します」と出て行く。三十分近くたって、彼女は戻ってくる。そして「タッチの差で最終電車に乗り遅れてしまいました。仕方ないので戻ってきました」といって、校正作業を続けるのだった。三、四回〝乗り遅れる〟ことが続いたので、結局Tさんには以後、朝までつきあってもらうことにした。

前々章では第15号あたりまでについて書いたので、本章では主に第16〜30号についてまとめてみたい。

まず磯崎新氏による口絵の連載について。「ポスト・モダニズムの風景」は第8号まで続いた。満二年間の連載だった。第9号から「建築の政治学」が始まる。具体的に連載の内容を見てみよう。

1 フェニックス都心計画 (第9号)
2 MOCA(ロサンゼルス現代美術館) (創刊二周年記念別巻)(第10号)
3 東京シティホール落選案 (第11号)
4 バルセロナ・オリンピック・スポーツパレス (第12号)
5 ブルックリン美術館拡張計画 (第13号)
6 南仏の美術館計画 (創刊三周年記念別巻)
7 樹魂と地霊 (第14号)
8 シティの再開発――パタノスター・スクェア計画 (第15号)
9 国際舞台研究所・利賀山房
10 想像的復元――カザルス・ホールと東京グローブ座 (一九八八年臨時増刊別巻)

11　水戸芸術館（第16号）
12　ストラスブール現代美術館計画（第17号）
13　三つのキャンパス計画（第18号）

一九八六年十二月から八九年三月まで、足かけ三年間の連載である。ここにあるのは、実現されたもの、陽の目を見なかったものを含めて、すべてが磯崎氏の作品である。氏はポスト・モダニズムの旗手といわれていたが、前にも書いたように、それに飽き足らずに新しい方向を摸索していた。この連載はその摸索の軌跡であるとともに、磯崎氏の建築の幅と奥行きを示すものでもある。

世界中を飛び回っている多忙な磯崎氏が、一回の欠落もなく連載を続けたのはなぜか。そうした素朴な問いに答えるためにも、具体的に連載の内容を検討してみよう。とはいっても、すべてについて見る余裕はないので、代表的な例として、第3回目の「東京シティホール落選案」を取り上げたい。

東京シティホール落選案

これは東京都新庁舎のコンペ応募案である。実際には、磯崎氏の師である丹下建三氏の建築が、新宿の空に二本の塔としてそびえているのは周知のことだ。磯崎氏の案は、超高層ではなく、世界でも有数の超大スケール空間をもつ建築として構想された。崇高性《サブライム》をこの巨大な公共空間によって感知できるように、という案だった。しかし、現実に採用されたのは、昔ながらのゴシック。建築の歴史を見れば、先が読めずに困ったときに、いつも立ち返るのがゴシックであることは、よく知られている。磯崎氏は次のように書いている。

東京シティホールの一等案がゴシックのデザインを強く押しだしたことで世の賞讃をえているのは、何ひとつ支配的な建築的様式がなくなったいまの状況の間隙をついた、とみることもできる。だが、ここでもゴシックが普通の超高層の外側にまとわせた借着であることに変りはない。かくして、東京都は、その象徴に、永久的な借り着をまとうことになった。

東京都民である私は、新庁舎が市民によっていかようにでも活用できる、巨大な公共空間をもつものであってほしいと思う。そこにこそ、真の民主主義を象徴する崇高性《サブライム》を見ることができるはずだ。権威を象徴するゴシック様式は、どう考えても似合わないし、アナクロニズム、いや噴飯ものでさえある。と、つい息まきたくなるのだが、磯崎案に関していえば、それはコンペに指命されたから応じた案だ、と簡単に決めつける訳にはいかないだろう。氏が、権力とその象徴である建築との関係について、伊勢神宮や桂離宮などの例を含めて、どれほど徹底的に分析しているかを知れば、この案の持つ意味が理解できようというものだ。だから、この連載中のゴルフ場のクラブハウス一つにしても（7　樹魂と地霊）、建築の〝政治学〟と無縁ではありえないし、ましてやオリンピック施設や美術館にいたっては、建築が政治そのものとなることがよくわかる。

そして、この「建築の政治学」に続く、次の口絵連載が「中断されたユートピア」であることを思い出すならば、磯崎氏の意図は明確に提示されている、と私は思う。いうまでもなく、〝ユートピア〟とは、〝政治〟の究極に関わる概念にほかならないからだ。

虚構としてのデザイン

次に「中断されたユートピア」の連載を見てみよう。

1　I・レオニドフの「太陽の都市」（第19号）
2　I・レオニドフの「太陽の都市」（続）（第20号）
3　ル・コルビュジエの「ムンダニウム」（第21号）
4　ル・コルビュジエの「ムンダニウム」（続）（第22号）
5　アスプルンドの「ストックホルム博覧会」（第23号）
6　バックミンスター・フラーの「ダイマキシオン」（第24号）
7　テラーニの「ダンテウム」（第25号）
8　テラーニの「ダンテウム」（続）（第26号）
9　ウォルト・ディズニーの「テーマ・パーク」（第27号）

この連載の最終回の、最後の部分を引用してみたい。ここには、ユートピアの追求の果てに、我々が直面している状況について、見事な分析がなされているからだ。

いま、計画が現実を基準に据えることが不可能となり、捏造された虚構を編成することによってしか作動しなくなったことは実感されつつある。それが「テーマ・パーク」の成功の原因で、ここでは虚構を売ることだけが行われる。

建築のデザインも同様の事態に直面している。共通に認知される基準としての様式はない。だから虚構としての主題《テーマ》が求められる。私はこの普通のオフィスビルの設計に、中央に無意味なコーン状の空洞をつくり、それを正当化するために、世界最大の日時計をつくることを提案し、受け容れられた。実は、或る種の主題《テーマ》をこの抽象化された形態に与えることになったのである。その空洞に落ちる影は、すなわち「時間」なのだ。〝「時間」という主題《テーマ》〟をもつ建物として、これはおそらく理解されることになる。作者を超えて、虚構がひとり歩きをはじめたのである。

磯崎氏には口絵の連載のみならず、さまざまな形で登場してもらった。〈Guest From Abroad〉などの詳細は後に記すことにして、ここでは多木浩二氏との連載対談について書いておこう。

68年に全ての源があった！　連載対談〈世紀末の思想風景〉1　（第20号）

宴の後に――70年代前半の模索　〈世紀末の思想風景〉2　（第21号）
古典主義とポストモダニズム
――「間」展から〈つくば〉へ　〈世紀末の思想風景〉3　（第22号）
テクノロジーと形而上学《メタフィジック》
――八〇年代に何が見えてきたか　〈世紀末の思想風景〉4　（第23号）
創造の根拠はどこにあるか
――20世紀の終焉、21世紀への展望　〈世紀末の思想風景〉5　（第24号）

この連載は、後に磯崎・多木両氏の共著『世紀末の思想と建築』（一九九一年）として刊行された。このように見てくると、磯崎氏が『へるめす』にどれほど深くコミットしてくれたか、よくわかる。私としては、その感謝の気持ちをどう表現すればよいのか、言葉がない。

大江健三郎氏の小説や対談

第9号以降の大江健三郎氏の作品及び評論、対談を列挙すると左の如くになる。

革命女性《レヴォリユシヨナリ・ウーマン》（その一）――劇的想像力の方へ　1　（第9号）
革命女性（その二）――劇的想像力の方へ　2　（第10号）
革命女性（完結）――劇的想像力の方へ　3　（第11号）

『明暗』、渡辺一夫〔二つの講演〕（第12号）
キルプの宇宙（第一回）（第13号）
キルプの宇宙（第二回）（第14号）
キルプの宇宙（第三回）（第15号）
キルプの宇宙（第四回）（一九八八年七月臨時増刊別巻）
キルプの宇宙（第五回）（第16号）
オペラをつくる1・世界のヴィジョンにねざしつつ――武満徹氏との対談（第17号）
オペラをつくる2・物語にむかって――武満徹氏との対談（第18号）
オペラをつくる3・劇的人物像について――武満徹氏との対談（第19号）
再会、あるいはラスト・ピース㈠〔新連載・SF〕（第20号）
再会、あるいはラスト・ピース㈡（第21号）
再会、あるいはラスト・ピース㈢（第22号）
再会、あるいはラスト・ピース㈣（第23号）
再会、あるいはラスト・ピース㈤（第24号）
日本のモダン・日本の小説――三つの講演（第25号）
オペラをつくる最終回・芸術家が未来に残すもの――武満徹氏との対談（第27号）
治療塔惑星〔長編小説〕（第一回）（第29号）

このように見てくると、第9号以下第29号までの間で、大江氏が登場しなかったのは、第26号の一回だけだ。第28号では〈Dialogue Now〉で津島佑子氏と対談している。『へるめす』が維持できたのは、ひとえに編集同人の努力のおかげであることを、改めて認識しない訳にはいかない。

大岡信氏の「うつしの美学」

大岡信氏は、組詩「ぬばたまの夜、天の掃除器せまってくる」の連載を、第10号で完結させる。第11号からは、新連載「うつしの美学」が始まる。

なぜ「うつし」？　うつしの美学 (一)　（第11号）
修辞と直情――菅家のうつしは和から漢へ　うつしの美学 (二)　（第12号）
修辞と直情――修辞のこうべに直情やどる　うつしの美学 (三)　（第13号）
修辞と直情――詩人の神話と神話の解体　うつしの美学 (四)　（第14号）
古代モダニズムの内と外　うつしの美学 (五)　（第15号）
連詩大概――動機と展開　続うつしの美学 (一)　（第16号）
連詩大概――作品点検　その一　続うつしの美学 (二)　（第17号）
連詩大概――作品点検　その二　続うつしの美学 (三)　（第18号）
連詩大概――英語でつくる連詩　続うつしの美学 (四)　（第19号）

笛と言葉と舞のための水炎伝説 （第20号）
一九〇〇年前夜後朝譚〔新連載エッセイ〕㈠～㈥ （第21～26号）
日本の詩と世界の詩〔講演〕――「詩と聖なるもの」をめぐって （第27号）
フランクフルト連詩――ガブリエレ・エッカルト、ウリ・ベッカー、谷川俊太郎と
〔対談〕「フランクフルト連詩」とその背景――谷川俊太郎と （第29号）

大岡信氏も、登場しなかったのは第28号のみである。第27号掲載の講演をするために、ベルギーなどを訪問していたからだ。フランクフルト連詩は、毎年フランクフルトで行なわれる国際書籍見本市が、その年「日本年」を迎えたための特別イベントとして、開催された。連載の「一九〇〇年前夜後朝譚」は第49号まで断続的に続き、第十七回で終了する。そして一九九四年に単行本化された（『一九〇〇年前夜後朝譚――近代文芸の豊かさの秘密』）。

この本の「あとがき」で大岡氏は、次のように書いている。

『へるめす』が五〇号を機縁にして、編集同人制を解くことになりました。この本は、私にとっては十年間の『へるめす』同人時代の後半期に書かれたものですが、もしこの雑誌がなかったら、まず確実に、この本は書かれなかったでしょう。磯崎新、大江健三郎、武満徹、中村雄二郎、山口昌男の諸氏の存在は、私にとっては必要な緊張感と持続性の源泉でした。

なお第20号掲載の「水炎伝説」は、一九九〇年一月に青山円形劇場において、実相寺昭雄演出、石井真木作曲、赤尾三千子の笛で行なわれたパフォーマンスのための作品である。

山口昌男氏の関心のゆくえ

山口昌男氏の論稿については、前々章で第15号まで記したので、ここでは第16号以下を列挙する。

戦争と〝知識人〟〈挫折の昭和史〉2（第16号）
スポーツの帝国(上)――小泉信三とテニス〈挫折の昭和史〉3（第18号）
スポーツの帝国(下)――岡部平太の「満洲」〈挫折の昭和史〉4（第19号）
ものみなメキシコに向う〈知の即興空間〉（第21号）
モダニズムと地方都市――北海道と金沢〈知の即興空間〉（第22号）
絵師と将軍〈挫折の昭和史〉5（第24号）
ダダイストのような将軍の肖像〈挫折の昭和史〉6（第25号）
「夕陽将軍」の影〈挫折の昭和史〉7（第26号）
読書する軍人〈挫折の昭和史〉8（第28号）

〈挫折の昭和史〉の連載が始まった訳だが、この山口氏の連載を見ていると、何とも不思議な気持ちになる。第17号では〈Dialogue Now〉でH・ブラウ氏と、第27、29号では〈Guest From Abroad〉で、それぞれボリス・エイフマン氏とT・トドロフ氏と対談をしている。しかし、山口氏の関心は明らかに変化しつつある、といえるだろう。これが後に〈敗者の精神史〉につながってくる。

中村雄二郎氏の高まる思索

中村雄二郎氏の場合はどうだろうか。第16号では〈Guest From Abroad〉でJ－F・リオタール氏と対談している。第17号では〈かたちのオディッセイ〉8で、池田満寿夫・司修氏と鼎談をする。その後の氏の論稿は次の如くである。

悪の哲学は可能か――悪の哲学・序説　（第18号）
美と力と崇高のはざま――形式の呪縛を解くために〈かたちのオディッセイ〉9　（第19号）
場所とリズム振動――空白と充満のダイナミックス〈かたちのオディッセイ〉10　（第20号）
色のある世界・色のない世界――脳髄と宇宙の接点〈かたちのオディッセイ〉11　（第21号）
新しい音のコスモスの胎動〔細川俊夫氏との対談〕
〈かたちのオディッセイ〉12・最終回　（第22号）
響き合うトポス（上）――ストラスブールからドルナッハへ　（第24号）
振動のひらく世界――響き合うトポス（下）　（第25号）

形態共振と視覚の自明性　〈かたちのオディッセイ〉補遺　（第26号）
悪の魅力と存在の過剰　新連載〈悪の哲学ノート〉1　（第28号）
きれいはきたない……──なまの〈イリヤ〉と穢れ　〈悪の哲学ノート〉2　（第29号）

〈かたちのオディッセイ〉の連載を終えて、新連載〈悪の哲学ノート〉を始める。中村氏の思索の生産性はますます高くなってきたようだった。これらの連載が、『へるめす』が季刊から隔月刊に変わって以降であることを考えると、感嘆の念はさらに深くなる。

武満徹氏の〈オペラをつくる〉

武満徹氏の活躍についても、触れておかなければならない。

西洋音楽との出会いについて──〝ユニヴァーサル・エッグ〟を産み出すために　（第16号）
世界のヴィジョンにねざしつつ──大江健三郎氏との対談〈オペラをつくる〉1　（第17号）
物語にむかって──大江健三郎氏との対談〈オペラをつくる〉2　（第18号）
劇的人物像について──大江健三郎氏との対談〈オペラをつくる〉3　（第19号）
〈インタビュー〉透明性の住む場所　──きき手　ダニエル・カタン　（第20号）
芸術家が未来に残すもの──大江健三郎氏との対談〈オペラをつくる〉最終回　（第27号）
世界を回る武満徹──メモリアル・コンサート点描〔へるめす編集部編〕　（第29号）

ご覧のように、第21号から第26号まで、武満氏は登場しない。これは第29号の「世界を回る武満徹」が明らかにしているように、一九九〇年の後半、武満氏の還暦を記念して、世界各地でフェスティヴァルやメモリアル・コンサートが開かれていたからだ。大江健三郎氏との対談〈オペラをつくる〉の連載は、一九九一年十一月に岩波新書『オペラをつくる』として刊行された。

2　ベストセラー作家から科学者まで

筒井康隆氏の二つのソウゾウ力

編集同人ではないが、筒井康隆氏に、井上ひさし・大江健三郎氏との鼎談をお願いしたことは、すでに書いた。しかし、筒井氏と『へるめす』の関係で最大の出来事は、なんといっても、長編小説「文学部唯野教授」の連載をしてもらったことだ。第12号から第18号に至るまで、第一講・印象批評、第二講・新批評（ニュー・クリティシズム）、第三講・ロシア・フォルマリズム、第四講・現象学、第五講・解釈学、第六講・受容理論、第七講・記号論、と続いた。大江健三郎氏の長編小説「キルプの宇宙」（一九八八年に『キルプの軍団』として単行本化）も第13号から始まったので、しばらくの間は両氏の競演のような形で、華やかな誌面が展開した。

あるとき、編集同人の会議で磯崎新氏が言った。「このあいだ外国に行く飛行機の中で、眠くなるようにと『へるめす』を読み始めた。ところが筒井さんの『文学部唯野教授』があまりに面白いので、興奮して眠れなくなってしまった」。筒井氏の奇想天外な小説は、連載中も大評判だったが、一九九〇年一月に単行本化されると、たちまち大ベストセラーとなった。

一九九七年七月に、筒井氏の「執筆再開とシュバリエ章受章を祝う会」が、新神戸オリエンタルホテルで開かれた。その折の私のスピーチを記しておきたい。

岩波書店の大塚でございます。ご指名を頂戴しましたので、お祝いの言葉を述べさせていただきます。

本日のお祝いの趣旨は二つあるわけで、一つは筒井さんが執筆を再開されたという事実であり、もう一つはフランスでシュバリエ章を受けられたということであります。

私が思いますには、本日の会を企画された方は深謀遠慮の方で、実はこの二つは深く関係していることではないでしょうか。つまり、執筆再開とは将来に向けてのことであり、受章とはこれまでの筒井さんの創作活動に対してのものであります。一口で言ってしまえば、筒井康隆さんという作家の過去と未来にわたって、まとめてお祝いしようという企てであります。私は本日の会が、そういう趣旨のものであると理解して、発起人の末席に名をつらねさせていただいた次第です。

ところで、偉大な作家のソウゾウ力はまことに驚くべきものだということをお話しして、私の責めを果たしたいと思います。この場合、ソウゾウ力とは、imagination の意味の想像力と、creativity の意味の創造力の二つを含めたいと考えます。もちろん私は批評家ではありませんので、難しい話はできません。たんにエピソードをご紹介することで、皆様のご参考になればと思うだけであります。

まず、imagination の方について。私どもでは『へるめす』という雑誌に連載していただいた『文学部唯野教授』を単行本化し、これが大ベストセラーになったことは、皆さんご存知のとおりです。私は当時『へるめす』の編集長をしていました。連載を開始するにあたって、一夕筒井さんにおつきあいいただいたことがあります。寒い季節でしたのでフグにしようという訳で、京都のある料理店にお越しいただきました。ところが筒井さんは、後に日録風の作品をある雑誌に発表なさったのですが、その日のことについて次のように書かれていました。

「オレはへるめす編集長とオレの担当編集者といっしょにフグ料理を食べた。白子が出てきた。白子は五つしかなかった。オレと編集長は二つずつ食った。担当編集者は一つだけ食った」

皆さん、実際にこんなことがあるとお考えですか。名のある料理屋が三人の客に白子を五つ用意するとは、まず考えられないことではないでしょうか。

次に creativity に関して。連載を始めていただくと決まった時、ちょうど私どもで英国のラディカルな文芸批評家テリー・イーグルトンの *Literary Theory* ——邦訳は『文学とは何か』という題にしましたが、原題は直訳すれば「文学の理論」です——という本の翻訳を刊行しました。現象学的批評とか解釈学的批評とか、難しい話がたくさんつめこまれた大冊です。刊行されたばかりのその本を、ほんのご参考までにと、筒井さんにお渡ししました。

ところが筒井さんは神戸にお帰りになる新幹線の中で、それを読破されてしまいました。そしてイーグルトンの本をネタに、『文学部唯野教授』を書いてくださったのです。結果は、ご承知のような大傑作になり、しかも難解な文芸批評理論が、イーグルトンの本よりも何倍もわかり易く書かれていたのでした。

私の言いたいことを一言で言うなら、偉大な作家のソウゾウ力は、まことに恐ろしい、しかしまことに素晴らしい！　ということになります。

筒井さん、本当におめでとうございました。今後も一層ご活躍くださいますように。そして、本がなかなか売れなくて困っている出版社にもうけさせてくださいますように、お願い申し上げます。

外国からの学者や芸術家

第16号以降の〈Guest From Abroad〉を見ておこう。

15　J＝F・リオタール／中村雄二郎
現代哲学の証人――構造主義是非、メルロ＝ポンティ、ハイデガー問題　（第16号）
16　R・クールハース／磯崎新
カオスから生まれる新しいシステム――建築の脱構築を越えて　（第19号）

17　ジョン・アシュベリ／大岡信／谷川俊太郎
現代詩の風景——アメリカと日本（第21号）
18　P・ブーイサック／山口昌男
ガイアの記号論を目指して（第25号）
19　ボリス・エイフマン／山口昌男
バレエは知のかたちを伝える！——新しい芸術が誕生するとき（第27号）
20　P・アイゼンマン／磯崎新
建築と過剰——「オーガニック」をこえて（第28号）
21　T・トドロフ／山口昌男
境界の想像力（第29号）

ここにもう一つ、〈Guest From Abroad〉と銘うってはいないが、実質的にそれに該当するのは、第29号の

U・エーコをかこんで——日本の印象
磯崎新／武満徹／中村雄二郎／山口昌男

である。この〈Guest From Abroad〉で、私が編集長をしている間に、これだけ多くの、世界

的に活躍している芸術家や学者を迎えられたことは、編集者としてこれに優る喜びはない。これはひとえに編集同人諸氏の尽力によるものであり、改めて感謝の気持ちを申し述べたい。

ついでに〈Dialogue Now〉についても見ておこう。第17号では、

H・ブラウ／山口昌男
　カリフォルニア・知的ルネッサンスの証人

第28号では、

津島佑子／大江健三郎
　作家となること、作家でありつづけること

が掲載された。

高橋康也氏の二つの対話

また第18号では、高橋康也氏の「想像力の宇宙のために──現代の巫女キャスリーン・レインと語る」を掲載したが、これも〈Dialogue Now〉の一つとしてもおかしくない対談だった。高橋氏には同様に、第10号でT・イーグルトンとの対談「「革命」とユーモアについて──文芸批評の

現在」をお願いした。この二つの対談について、二〇〇四年に刊行された『思い出は身に残り――高橋康也追悼録』に寄せた私の文章があるので、引用したい。

T・イーグルトンとK・レイン

切れ味鋭い左派の論客として知られる文芸批評家テリー・イーグルトンと、ブレイクやイェイツの研究者としても高名な詩人キャスリーン・レイン。この対照的とも言える二人の話をご紹介する意図は、高橋康也先生にご両人と実際に対話をお願いしたという事実関係だけではなく、この異質な二人のもつ文学的世界の広がりと深さが、とりもなおさず康也先生ご自身のそれでもある、と思うからである。

（中略）

一　テリー・イーグルトンの場合

一九八六年一〇月、当時ケンブリッジのトリニティ・コレッジで客員フェローをしていらした康也先生にイーグルトンとの対談をお願いしたところ、快諾してくださった。オクスフォードに籍を置いているイーグルトンに会いに行く前に、トリニティ・コレッジへいらっしゃい、というお誘いを頂戴した私は、フランクフルトの国際書籍見本市の会期後ケンブリッジに向かった。

康也先生は迪夫人ともどもお迎えくださり、コレッジ周辺を案内してくださった。「ニュートンのリンゴの木」や教授専用の庭園など興味は尽きなかった。が、極めつけはクリストファー・レンのつくったコレッジ大食堂での夕食会（ハイ・テーブル）だった。客としてコレッジのディーン（学寮長）の横に座らされたのはよかったが、話しかけてくるディーンの英語が、格調が高すぎるのか、さっぱり分からないのには閉口した。全員ガウン着用なのだが、向かい側に座った比較的若い男性のガウンの下はよれよれのTシャツとGパンにスニーカー。東南アジアや中国の海賊出版についての話などをしたのだったが、後で康也先生にうかがったところでは、二、三年前にノーベル賞を受けた化学者だということで、二度びっくりした。その日はコレッジの研究室に泊めていただき、ご夫妻のご配慮を身にしみて感じつつ寝についたことを憶えている。

翌朝、高橋家で朝食を頂戴し、バスでオクスフォードに向かった。約束の時間の少し前にイーグルトンの研究室に到着したが、オクスフォードでは定刻より、二、三分遅れて入室するのが礼儀とのことで、室の前でしばらく待った。

イーグルトンは書物から受ける印象とは異なり、実に気さくでうちとけた態度で迎えてくれた。そして康也先生との対談の内容も、イーグルトンのキャリアから始まり、ブレヒト、バフチーン、ベンヤミンの影響やディコンストラクションに対する見解、テクストと理論の関係について、さらにはベケットのアイルランド性とイーグルトン自身のアイルランド的背景、そして最後に「政治的なものとユーモラスなもの」にまで及んだのだった。康也先生のお人柄がそうさせたのだろうが、こんなに親密に心の奥まで語ってくれるとは全く予想しなかったことだ。

詳しくは季刊『へるめす』第10号（一九八七年三月刊）所収の対談「「革命」とユーモアについて――文芸批評の現在」をご覧いただければ幸いである。

二　キャスリーン・レインの場合

それから二年後の一九八八年一〇月、イングランド南部のプリマスに近い小村ダーティントンで、K・レインと康也先生との対談が実現した。

ダーティントンにはダーティントン・ホール・トラストという財団があって、芸術大学を運営し、芸術的な催しを企画している。バートランド・ラッセルは熱心な支持者の一人だったというし、バーナード・リーチやル・コルビュジエなども関係していた。

この財団が八〇年代初頭に芸術をめぐる国際的な集まりを開きたいと考え、その主宰者としてK・レインに白羽の矢を立てたのだった。そしてテメノス会議と称される国際的なイベントの第二回目として、彼女は日本から銕仙会の観世栄夫・浅見真州氏ら一流のメンバーを招いて能の上演を行なうことを考えた。康也先生は解説役としてこの能の一行に同行し、ワルシャワ、ウィーンを経てイギリスに入っていらしたのだった。

対談は能の上演に先立つあわただしい雰囲気のなかで行なわれた。とはいえ十六世紀に建てられたという城館ダーティントン・ホールに近い建物の、K・レインの居室からは、田園の秋の風景が一望でき、その美しい閑静さはお二人の対談を、俗事から一気に飛翔させるかの如くであった。

内容は能に関する話から始まったが、すぐ彼女のケンブリッジ時代の知的雰囲気に移行し、植物学の専攻をしつつ、処女詩集『石と花』（一九四三年）を刊行した経緯、ブレイクやイェイツを含む神秘主義的・ネオプラトニズム的関心の由来、そしてK・レインの編集する、内容的に『へるめす』に近い雑誌『テメノス』のことなどが、次々に話題にされたのであった。

季刊『へるめす』第18号収載の「想像力の宇宙のために――現代の巫女キャスリーン・レインと語る」には第二次大戦直前のイギリスの最良の知的伝統を垣間見ることができるし、自然科学の合理主義や哲学的懐疑主義、そしてネオプラトニズムをはじめとする秘教的伝統が、どのように深く関わりあっているかを見てとることが可能だろう。

以上二つの例は、康也先生の知的関心の広さを示すものであろうし、いずれの場合も康也先生のお人柄の魅力と演劇的なご関心のあり方が、対話をより充実させているといえるのではないだろうか。

十数年前から取り組んでいただいていた康也先生の御著作『橋がかり』が、多数の方々のご尽力によって二〇〇三年六月に岩波書店から刊行された。本当にうれしいことだ。

いつも微笑みを絶やさず、こちらの無知に対する一片の非難もお見せになることなく、暖かい感銘だけを残して逝ってしまわれた高橋康也先生に、心からの御礼を申し上げたい。

〈パフォーマンスの現場〉

次に第16号以降の〈パフォーマンスの現場〉を列挙してみる。

15 多木浩二「暴力あるいは絵画の物質性——A・キーファーの黙示録的世界」（第16号）
16 多木浩二「メン・イン・ザ・シティーズ
——ロバート・ロンゴのアンチ・クライマックス」（第17号）
17 伊藤俊治「ルーカス・サマラスの身体誌《ソマトグラフィ》」（第18号）
18 生井英考「男性裸体の感情生活——写真・肉体・モダニズム」（第19号）
19 大竹伸朗「夢の沈澱」（第20号）
20 今井俊満「アンフォルメル花鳥風月」（第21号）
21 伊東豊雄「八代市立博物館——エフェメールな〈建築〉の試み」（第22号）
22 川俣　正「都市に生活するプロジェクト—Roosevelt Island
——はじまりとしての廃墟」（第23号）
23 八束はじめ「大阪万博13のフォリー」（第24号）
24 吉田喜重「情念としてのメタ・オペラ——リヨンにおける『蝶々夫人』」（第25号）
25 木戸敏郎「現代音楽と雅楽の出会い——国立劇場の実験的な演出」（第26号）
26 岡崎乾二郎「Bゼミ生との対話——芸術と無関心」（第27号）

27　井田照一「重力の色彩」（第28号）

28　若林　奮「長く続く凹んだ道」（第29号）

第15回から第18回までは、多木浩二、伊藤俊治、生井英考の諸氏によって、批評の立場からの考察がなされている。また第25回の木戸敏郎氏の場合は、演出家の立場からの報告であった。また第24回の吉田喜重氏は、映画監督がオペラの演出を行なうというユニークな試みである。

若い世代の執筆者たち

若い世代の建築家の論稿として、左の二本を掲載した。

7　片木篤「パチンコのイコノロジー」（第19号）

8　片木篤「あこがれの〈電飾《エレクトログラフィック》〉建築《アーキテクチュア》
——パチンコのイコノロジー（続）」（第23号）

ついでに一九八八年七月以降の、若手執筆陣を中心とした活躍を見ておこう。

巽　孝之「ギブスン・オーヴァードライヴ——電脳空間三部作を読む」

伊藤公雄「あらゆる者の敵——クルツィオ・マラパルテ、その生涯」

古橋信孝「醜さと恥——個体の領域と始源」
黒田悦子「民俗文化の表層と深層——フリオ・カロ・バローハとスペイン」
持田季未子「震動するエクリチュール——村上華岳」
（以上、一九八八年七月臨時増刊別巻）
西垣　通「機械との恋に死す——アラン・チューリングのエロス」（第19号）
山田登世子「華やぐ男たちのために——近代モードのポリティーク」
高橋昌明「竜宮城の酒呑童子」（以上、第20号）
高橋裕子「毛髪の呪縛」（第21号）
持田季未子「風景なき時代の風景——アースワークを考える」
清水　諭「「甲子園」の神話学」
井上章一「美貌という力」
松浦寿輝「エッフェル塔　イメージの逆説」（以上、第22号）
武田雅哉「「イラ・フォルモサ！」への旅——台湾人サルマナザール〝美しき島の物語〟」
西垣　通「階差に神はやどる——チャールズ・バベッジのロマン」
今福龍太「記号論のヘルメス‐ハーレクイン——山口昌男の脱領域的世界」（以上、第23号）
高橋昌明「二つの大江山・三つの鬼退治——酒呑童子説話と聖徳太子信仰」
河島英昭「『薔薇の名前』の舞台を訪ねて」

新宮一成「夢の〈死体〉について」
大平　健「電話と名前と精神科医」
桜井哲夫「〈水〉の近代――入浴文化とミネラル・ウォーター」（以上、第24号）
中澤英雄「カフカにおける「ユダヤ人」問題」
伊藤公雄「所有なき愛――チェーザレ・パヴェーゼの挫折」（以上、第25号）
鈴木瑞実「「記号―索引―徴候」の主題による変奏」
保立道久「巨柱神話と「天道花」――日本中世の氏神祭と農事暦」
西垣　通「通信路は絶たれた――クロード・シャノンのダンディズム」
鶴岡真弓「ケルト・リヴァイヴァルと世紀末――ワイルド母子のヒベルノフィリア」
河島英昭「『薔薇の名前』とモーロ事件――正統と異端の争い」（以上、第26号）
柏木　博「SFとしてのアメリカとバウハウス・デザイン」
落合一泰「叫びと煙突――記憶のエスノポエティクスにむけて」
西垣　通「メタ・パターンを舞い踊る――グレゴリー・ベイトソンのアクロバット」
永見文雄「神の充足、人間の非充足――あらたなルソー論の構築にむけて」
持田季未子「雲のドラマ――マーク・ロスコ」（以上、第27号）
高橋裕子「逆立つ髪――レイディ・オブ・シャロット」
西垣　通「巨人は遅れてやってきた――ノーバート・ウィーナーのクルーセイド」
鈴木瑞実「悲劇の解読――ジャック・ラカン」（以上、第28号）

持田季末子「白の平面——モンドリアン」
巽　孝之「ヴァーミリオン・マシーン——J・G・バラードの現在」
芹沢高志「個人・惑星・テクノロジー——地球時代のライフデザイン」　（以上、第29号）

自然科学者たち

新しい試みとして、第18号より〈科学エッセイ〉という連載を始めた。

上田誠也「現代のギリシャ神話？——よくあたる地震予知の話」　（第18号）
樋口敬二「天から送られた手紙——小学生まで参加した雪の研究」　（第19号）
川那部浩哉「曖昧こそが肝心——生物の群集とはどういうものか」　（第20号）
松田卓也「涙のハイテク・ライフ」　（第21号）
佐藤文隆「フリードマンの生誕百年国際会議」　（第22号）
矢内桂三「南極に隕石を求めて」　（第23号）
藤岡換太郎「海底のタイムトンネル——伊豆・小笠原の巨大噴火跡を掘る」　（第25号）
向後元彦「台所とマングローブ——ミャンマーの森林破壊」　（第28号）

この連載に先立って、第17号より第23号まで、〈ヘルメスの言葉〉の欄に、毎回自然科学者に登場願うことにした。

第17号　樋口敬二／河合雅雄／古在由秀／岡田節人／江沢洋／吉川弘之
第18号　八杉龍一／佐藤文隆／米澤富美子／神沼二真／菅野道夫
第19号　柳田充弘／松田卓也／山口昌哉／長尾真／養老孟司／竹内敬人
第20号　彌永昌吉／西澤潤一／伊藤正男／池内了／木村泉／原田正純
第21号　長岡洋介／山田國廣／堀源一郎／井口洋夫／野崎昭弘
第22号　森本雅樹／小川泰／森下郁子／伊藤嘉昭／細矢治夫／岩槻邦男
第23号　本庶佑／村田全／酒田英夫／並木美喜雄／柳澤嘉一郎／斎藤常正

これを眺めていると、上田誠也、佐藤文隆、岡田節人、吉川弘之、八杉龍一、長尾真、原田正純、本庶佑といった、大変お世話になった方々の顔が懐しく浮かんでくる。特に第22号に掲載した、佐藤文隆氏の「フリードマンの生誕百年国際会議」には思い出が深い。

フリードマンは一八八八年にレニングラードで生まれた。一九二五年に三十七歳で夭折したが、今日〝宇宙のビッグバン〟といわれる考え方に近い説を提唱したとされる数理物理学者、気象学者、宇宙論者だ。アインシュタインの一般相対性理論にも興味を抱き、夭折しなければ、この分野で大きな貢献をした、とも考えられているようだ。

佐藤文隆氏の岩波新書『宇宙論への招待──プリンキピアとビッグバン』（一九八八年）によって、フリードマンの存在を知った私は、二十世紀初頭のロシアが、R・ヤーコブソンを生んでこの世紀における人間科学の展開の基礎を作ったのみならず、自然科学でも独創的な天才を輩出したことに驚いた。またさらにバレエ・リュス（ロシア・バレエ団）のディアギレフのことなどを考えるなら、世紀末から二十世紀初頭にかけて、このように多方面にわたって天才を輩出したロシア（中でもレニングラード＝ペテルブルク）とは、一体どんな文化をもっていたのか、その秘密を知りたいと思った。それで佐藤氏に電話した。「フリードマンに興味を持っているのですが、彼の仕事について何か書いていただけませんか」と。すると佐藤氏は「これは驚いた。去年フリードマンの生誕百年記念の国際会議に招待されて、レニングラードまで行ってきたところです」と答えた。

その結果できあがったのが「フリードマン生誕百年国際会議」だった。氏は、フリードマンの仕事はもちろんだが、レニングラードの雰囲気についても見事に書いてくれた。加えて氏の友人である物理学者、A・D・チェルニン氏の「フリードマンの宇宙」という論稿を紹介してくれたので、その邦訳も併載した。

幸福論を語る科学者の登場

実は、佐藤文隆氏にはとても驚かされたことがある。それは後年「21世紀問題群ブックス」というシリーズの一冊として、『科学と幸福』という本の執筆を依頼したときのことだ。第一線で活躍中の科学者に、「科学と幸福」などというわけのわからぬテーマを依頼すれば、断られるに決まっている、と思っていた。しかし一方で、科学の驚異的な進展と人間の幸福は連動するものなのか、あるいは相反するものか、これは大問題だとも考えた。だから思い切って佐藤氏にこのテーマをぶつけることにしたのだ。

一笑に付されることを覚悟して、依頼を始めた。ところが私の話を聞き終わったところで、氏はあっさりと「わかりました。書きましょう」と言ってくれた。正直な話、これには驚いた。おそらく「科学の発展と人間の幸福とは別ものですよ」と断られるだろうから、そのときにはテーマを多少変えて、再アプローチしようと思っていたからだ。『科学と幸福』は一九九五年に刊行された。そしてこの本の延長上に、佐藤氏にも編集委員の一人になってもらった、「講座・科学／技術と人間」が誕生することになる。

二〇〇一年三月、佐藤文隆氏の京都大学退官記念パーティが開かれた。その折に請われて私はスピーチをした。その最後の部分を引いておこう。

ここで何を私は言いたいのかといえば、佐藤先生は私たち一般市民にとって、司祭あるいは牧師のような存在だ、ということなのです。つまり、私たちにはうかがい知れぬ科学の先端という聖なる領域で大活躍をなさる一方で、ごく普通の人間の住む俗なる世界との橋渡しを、絶えず心掛けてくださっている方なのです。これはファインマンなどを除けば、本当に稀有なことではないでしょうか。

「科学と人間の幸福」をつなぐ司祭として、佐藤先生にはますますご健闘くださるように、お祈り申し上げずにはいられません。

佐藤先生、今後とも何卒よろしくお願いいたします。

同人の力

第16号以降、巻頭ないしは巻末の主要論稿を執筆した、同人以外の方々を紹介しておこう（若い世代の執筆者については、すでに書いたので略す）。

15　東野芳明「補陀落グラフィックス序説
　　――ロビンソン夫人の鵜唐図譜は未完のまま」（第16号）
16　多木浩二「フランクフルトの台所
　　――二〇世紀のイデオロギーとしての機能主義」（第19号）
17　中井久夫「世界における索引と徴候」（第26号）
18　多木浩二「他者の肖像――旅行画家たちの経験」（第28号）

わずか三名の方にしかすぎない。多木浩二氏には二回登場してもらっている。ということは、第16号から第30号に至るまで、編集同人がずっとがんばって主力の論稿を書いてきた、ということになる。

これとは対比的に、第19号から〈ヴィヴァ・ヘルメス〉と〈ヘルメティック・レヴュー〉という欄を設け、若い世代の方々に多数登場してもらった。考えてみれば、『へるめす』の基本的な編集方針は、編集同人の活躍を中核に、若い世代にできるだけ多く参加してもらおうというものだったが、それはずっと貫徹することができたようだ。本章で扱った第16号から第29号では、若い執筆者の多くは、私以外の編集部員が発見して、依頼した。

『へるめす』が季刊から隔月刊に変わった第19号から、黒田征太郎氏による表紙のモチーフが〝鳥〟から〝ヒト〟になった。黒田氏は実質的に編集同人の一人といってもよいくらいにコミットしてくれた。あつく御礼を申し上げたい。

編集長を替わる

第30号から編集長をS君に託した。S君は他社でも雑誌の編集長を経験しているベテランで、彼なりの『へるめす』をつくった。一九九四年、『へるめす』は第51号以降、編集同人制を廃止することになる。編集同人の間では、それを惜しむ声があったが、すでに創刊以来十年も続いてきたので、潮時だと判断した。編集同人制でなくなった『へるめす』の編集長には、K君が就いた。新人社員として岩波書店に入って以来、『へるめす』編集部にいた人間だ。表紙も第51号より、大竹伸朗氏に変わった（第58号まで）。一九九六年五月より判型をA5判に変え、号数を付すことをしなくなった。そして一九九七年七月をもって、『へるめす』は終刊を迎える。

今まで何回か書いてきたように、『へるめす』は編集同人の力によって支えられてきた。磯崎新、大江健三郎、大岡信、武満徹、中村雄二郎、山口昌男の諸氏は、縦横無尽の活躍をしてくれた。『へるめす』の編集会議は、赤坂にある「山の茶屋」といううなぎ屋で開くことが多かった。

二カ月ごとに開かれる会合に、編集同人は外国に行ったりしていない限り、必ず出席してくれた。目を閉じると、うなぎ屋の静かなたたずまいと、その中に座った編集同人の諸氏、編集部の諸君の顔が浮かんでくる。武満徹氏のように、亡くなってすでに歴史的な人物になりつつある方を含めて、編集同人が熱心に議論を交わす光景は、編集者としての私にとって、何ものにも代え難い宝物である。

第八章　転換期の企画

終盤の仕事

1　ジャンルを超えた講座

出版不況のしのびよる影

本章では、一九八九（平成元）年から二〇〇三（平成十五）年の時期、つまり編集者としての最後の部分の仕事について書いてみたい。この間、一九九〇年に編集担当の役員になったが、そろそろ出版不況の影がしのび寄ってくる厳しい時期であった。次から次へと、全く経験したことのない事態が勃発し、それらに対処するために、間断なく対応策を講じなければならなかった。

編集とは基本的に、一冊一冊、一人一人の著者との人間関係に基づく仕事である。しかし、役員になって、個別具体的な仕事から離れざるをえなかった。それは編集という仕事の本来的なあり方からすれば、失格としか言いようのないことだ。それにもかかわらず、編集の仕事と完全に手を切ることができなかったのは、編集者としての性《さが》としか言いようがない。

このような状況の中で、私はどんな仕事をしたか、以下に具体的に見てみよう。

一九八九年六月には「講座・転換期における人間」を出発させるが、それについて書く前に、この年に私が編集した、あるいは企画の成立に関わった書目を列挙すると、左の如くなる。

藤澤令夫『哲学の課題』
河合隼雄『生と死の接点』
根井雅弘『現代イギリス経済学の群像――正統から異端へ』
篠田浩一郎『ロラン・バルト――世界の解読』
梅棹忠夫『研究経営論』
磯崎　新『磯崎新対談集　建築の政治学』
J・ドール『ラカン読解入門』（小出浩之訳）
A・ニコル『ハーレクィンの世界――復権するコンメディア・デッラルテ』（浜名恵美訳）
宇沢弘文『「豊かな社会」の貧しさ』
山口昌男『知の即興空間――パフォーマンスとしての文化』

伊東光晴氏の紹介

このように書くと、藤澤、河合、篠田、梅棹、磯崎、宇沢、山口という、私が編集者として深く長く関わった方々のオンパレードのように見える。しかしここでは、当時新進の経済学者であった根井雅弘氏にだけ触れることにしたい。『現代イギリス経済学の群像』では、J・ヒックス、

N・カルドア、J・ロビンソン、L・ロビンズ、M・カレツキ、R・F・ハロッドの六人の評伝がまとめられている。このうちの一人についてだけでも、その生涯と理論について十全に書くのは難しいと思うが、根井氏は六人の経済学者について、見事な「知的精神史のドラマ」（本書帯の伊東光晴氏推薦文中の言葉）を描くことに成功した。

そして本書の成立について書こうとすると、必然的に伊東光晴氏に触れなければならなくなってしまう。一九九七年十月に開かれた、伊東光晴氏の「古稀を祝う会」での、私のスピーチを引用することをお許し願いたい。

　ご紹介にあずかりました岩波書店の大塚でございます。まずもって伊東先生、まことにおめでとうございます。本日は、出版社の人間として、この機会に三つのことを申し上げたく思います。

　第一に、俗っぽい話から始めて恐縮ですが、伊東先生は大変よく読まれる本を書いてくださいました。岩波新書の『ケインズ』は現在五十七刷、累計で約八十二万部に達しております。伊東先生が京都大学を退官なさった折の会で、私はそのとき、『ケインズ』刊行三十周年にあたり、当時の冊数でも、新書は厚さ約一センチメートルですから、束にして積み上げると富士山の二倍になると申しました。現在では、その高さは富士山の二・二倍にもなっております。

　またその折に、『ケインズ』は刊行三十周年だが、『シュンペーター』という岩波新書は、企画誕生二十五周年である、けれども未だ陽の目を見ていない、とちょっぴり嫌味を申し上げました。その結果として、伊東先生は根井雅弘先生のご協力を得て、ただちに『シュンペーター――孤高の経済学者』（一九九三年）を仕上げてくださったわけでございます。こちらは現在十刷で七万三千部であります。いずれにしても大変な部数であり、出版社を大いに潤わせてくださいました。

第二に、今度はちょっと真面目な話になりますが、伊東先生は経済学の本来のあり方について、身をもって示してくださっているということがあります。このたび私どもで、十二月より刊行させていただく著作選集「伊東光晴経済学を問う」（全三巻）は、その集大成であるといってよいでしょう。つまり経済学はさまざまな現実の問題に対して、どのように有効に対処できるか、あるいは対処しなければならないかという見本を、私たちの前に提示してくださっているわけでございます。ともすれば、理論のための理論に終始しがちなアカデミズムにあって、伊東先生の歩んでこられた足跡には、本当に頭が下がる思いがいたします。

第三に、伊東先生ご自身は、今申し上げたような現実と切り結ぶお仕事を続けていらっしゃる傍ら、実は経済学という学問を、これほど大切に考えておられる方も少ないのではないかと思われます。それは若くて能力のある研究者を、実に早い時点で見抜いて育ててこられたからです。

しばらく前までは、伊東先生はよく私どもの社に、そして編集部の部屋に直接入ってこられました。そして岩波の刊行物に厳しい批判をなさると同時に、「○○君という素晴らしい大学院生がいるよ。こういう研究をしているんだ」と教えてくださるのでした。

もう時効になったと思われる例を一つだけ紹介させていただきたく思います。それは先ほど『シュンペーター』の話にも出てきた根井先生に関わってのことであります。もうずいぶん以前のことになりますが、あるとき、「京大の私の研究室に〇月×日午前十一時半に来てほしい」というお電話がありました。指定の時間にうかがいますと、そこに当時まだ大学院生でいらした根井先生がいらっしゃいました。三人で一緒に京大会館に行き、昼食をとりました。そこで根井先生を紹介してくださったのです。そして、けっして忘れることができないのですが、伊東先生は私に勘定を払わせてはくださらなかったのです。「今日は私がお願いするのだから」とおっしゃって。

以上三つにまとめて申しましたが、伊東先生にお世話になっていることのすべてを言葉に表わすことはとてもできません。ただいつまでもお元気で、そしてこれまでのように私たちをお導きくださいますように願うばかりであります。

本日は本当にありがとうございました。


その後の根井氏の活躍は、周知のとおりである。

講座の進化型

講座という出版のスタイルは、もともと大学における学生のための専門講座を、一般の市民＝

読者に公開する、という意図の下に案出されたものだという。だから、ある学問の体系的な提示ということが、前提となっているといえるだろう。岩波書店がその先鞭をつけたらしい。西田幾多郎編集の「講座・哲学」や、野呂栄太郎を中心とした「日本資本主義発達史講座」などが著名である。私が関係した講座でいえば、「哲学」「精神の科学」「新・哲学」「現代社会学」「文化人類学」「心理療法」がそれに該当する。自然科学の分野であげるなら、「数学」や「物理学」は、岩波書店が得意とする分野だといえよう。

しかし、それらとは別に、ある特定の問題に関わって講座をつくることも、必要とされるようになってきた。それは社会が進展し複雑化するにつれて、そこに生じる問題はかつてのように、単一の学問で対処することが難しくなってきたからである。したがってこのような新しい講座では、異分野の専門家が議論して全体の構成をつくるとともに、執筆者としてもさまざまな分野の研究者が登場することになる。私が企画・編集したものをあげるならば、「転換期における人間」「宗教と科学」「科学／技術と人間」「天皇と王権を考える」がそれに当たる。

世紀末の指針

「講座・転換期における人間」(全十巻・別巻一)は、一九八九年六月に出発し、翌九〇年五月に完結した。編集委員は宇沢弘文、河合隼雄、藤澤令夫、渡辺慧の四氏である。宇沢・河合・藤澤の三氏については、これまで詳しく述べてきたので、説明する必要はないであろう。しかし物理学者の渡辺慧氏については、多少の説明が必要と思う。氏は一九一〇年生まれ、国際的に著名であった。氏は戦前東大でも教えていたが、ドイツやアメリカでの研究歴が長い。ハイゼンベルクやウィーナーらとともに研究したことでも知られている。そういう意味で、氏は常に物理学研究の先端にいたといっても過言ではないはずだ。

世紀末の様相が濃くなり、二十一世紀に人間はどこに向かおうとしているのだろう、といった議論が出始めた一九八〇年代の後半、私は経済学・心理学・哲学・物理学の四人の大家に集まってもらい、人間とは何かという問題について、改めて議論をしてもらうことから始めた。基本的な考え方は、哲学者の藤澤氏が提示してくれた、といってよいだろう。

第二章で書いたが、藤澤氏とはよく酒を飲んだ。二十世紀の末葉において人間とは何か、どこへ向かおうとしているのか、といった大テーマについては、どこかの会議室で改まってそのような問いを発したとしても、それでうまくまとまる、というものではないのではなかろうか。その意味では、藤澤氏とよく飲んでいたことは大いに役立った。加えて、年齢は上であったが、物理学者の渡辺氏が、藤澤氏の思想を非常に高く評価していた。したがって、藤澤氏が、私と酒を飲みながら話すような調子で肩ひじを張らずに、現在人間がどのような状況に置かれているかを語ると、自然科学の巨匠である渡辺氏がそれを補強することで、自ずからこの講座の基本路線は固まっていったように思う。そのうえで、社会科学と人間科学の大家二人が自らの主張を展開するという、ある意味では理想的なかたちで議論は進められた。

しかし振り返ってみると、最終的な案が確定し、講座が実現するまでには、足かけ四年もかかっていたのである。藤澤・河合氏が京都なので、編集会議を京都で開くことも多かった。あるとき、渡辺氏は高齢にもかかわらず、東名高速を自分で車を運転してやってきたことがあった。そして三時間ほどの会議をし、その後少し横になって休み、また東京に自分の車で帰って行った。大きな仕事をする人はやはりエネルギッシュだな、と感嘆したことを覚えている。

今右に書いたような、いってみれば役割分担の内容が、この講座の内容見本における編集委員の言葉によく表現されていると思うので、左に引用してみよう。

生き方と価値観の指針を提示する

藤澤令夫

人間は科学技術の力で、物質と生命の内奥の仕組みから宇宙空間までを、操作と行動の射程に収めるに至ったが、そのことによってまた、人間自身にかかわるさまざまの危機と、深刻な諸問題に直面することになった。20世紀の終りは西暦における千年の区切りをも画するが、人間はいま、それと波長を同じくするくらいの大きな、知と文明の転換を迫られているように思われる。

この転換期の中で、雑多な情報にまどわされることなく、いかに生き方と価値観の指針を求めるべきか、各分野の第一級の知見の結集によって、それを考えるための確実な基盤を提供したいという願いのもとに、この講座は企画・編集された。

新しい地平を切り開くために

宇沢弘文

いま私たちは一つの大きな転換点に立っている。第二次世界大戦後、科学技術の飛躍的な進歩、経済的組織の巨大化にともなって、国家はますます、そのリヴァイアサン的性格を露わにし、政治的・経済的均衡の維持はきわめて困難となりつつある。社会科学の多くの分野での既成のパラダイムはすでに、その有効性を失い、深刻な危機が起きている。それは、科学の危機であると同時に、思想の危機、人間の危機でもある。

このような世紀末的転換点の意味を明らかにし、その思想的断層を超えて、新しい地平を切り開くことが可能であろうか。本講座は、わが国のもっともすぐれた知性を結集して、この設問に答えようとするものである。

豊かなコスモロジーの創出に向けて

河合隼雄

現代は物の豊かさに比して心の貧困さが問題と言われる。しかし、現代、心の問題に迫ろうとするなら、このような単純な心と物との二分法を超える努力も必要であろう。人間をいかに解剖しても「心」は見出せない。また、一木一草、自然の隅々にまで「心」は遍在しているとも考えられる。心に対する多角的なアプローチのなかで発想の転換をはかり、心という不可解な存在を少しでも明らかにしたいと願っている。結局それは「心」という視座を通して「世界」をみることになり、新しく、より豊かなコスモロジーをつくり出すことになろう。

世紀末の科学からなにが生き残るか？

渡辺　慧

「世紀末」という言葉で20世紀末と19世紀末との類似性を指摘するのは難しくない。「完了感」と「デカダンス」との混在といえるかと思う。物理学の場合、19世紀末の物理学者の多くは、法則はすべて発見されてあとは応用問題を解くだけ、とまで言い切っていた。ところが今世紀の物理学上の大革命の芽生えは実は19世紀の終りに既に姿を現していたのである。この講座には老若の気鋭の学者が揃って執筆している。そこには、必ずや21世紀の大革命の芽生えが匿されているに相違ない。それを見抜くのは、一にかかって読者の知的嗅覚なのである。

さて、こうしてできあがった講座の内容は左に示すとおりだが、講座名を最終的に「転換期における人間」としたのは、やはり藤澤氏の主張に基づくものであった。

1　生命とは
2　自然とは
3　心とは
4　都市とは
5　国家とは

6 科学とは
7 技術とは
8 倫理とは
9 宗教とは
10 文化とは
別巻 教育の課題

「講座・転換期における人間」の特色

次に、この講座の特徴をよく表わしていると思われるいくつかの巻を取り上げて、具体的に見てみよう。

まず、第1巻「生命とは」について。

序 いま「生命」とは　渡辺 慧
I ヒトにとっての生命
1 個と多様性――ヒトの生命とは　青木 清
2 脳の働き――生物とヒト　伊東正男
3 ヒトの生命は特別か――遺伝子からみたヒト　本庶 佑
II 生命の諸相

自然科学の先端で仕事をしている方々に執筆をお願いした。本庶佑、長尾真、清水博といった方々には、この講座以降、さまざまな形でお世話になることになる。

続いて第7巻「技術とは」は、以下のとおりである。

2　生命体の操作　岡田節人
3　情報機械と人間　星野芳郎
II　技術の本源を探る
1　技術知の位相と技術的進歩　小池澄夫
2　近代科学技術の起源と展開　村上陽一郎
3　技術と技術を超えるもの　竹市明弘
III　基本的対立図式——分岐と統合
1　ノモスの分裂——制作する行為としての技術　山田慶兒
2　知識と社会秩序——フランス革命期の一技術将校の肖像　富永茂樹
IV　現代テクノロジーの素性と基本性格　中岡哲郎
V　来るべき技術文明への戦略　坂本賢三

最後に、別巻「教育の課題」の内容は、左のとおりである。

序　いま「教育」とは　河合隼雄
I　教育の目的と理念
1　転換期における日本の教育　森嶋通夫
2　『エミール』とルソー——ひとつの教育・政治理性批判　中川久定

「イワナミは好かん」という学者の著作集

別巻では、森嶋通夫氏に登場してもらうことができた。二十年くらい前まで、森嶋氏は「オムレツ、巨人、イワナミは好かん」とよく言っていた。そのヴァリエーションとして、「朝日新聞、イワナミ、NHKは嫌い」というのもあった。つまり、いずれも権威主義的な臭いがする、というのだ。私はこの講座の前から、森嶋氏に会うたびに、著作集を刊行させてほしいと頼んでいた。邦訳されていない英語の著作がたくさんあったからだ。

森嶋氏のものの見方は独特で、教えられることが多い。それで夫人と共によく会食に誘った。いつも実に楽しい会合だった。しかし、こと著作集のことに話が及ぶと、「私は生きている間に精一杯仕事をするだけだ。生きているうちに著作集など考えられん」と断られ続けた。が、最初の依頼から十数年たって、ようやく諒承を得ることができた。実現したのは二〇〇三年のことである。完結は二〇〇五年。このときには、森嶋氏はすでに逝去されていた。

このような講座が読まれるか、一抹の不安がなかったといったら、嘘になる。が、幸いなことに、こうした真面目な問題意識の講座でありながら、各冊平均で一万部近く出た。そして一九九一年には、早くも第二次募集を行なったのだから、合計すれば相当多くの読者に読まれたことになる。

役員時代の書目

一九九〇（平成二）年に私が企画・編集に関わった書目は、次のとおりである。単に「私が編集した」と書けないのは、この年、編集担当の役員になり、実務に時間をつかうことが次第に難しくなってきたからである。

梅棹忠夫『情報管理論』
筒井康隆『文学部唯野教授』

磯崎　新『バルセロナ・ドローイング――バルセロナ・オリンピック建築素描集』
山田慶兒『夜鳴く鳥――医学・呪術・伝説』
S・ローゼンバーグ『ソヴィエト流浪――ある知識人女性の回想』（荒このみ訳）
中村雄二郎『哲学の水脈』
『メイエルホリド――粛清と名誉回復』（佐藤恭子訳）
多木浩二『写真の誘惑』
I・T・ベレンド『ヨーロッパの危険地域――東欧革命の背景をさぐる』（河合秀和訳）
木田　元『哲学と反哲学』
W・G・ビーズリー
『日本帝国主義　一八九四―一九四五――居留地制度と東アジア』（杉山伸也訳）

翌一九九一（平成三）年の分も列挙してみよう。

磯崎　新・多木浩二『世紀末の思想と建築』
中村雄二郎『かたちのオディッセイ――エイドス・モルフェー・リズム』
宮脇愛子『はじめもなく終りもない――ある彫刻家の軌跡』
内田芳明『現代に生きる内村鑑三』
西垣　通『デジタル・ナルシス――情報科学パイオニアたちの欲望』

ジョナサン・ポリット編『地球を救え』（芹沢高志監訳）
J-A・ミレール編『ジャック・ラカン　フロイトの技法論』上（小出浩之・小川豊明・小川周二・笠原嘉訳）、下（小出浩之・鈴木國文・小川豊明・小川周二訳）
W・ドムホフ『夢の秘法――セノイの夢理論とユートピア』（奥出直人・富山太佳夫訳）

一九九二（平成四）年はどうだったか。

河合隼雄『心理療法序説』
ランドル・コリンズ『脱常識の社会学――社会の読み方入門』（井上俊・磯部卓三訳）
デイヴィッド・エリオット『革命とは何であったか――ロシアの芸術と社会　一九〇〇―一九三七年』（海野弘訳）
持田季未子『絵画の思考』
河合隼雄ほか『河合隼雄　その多様な世界――講演とシンポジウム』
宇沢弘文編『三里塚アンソロジー』
M・エンデ、J・ボイス『芸術と政治をめぐる対話』（丘沢静也訳）
メイナード・ソロモン『ベートーヴェン』上（徳丸吉彦・勝村仁子訳）

このほかにナショナル・ジオグラフィック協会編の「地球〈発見〉ブックス」というシリーズ

を刊行した。

『エメラルドの王国――熱帯雨林の危機』（大出健訳）
『海と陸が出会うところ――世界の海岸線と自然』（海保真夫訳）
『大地の贈りもの――地球の神秘と驚異』（松本剛史訳）
『野生を生きる――秘められた生命の世界』（羽田節子訳）
『地球を見にゆく――大陸のすばらしき自然』（大出健訳）
『荒ぶる地球――自然災害のすべて』（近藤純夫訳）
『知られざる辺境へ――世界の自然と人々』（亀井よし子訳）

また「講座・宗教と科学」（全十巻・別巻二）を九月に出発させた。これについては項を改めて書こう。ここでは一九九〇〜九二年の単行本について特徴的なことを述べる。

ロシア文化の明と暗

S・ローゼンバーグ『ソヴィエト流浪』、『メイエルホリド』、D・エリオット『革命とは何であったか』は、いずれもソヴィエトにおける弾圧と粛清の問題を対象としている。R・ヤーコブソンやフリードマンを生み、二十世紀の学問を大きく方向づけたロシア。にもかかわらず、革命政権の成立は、知識人や芸術家にとって決してバラ色のものではなかった。私は無意識のうちに、このロシア文化のもつ明と暗の双方に、深い関心を向けていたようだ。『メイエルホリド──粛清と名誉回復』は、佐藤恭子氏に訳してもらった。佐藤恭子氏は佐藤信夫氏の妹さんだ。西洋中世の修辞学を研究していた信夫氏とは、よく会って話をした。大学を出て、フランスの化粧品会社か何かの日本支配人を経て、研究者になったという経歴の持ち主で、氏のレトリック論などはとても面白かった。

本書は、モスクワで刊行された演劇雑誌『演劇生活』の一九八九年五号「メイエルホリド特集」を全訳したものである。モスクワの近くのペンザ市で開かれた、メイエルホリド第一回国際会議に招待されて出席した佐藤恭子氏から話を聞いて、単行本化した。メイエルホリドについて述べる必要はないと思うが、この本では彼が処刑される前後の事情と名誉回復のいきさつが、詳しく記されている。判決文や手紙などの写真も数多く収載された、貴重な資料だ。

『メイエルホリド』と同じ大型、B5判の『革命とは何であったか──ロシアの芸術と社会　一九〇〇―一九三七』は、海野弘氏に訳してもらった。原書は David Elliott, *New Worlds, Russian Art and Society 1900-1937*, Thames and Hudson, 1986. である。三〇〇枚以上の図版を載せた本書は、ロシア・アヴァンギャルド全般にわたっての重要な資料だと思う。海野氏の「訳者あとがき」から引用したい。

ロシア・アヴァンギャルドは二十世紀の夢とでもいうべきものであったが、私にとっても青春の夢であった。早稲田大学でロシア文学を学んでいた私は、ソヴィエト研究会に入った。

当時、マヤコフスキーの再評価がはじまっていた。私たちは、スターリニズム批判という視点だけに満足できず、アヴァンギャルドの起源として世紀末までさかのぼることにした。おそろしく稚拙ではあったが、絵画や建築を含むロシア・アヴァンギャルドの再評価に手をつけたのは、日本では、このソ研のグループが一番早かったのではないだろうか。私は卒論にアンドレイ・ベールイの『ペテルブルク』を選んだのである。

しかしその後、私は世紀末に深入りしてしまい、ロシア・アヴァンギャルドにもどることができなかった。一九八〇年、日本でも「芸術と革命」展（西武美術館）が開かれることになった。私は最初に相談を受けていたが、視点がくいちがったこと、私自身の未熟さもあって、参加することはできなかった。しかし、その口惜しさの中で、ロシア・アヴァンギャルドをもう一度きちんと調べ直す気になり、また批評家として自立できたのも、この出来事のおかげであった、と今では感謝している。

そして私はひさしぶりに、自分の起源にもどり、まずアヴァンギャルド前史として、『ペテルブルク浮上』（新曜社）を書いたのであった。ちょうどその頃、エリオットの訳の話があった。この本の特色は、視野が広いことである。個々の研究は進んでいるが、トータルに見取図を与え、ロシア・アヴァンギャルドとは、そして革命ロシアとはなにかを、これほど豊かに語ってくれる本はまだ他にない。そして図版も魅力的である。

日本におけるこれまでのロシア・アヴァンギャルド紹介は、社会的背景への視点を欠くか、避けてきたため、デザインの紹介に終り、あまり面白くない。この本は、それらのデザインが生み出されるにいたるスリリングな歴史と人間の悲劇を語ってくれる。
　この仕事ができたのは、岩波書店の大塚信一さんのおかげである。それについて一度も話したことはないが、この本の訳者に私を選んだのは、「芸術と革命」展の時の私の口惜しさを大塚さんがおぼえていてくれたからだ、と私は勝手に解釈している。その長く深い友情に、感謝のことばもない。

海野氏は、「その長く深い友情に、感謝のことばもない」と書いてくれた。しかし、それはそのまま、私が海野氏に対してお返ししなければならないものだ。海野氏の著作活動の最も初期、まだ氏が平凡社の編集者であった頃、私は氏の著作を読んで興味を覚えたあることについて、氏の教示を乞いにいった。そのときに、私は氏と同年齢であることを知った。それ以来、約四十年間、私は氏の著作を通して、あるいは直接に、さまざまなことを一方的に教示してもらった。
　私が引退した後には、二、三カ月に一度会い、五、六時間話を楽しむ。氏からは百冊以上の著作のすべてをいただいたが、私が受けた教示の大きさは、百冊の著作をはるかに超える。それに対して、私は何一つお返しができない。このようにアンバランスな関係でありながら、初対面のとき以来、変わらぬ態度で接してくれる氏に、私は何と御礼を言えばよいのだろうか。

環境問題と「地球〈発見〉ブックス」

J・ポリット編『地球を救え』は、英国の出版社 Dorling Kindersley 刊の原本 *Save The*

Earth をもとに、全世界で同時に各国語に訳され、出版された。かけがえのない地球の、美しい写真をたくさん掲載した大型本である。

本書カバーのそでには次の文章が印刷してある。

「あなたがこの本を買うと、その代金の一部は、〈地球の友インターナショナル〉のとくに第三世界と東欧での活動を支援し、いま最も緊急の必要に迫られている環境キャンペーンの基金に充てられる。『地球を救え』はまた、リオデジャネイロで一九九二年六月に開かれる〈アース・サミット92〉に寄与する手段ともなる。この環境と開発に関する国連会議は各主要国の首脳が参加する。そして〈アース・サミット92〉の成功は地球を救うための現実的な行動であり、あなたにできることは百の言葉を連ねるよりも、本書に付いている〈アクション・パック〉を用いて参加することなのだ。」

編集のJ・ポリット氏は、自ら世界各地を回り、この書物の販売促進キャンペーンに努めていた。日本にもやって来て、岩波書店と共同で記者会見を開いたりした。わずか数日の日本滞在であったが、私は彼と一緒に、協賛金を出してくれた清水建設本社などを訪ねた。日本では、全国の小中学校が購入してくれたようで、多くの部数が出たことを覚えている。

この年、私はアメリカに招かれた折に、ワシントンにあるナショナル・ジオグラフィック協会の本部を訪れる機会があった。協会の幹部諸氏に話を聞いて、アメリカのNPOの実力をまざまざと実感させられた。この協会の発行する雑誌『ナショナル・ジオグラフィック』は、長い歴史を持つが、その当時の発行部数は、なんと一二〇〇万部だった。この雑誌のために、五十人の写真家を常時、世界各地に派遣している、という話でもあった。そういうわけで、表看板の雑誌の副産物として、美しい写真や迫力のある写真を満載したさまざまな単行本が刊行されていた。それらの中から七冊を選んで邦訳したのが、「地球〈発見〉ブックス」である。ナショナル・ジオグラフィック協会のほかにも、ワイルドライフの保護団体など、二、三のNPOを訪問したが、いずれも経済的にしっかりした基盤を持って、活発に運動を展開しているのを知り、大いに啓発されたものである。

『夢の秘法』『河合隼雄　その多様な世界』など

『夢の秘法』は、西マレーシアの高地に住む土着の人々（セノイ族）が、夢を自在にコントロールし、個人や共同体の創造行為に応用しているというある人類学者の報告に関する、一九六〇〜七〇年代のアメリカ文化の反応を記した、興味深い本である。最終的には、キルトン・スチュワートという人類学者は〝詐欺師〟とされるのだが、カウンター・カルチャーの時代のアメリカ人たちが、夢理論を媒介としてリアリティの多元性について書いたスチュワートの論文に、まんまとだまされてしまったその理由を、本書は見事に解明した。

キルトン・スチュワートの〝論文〟について、最初に教えてくれたのは、英文学者の由良君美氏だった。それは、スチュワートの"Dream Theory in Malaya"が収録されている書物 *Altered*

States of Consciousness (ed. by Charles Tart, John Wiley, 1969) のことを話してくれたときのことだ。才人である由良氏は、専門の英文学のほかにも、多方面にわたる関心をもっていた。駒場の研究室で、ときには突拍子もない話を聞かせてもらったものだ。そういえば、由良氏の父君・哲次氏は、カッシーラーについて学んだ哲学者だが、晩年には写楽の研究に没入するというユニークな研究者だった。

一九七四年の春、由良君美氏と河合隼雄氏、それに山口昌男氏の三人に、雑誌『図書』で人文科学の新しい傾向について鼎談をしてもらったことがある（「人文科学の新しい地平」『図書』第二九七号、一九七四年五月）。一八頁にもわたる長大な鼎談だったが、社内はもとより、読者からの反応は、ほとんどなかった。しかし、中国文学の大家である吉川幸次郎氏だけが、「あれは面白かった。新しい時代が開けつつある」と、『図書』のA編集長にじきじきに伝えてくれた。私は、吉川氏は本当にすごい人だと、改めて感嘆したことを覚えている。

ちなみにこの鼎談の小見出しを左に記しておこう。二十世紀の最後の四半世紀における人文科学のありようが見事に予見されている、と思うからだ。

人文科学の再出発／古典物理学的思考の終り／カナリヤとしての人間／ピューリタニズムの危険／夢との対話／周縁と中心のモデル／仲介者としての治療者／ロマンチシズムのリアリティ／深層のモデルとしてのピエロ／コールリッジと無意識／バスケート族の身体言語／偶然性を読みとる技術／象徴的政治学

『河合隼雄　その多様な世界——講演とシンポジウム』についても、述べておこう。

この本は、一九九二年三月六日に、東京・麴町の東條会館で開かれた〈講演&シンポジウム・河合隼雄　その多様な世界〉の記録をもとにしたものである。当日は河合氏の講演「現代人と心の問題」を第一部として、第二部では「河合隼雄とは？」というテーマで、シンポジウムが行なわれた。今江祥智、大江健三郎、中村桂子、中村雄二郎、柳田邦男の諸氏にパネリストをお願いしたのだが、まず第二部の前半では、これら五人の方々に「河合隼雄と私」ということで、それぞれ十五分間話をしてもらった。それを承けて、後半では、河合氏も加わって議論が展開された。司会は私が務めた。

この企画は、河合氏の京都大学退官と、二冊の著作（『心理療法序説』、『子どもと学校』岩波新書）の同時刊行を記念して行なわれたものだった。当日は、午後一時から七時三〇分まで、六時間余にわたる会だったが、河合氏をはじめとするパネリスト各氏のユーモアを交じえた議論によって、あっという間に時間が経過した。超満員の聴衆は、最後まで熱心にシンポジウムに聴き入っていた。後日、このようなシンポジウムにしては珍しく、数人の聴衆から心のこもった礼状を受けとり、嬉しい思いをした。

『心理療法序説』は、河合氏が二十年間京大教育学部で行なった研究と教育の総まとめの意味で、早くから準備していたものだ。河合氏とは、刊行の二年ほど前から、氏の退官時にはこの本をまとめていただきましょう、という話になっていた。本書「あとがき」の最後の文章は以下の如くだ。「心理療法は、わが国においてはまだ発展の端緒についたばかり、という感じもしている。今後のわが国の心理療法の発展に、本書が少しでも貢献できれば、筆者の喜びはこれに過ぐるものはない。　一九九一年末　著　者」

今日、大きな災害や事故が発生すると、必ず心理療法士が派遣されるようになった。わずか十五年の間に、心理療法は学問としての地位をはっきりと確立したように思う。

また、この間『心理療法序説』に基づいて、河合隼雄氏の単独編集による「講座・心理療法」(全八巻)を、二〇〇〇年から二〇〇一年にかけて刊行した。この講座によって、心理療法の研究者の数も質も一段と飛躍することができたと確信する。

ここに至るまで、「講座・精神の科学」のことをはじめとして、折々に河合氏より聞かされた苦労話の数々を思い出すと、感慨は尽きることがない。

高エネルギー研所長はクリスチャン

「講座・宗教と科学」(全十巻・別巻二)は、一九九二(平成四)年九月に出発し、翌年八月に完結した。編集委員は、河合隼雄・清水博・谷泰・中村雄二郎の諸氏、編集顧問を門脇佳吉・西川哲治氏にお願いした。

このうち清水博氏と西川哲治氏には「講座・転換期における人間」に執筆してもらい、親しくなった。西川氏は第六巻『科学とは』で、ビッグサイエンスについて書いてくれた。その原稿をもらったときのことはよく覚えている。虎の門の教育会館の喫茶室で会って、その場で原稿を読ませてもらった。なぜだかわからないのだが、西川氏の原稿を読んでいると、この物理学者はクリスチャンにちがいない、という思いが湧いてきた。読み終わって礼を言い、ついでに「つかぬことをうかがいますが、西川先生はクリスチャンではないですか」とぶしつけな質問をした。すると西川氏は、「そうです。が、よくわかりましたね」と答えた。西川氏の話では、牧師の代りに説教する資格を持っている、とのことだった。当時氏は、つくばにある高エネルギー研究所の所長だったが、「折々に所員を集めて話をするのは、やはり説教ぐせが抜け切らないのでしょうね」と笑って言った。それ以来、氏とはすっかり親しくなって、仕事以外にも交流が続いた。

高エネルギー研は巨大な加速器などを使うので、予算の額も驚くほど大きい。あるとき、国際日本文化研究センターの所長をしていた河合隼雄氏が、私に言った。「全国研究所所長会議で西川先生に会うけれど、西川先生は別格の扱いですよ。何しろ使う金が、文化系の研究所とは桁ちがいだから」と。しかし西川氏は、こうした俗事とは無縁で、理科系の事情にうとい私をさまざまなかたちで啓蒙してくれた。

少したって、氏は東京理科大の学長になったが、折々に連絡をくれた。後に大沢寿一氏（元NEC専務の技術者）を紹介してくれ、大沢氏は友人でシリコン・バレーの企業家でもある科学者、エドワード・ギンツトンの興味深い自伝『われら電子を加速せり』（一九九七年）を訳出してくれた。その本の出版の記念にと、大沢氏はギンツトンにもらったという、アンセル・アダムズの有名な写真の一枚（シエスタ湖）を贈ってくれた。それ以降、大沢氏とは仕事を離れた交流が続いた。人のつきあいとは、つくづく面白いものだと思う。

二十一世紀の問題

古い手帳を調べると、「宗教と科学」の講座企画そのものはすでに一九八八年に考え始めているが、実際に編集委員・編集顧問に集まってもらい会議を開くのは、一九九〇年に入ってからだった。講座はすでにいくつか作ってきたので、慣れたといってはおかしいが、手ぎわよく準備ができたと思う。企画をつくるうえで最も深く留意したことは、宗教を、一見それと対極にあると考えられる科学との関係において捉えることであった。この意味では、先に書いた河合隼雄氏の『宗教と科学の接点』の延長上にある企画だといえるだろう。この間の事情を、講座の内容見本に、中村雄二郎氏が簡潔にまとめてくれているので、引用しておこう。

二十一世紀を間近に迎えて、いま私たち人間が直面しているのは、数百年に一度ともいえる現実的および内面的な世界の激変である。そして、そのことがもっとも尖鋭にあらわれているのは、科学と宗教との界面においてである。これまで永い間、宗教と科学とは対立し排除し合うものとして見なされてきた。しかし今日では、科学の射程が極大の宇宙から極小の量子の世界にまで及ぶに至って、科学もまた生命と存在の根源というすぐれて宗教的な問題系に向かい合わざるを得なくなった。したがって、宗教の側もこのような科学の動向からのさまざまな問いかけに答えなければならない。しかも、この生命と存在の根源をめぐる問題は、単に原理的なものにとどまらず、たちまち私たちの生活や政治・社会のあり方に密接に関わってくる。今世紀と来世紀を結ぶ記念碑的な講座になれば、と思う。

また河合隼雄氏は次のように書いている。

人間は自分の生まれてきたこの「世界」をいかに理解するか、という課題を背負っている。古くは、神話がそれに対する解答を与えてくれ、そのような意味で「宗教」が人間を支配していた。近代ヨーロッパに興った自然科学は、人間を宗教による完全な支配から解放した。しかし、科学が宗教の位置を乗っ取ってしまいそうになった今日において、人間は科学の知のもつ危険性と限界を知るようになった。

宗教と科学は互いに優劣を競ったり、正誤を争ったりするようなものではなく、相互に対立しつつ補完的な辛抱強い「対話」をすることによってこそ建設的な道が見出せる、という自覚が徐々に、人々のなかに生まれてきつつある。本講座はそのような「対話」を各領域の第一線に活躍している人々に試みてもらおうとするものである。

さて、こうした問題意識で議論した結果できたのが、左の如き全巻の講成である。

1　宗教と科学の対話

2　歴史のなかの宗教と科学

3　科学時代の神々
4　宗教と自然科学
5　宗教と社会科学
6　生命と科学
7　死の科学と宗教
8　身体・宗教・性
9　新しいコスモロジー
10　人間の生き方
別巻1　「宗教と科学」必読文献……日本篇
別巻2　「宗教と科学」必読文献……外国篇

「講座・宗教と科学」の内容

それでは具体的にいくつかの巻の内容を見てみよう。まず第1巻『宗教と科学の対話』について。

序論　対話の条件　河合隼雄
1　論点としての〈生命〉　清水　博
2　宗教と科学——分岐の界面を探る　谷　泰

3　科学の言葉・宗教の言葉　村上陽一郎
4　宗教者から科学者へ——危機意識の覚醒を訴える　門脇佳吉
5　科学の反省と宗教への期待　垣花秀武
6　カトリックの場合　柳瀬睦男
7　プロテスタントの場合　倉松　功
8　仏教徒の場合　武藤義一
9　日本人の場合　山折哲雄

続いて第6巻『生命と科学』。

序論　生命科学から見た生命　清水　博
1　生命的多様性——関係の総体論から見た生物群集とその進化　川那部浩哉
2　ウロボロス——生命の臨界論理　郡司ペギオ＝幸夫
3　対談「発生から見た生命」　塩川光一郎　矢野雅文
4　細胞生物学の最前線　和田　博
5　生命とリズム　山口陽子
6　生物的自律性　鈴木良次

7　物語としての生命　中村桂子
8　生物の情報と意味――「自然という書物」は解読できるか　高橋義人
9　気の科学　湯浅泰雄

最後に第9巻『新しいコスモロジー』を見てみよう。

序論　現代文明と聖なるもの　谷　泰
1　黙示文学的終末論の可能性　近藤勝彦
2　現代物理学の宇宙観　佐藤勝彦
3　素粒子と宇宙　佐藤文隆
4　フラクタルとカオス　山口昌哉
5　ペガサスに跨がったサル――「心の座」を求めて　松下正明
6　エコロジーと新しい地球観　古谷圭一
7　都市化と宗教――宗教社会学、神学、都市記号論　高柳俊一
8　ユートピアの未来　菅野盾樹
9　密教の宇宙と象徴　松長有慶

ご覧のように、これらの巻だけでも、かなり多くの自然科学研究者に登場してもらっている。

「講座・転換期における人間」でも自然科学者に登場願ったが、そう多くはなかった。そしてよほどの大家でないかぎり、このような講座に執筆してもらうのは難しかったことを覚えている。つまり、実証的な研究を第一義的に重要と考える自然科学では、「生命とは」とか「科学とは」という大きなテーマで論文を書く機会は、そう多くはなかったにちがいない。しかし、この十年ぐらいの間に、事態はどんどん変化したように思う。

後に述べる「講座・科学／技術と人間」の場合には、自然科学者・工学者たちに、今述べたようなためらいは少なくなったようだ。これだけ科学や技術が進展してくると、社会や人間、あるいは価値や倫理といったこととの関係を、無視できなくなってきたのだと思う。この「講座・宗教と科学」も、営業的にはそれなりの成功を収めた。

2　「中村雄二郎著作集」から『安楽に死にたい』まで

テーマ別講座のように

一九九三（平成五）年一月に「中村雄二郎著作集」（全十巻）の刊行を始める。この著作集は中村氏の自選により、三十年間の哲学的思索の軌跡を、左の如くまとめたものである。

1　情念論
2　制度論

3　言語論
4　方法序説
5　共通感覚
6　パトス論
7　西田哲学
8　ドラマトゥルギー
9　術語集・問題群
10　トポス論

このようにまとめるに当たって、中村氏は著作集内容見本の「著者のことば」で、次のように書いている。

広い意味で〈哲学〉という領域で永年仕事をしてきて、何より嬉しく思うのは、自分の著作が広範な読者の支持を受けてきたことであり、また、現場を持った色々な専門分野の方々が私の出したメッセージを敏感に受け取ってくださってきたことである。《人間に関係あることで哲学と無関係なことは何一つない》と考える一方、《自分に責任の持てないことは書くまい》と心に決めていわば自然体でやってきたのだが、それがよかったのであろう。問題の拡がりを〈自分〉というまとまりによって、変転する時代のなかで理論的に組織化できたようである。

この著作集が主題（テーマ）別の構成になったのも、そのことと無関係ではない。現実との私の関わり方が、各時期にそれぞれの主題を浮かび上がらせることになった。ものを考えていく過程がそのまま、主題別の展開になったのである。

体裁として一人の手になる講座のようなものになったけれど、その結果、私の意図が整理されて、読者一人ひとりの心によりよく伝わってくれれば、と願っている。

そして私は、内容見本の「刊行のことば」で、次のように書いた。

中村雄二郎先生は、高度経済成長期以降の激動するわが国思想界にあって、もっとも精彩に富みかつ着実な思索を展開してこられた哲学者である。明晰な知性と豊かな感性とが相まって、常に時代の問題を先取りし、哲学の伝統の中に定位する氏の旺盛な著作活動は、哲学のみならず心理学や精神医学、生命科学から医学の現場、さらには演劇をはじめとする芸術諸分野に至るまで、広く多大な思想的影響を与えている。また〈共通感覚〉〈トポス〉〈臨床の知〉といった氏の思想を体現するキイタームは、不確実性の時代の中で新しく豊かな世界認識の可能性を提示し、それが氏の著作を数冊のベストセラーを含めて読者に強くアピールする要因となっている。

小社は西田幾多郎、和辻哲郎、九鬼周造、三木清など日本の代表的哲学者の全集を刊行してきたが、今回中村雄二郎先生の三十余年にわたる業績の新しい形式による集成を、それらに続けて刊行できることを大きな喜びとするものである。一人でも多くの読者が氏の思想の水脈から自らの立場に即して思索の糧を得られんことを願って止まない。

私は四十年間、出版の仕事に携わってきたが、その間、中村雄二郎、宇沢弘文、河合隼雄、大森荘蔵、上田閑照、荒井献、藤澤令夫、森嶋通夫といった方々の著作集出版に関わることができた。私はそれを大きな誇りとしている。なぜなら、出版の営為とは、優れた人間の知識と知恵の創出に加担し、併せてそれらを保持し次の世代に継承していくことにある、と考えるからにほかならない。

小さな石仏の庭

ここで、その著作集刊行に関わった右の諸氏のうち、上田閑照氏のことについて触れておきたい。今まで言及する機会がなかったからである。

上田氏は『私とは何か』(岩波新書、二〇〇〇年)の「あとがき」を次のように書き出している。

この新書は新書編集部のＹさんが手がけた。

もう何年も前になるが、当時の編集部長大塚信一さん(現社長)と話をしていたなかで、「私とは何か」という問題がテーマとして現れてきた。それ以後、大塚さんと話す機会のあるごとに、この問題についてあれこれ気になることや考えたいことを話して聞いていただいたが、そのうち「新書」でまとめてみてはというお誘いがあった。私も是非と思いながら、時ばかり過ぎていった。ちなみに大塚さんは三十年前、私に初めて声をかけてくださった岩波書店の編集者である。今度この原稿を書きながら、あらためてその因縁を思った。

この引用にあるように、私は三十年以上も昔に、上田氏に会いにいったことがある。私は、当時刊行された「講座禅」（筑摩書房、一九六七年）第一巻に収録された上田氏の論稿「禅と神秘主義」を読んで、文字通り目からウロコが落ちる思いをした。それは、ドイツの神秘主義者マイスター・エックハルトと禅の比較を通して、禅の世界の輪郭を描き出した論稿だった。

それ以来、なんとか上田氏に登場してもらいたいと考え続けてきた。しかし、実際に仕事をお願いすることができたのは、比較的最近のことである。一九九〇年代に入って、上田氏には次から次へと、仕事をお願いすることになった。講座の「宗教と科学」「日本文学と仏教」「現代社会学」に登場してもらい、『禅仏教──根源的人間』（同時代ライブラリー、一九九三年）、『西田幾多郎──人間の生涯ということ』（同時代ライブラリー、一九九五年）などの著作をまとめてもらった。

ちなみに上田氏夫人真而子氏には、児童書の翻訳で以前から大変お世話になっている。リヒターの『あのころはフリードリヒがいた』（一九七七年）やM・エンデの『はてしない物語』（一九八二年、共訳）あるいは『ジム・ボタンの機関車大旅行』『ジム・ボタンと13人の海賊』（いずれも一九八六年）など十冊以上にもなるだろうか。

私は何回も、ご夫妻を比叡平にあるお宅に訪ねた。さまざまな野草の咲く庭には、小さくて素朴な石仏があるが、それはまさにご夫妻の温い雰囲気を表現しているように思えたものだ。上田氏の著作集は、例のベテラン編集者N君が担当してくれた。

『ダブリンの4人』など

一九九三（平成五）年に私が企画・編集した単行本には、先に述べたM・ソロモン『ベートーヴェン』（下）のほかに左記の四点がある。

藤澤令夫『世界観と哲学の基本問題』
R・エルマン『ダブリンの4人――ワイルド、イェイツ、ジョイス、そしてベケット』（大沢正佳訳）
河合隼雄『講演集　物語と人間の科学』
宇沢弘文『二十世紀を超えて』

R・エルマンの『ダブリンの4人』の一部は、『へるめす』に何回かに分けて掲載した。R・エルマンはアメリカ人の文学研究者なのだが、一くせも二くせもあるワイルド、イェイツ、ジョイス、ベケットを論じて、これほど面白く、興奮させて読ませる批評家はいないのではないだろうか。少なくとも私は、エルマンの『イェイツ――人と仮面』（一九四八年）と『ジェイムズ・ジョイス』（一九五九年、改訂版一九八二年）、そしてエルマン逝去の年に刊行された『オスカー・ワイルド』（一九八七年）の三冊の大著によって、イェイツ、ジョイスとワイルドの世界に引き込まれてしまった。

『ダブリンの4人』も、『オスカー・ワイルド』の刊行された年に出版された。大沢正佳氏は、エルマンによるダブリンの四人の特異な世界を、見事に日本語として定着してくれた。文学好きの読者には、私は必ずこの本を薦めることにしている。

都市論の可能性

一九九四（平成六）年には、中村雄二郎氏の『悪の哲学ノート』や大岡信氏の『一九〇〇年前夜後朝譚——近代文芸の豊かさの秘密』、安藝基雄氏の『一臨床医として生きて』の刊行に関わったものの、単行本関係ではほかに見るべきものはない。

一九九五（平成七）年には、左記の単行本の出版に関わったが、自分で編集したのは、藤澤氏の本だけである。他の本はいずれも、ベテラン編集部員Tさん、Sさん、Kさん、S君が実務を担当してくれた。

R・ヴァイセンベルガー編
『ウィーン　一八九〇—一九二〇——芸術と社会』（池内紀・岡本和子訳）
山田慶兒・阪上孝編『人文学のアナトミー——現代日本における学問の可能性』

藤澤令夫『「よく生きること」の哲学』

E・ロータース編

『ベルリン 一九一〇―一九三三――芸術と社会』(多木浩二・持田季未子・梅本洋一訳)

山口昌男『「挫折」の昭和史』

同　『「敗者」の精神史』

井上有一『東京大空襲』

E・ルーシー＝スミス『20世紀美術家列伝』(篠原資明・南雄介・上田高弘訳)

『ウィーン 一八九〇―一九二〇』と『ベルリン 一九一〇―一九三三』について、少し説明を加えておこう。これらは、スイスの出版社 Office du Livre が企画し刊行している都市のシリーズから選んで訳出したものだった。ほかに『ニューヨーク 一九四〇―一九六五』とか、『モスクワ 一九〇〇―一九三〇』などもあり、訳出して刊行したかったのだが、翻訳権を得ることができなかった。「叢書・旅とトポスの精神史」の延長上に、このような本格的な都市論を出すことができれば、と考えていたのだが、残念だ。

このシリーズの翻訳権を得ようと努力している最中に、私は本格的な東京論をぜひ刊行したいと思った。多木浩二氏や海野弘氏などに相談に乗ってもらったことを覚えている。魅力ある外国の都市とともに、東京(江戸)、大阪、京都などの、図版や資料を満載した都市論があって然るべきだと、今でも思っている。

『20世紀美術家列伝』の著者E・ルーシー＝スミスは、『一九三〇年代の美術』の著者であることは、先に書いた。

活版最後の仕事

一九九六（平成八）年には、ずいぶん長い時間をかけて、ようやく服部四郎編『ローマン・ヤーコブソン　講造的音韻論』（矢野通生・米重文樹・長嶋善郎・伊豆山敦子訳）を刊行することができた。この本はA５判の学術書だが、いろいろな意味で思い出が深い。

第一に、編者の服部氏は前年の一九九五年に逝去されていたが、本書の長文の「はしがき」は、早くも一九八七年十月には脱稿していたのだった。そこでは、服部氏にしては珍しく、私情も交じえて一九五一年以来のヤーコブソンとの交友を語っていた。当のヤーコブソンは一九八二年の七月に、八十七歳で亡くなっていたのだ。

第二に、本書には十四本のヤーコブソンの論文の邦訳が収められているが、それらは一九二九年から五九年に至る期間に発表された、文字どおりの主要論文であった。例えば「ロシア語の音韻進化に関する考察」「標準スロヴァキア語音素論覚え書き」「音素の構造について」「スラブ語比較音韻論」「ユーラシア語連合の特徴づけに寄せて」等々である。しかもこれらの論稿は、仏・英・独・露の各国語で執筆されていた。

そして第三に、この本が活版印刷の最後の本（精興社の場合）になったことだ。あの懐しい活字が立ち上がってくるような印象を与える印刷は、それ以後見られなくなってしまった。何とも残念なことだ。しかし、活版印刷の最後に立ち会えたことは、編集者として光栄に思う。編者服部氏の逝去をきっかけに、訳者たちは必死の努力を重ねて、ようやく出版にこぎつけることができたのだ。私自身も本書が刊行されたとき、ホッと肩の荷をおろした気分であったことを覚えている。いろいろと難題を伴ってはいたが、R・ヤーコブソンと服部四郎という言語学の大家に関わって仕事ができたことを、私は編集者として幸せに思う。

と同時に私は、三十数年前に、新米の編集者でありながら自らの勘によって、ほとんど完成していた「講座・哲学」の案に『言語』の巻を加えるという〝快挙〟を行なったこと、そしてその〝後ろめたさ〟を埋めるかのように、その後の三十年間、ソシュール、ヤーコブソン、トゥルベツコイ、イェルムスレウ、チョムスキーなど言語学関係の本を出版し、さらにはその展開としての記号論に関わる書物を数多く編集したこと、などを思い出し、自分でも苦笑を禁じ得ないのである。

小児科医の安楽死論

一九九七（平成九）年と九八（平成十）年には、松田道雄氏の著作『安楽に死にたい』と『幸運な医者』を出した。私が初めて松田氏に会ったのは、そんなに昔のことではなく、十年ほど前のことだった。盆のあいさつに行く岩波雄二郎氏（当時会長）のお供で、松田氏および奈良本辰也氏と、一夕会食する機会があった。松田・奈良本両氏は、年齢の割にはよく食べ、よく飲んだ。すっかり酔って足元のおぼつかなくなった松田氏を、強い雨の中、夷川通り小川東入ルのお宅まで送り届けたのを、昨日のことのように記憶している。

それ以来、松田氏をよく訪問するようになった。それは、松田氏の考え方に強く惹かれるところがあったからだ。それまで松田氏の担当は、『育児の百科』か新書の編集者だった。そうした編集者たちは、当然のことだが、育児とか小児医療に関わる話をした。新書の『私は赤ちゃん』『私は二歳』などは、刊行から今に至るまでどんなにたくさん読まれていることだろう。

しかし晩年の松田氏は、人間が生きて死ぬということについて、独自の哲学を築きつつあった。主として哲学や思想の分野を担当してきた私は、その独自の哲学に深い関心を持った。松田氏も自分の話に興味をもってくれる私に対して、さらに自らの思索の展開を逐一話してくれるようになった。例えば、自然法についての氏の関心と研究の蓄積は驚くべきものであった。私が思うに、氏の思想の根幹はニヒリズムであった。自ら信じていた社会主義の崩壊という事実を契機に、そのニヒリズムはさらに深まった。しかし、世の中のことはすべて虚しい、すべて滅びるという氏のニヒリズムが行きついたところは、自らだけを恃むという自己尊厳の考え方だった。

そして高齢に達した松田氏にとって最大の問題は、人間はいかにすれば尊厳ある最期を迎えられるか、ということであった。そこから〝安楽死〟への関心までは、わずか一歩のことにすぎない。高齢者医療における延命至上主義を批判し、生死の選択は誰によってなさるべきかを問うたのが、『安楽に死にたい』であった。

『幸運な医者』は、松田氏が逝去されてから、氏が『図書』や「講座・現代社会学」などに発表した文章を集めて、私が編集した。「幸運な医者」「老いの思想」「老いの楽しみ」「老いの周辺」

という講成だ。そして最後に、主要新聞各紙に掲載された。早川一光・大日向雅美・飯沼二郎・多田道太郎・鶴見俊輔・松尾尊兊各氏の追悼文を付した。「老いの思想」の中の「私のニヒリズム」から、一部を引いておこう。

八十七歳になって、私のニヒリズムはますます切実なものになってきた。

（中略）

「私のニヒリズム」のなかで切実になったのは、一切は空しい、人間の命はかりそめのものだというところだ。

友人の大方は他界した。きのうも一人なくなった。いつ私の番になってもおかしくない。

（中略）

やれるだけのことはやったんだから、客観的にはいつ死んでも、世界の大勢には関係ないといえるが、年をとるほど、客観的になれない。活字がよめるあいだ、テープが聞けるあいだ、ビデオが見られるあいだ生きていたい。

一切空の虚無であるだけ、人間の創造したもので埋めていきたい。それを可能ならしめる自分の命、それは私だけのものだ。それを他人に操作されたくない。

病気になっても入院して若い医者に指図されたくない。大脳皮質の機能停止を死と思っている私と、全脳の機能停止を死とし、それまで脳幹の生きているかぎり治療をやめない彼らと見解がちがうのだからうまくいくはずがない。

死後に届いた封書

一九九八年五月三十一日、松田道雄氏は逝去された。その報が私に届いたのは、六月三日の早朝だった。その日私は、日中文化交流協会の訪中団の一員として、中国に向かうことになっていた。成田空港で長文の弔電原稿を書き、秘書室から打ってもらった。その日の午後、北京の貴賓楼飯店の部屋から美しい故宮の屋根の連なりを眺めながら、松田氏のお宅で交わした会話の数々を思い出していた。

六月十二日の夜、成田に戻ってきた私は、秘書室から電話連絡を受けた。「松田先生から大塚さん宛に封書が届いていています。今開けて読みましょうか」と。私は「それは速達便ですか普通便ですか。速達便でなければ開ける必要はありません」と答えた。というのは、松田氏の私への手紙はいつも速達便だったからだ。ハガキ一本の簡単な用件でも速達だった。だから普通便だということには深い意味が籠められている、と判断したのだ。翌朝出社して、松田氏の手紙を開封した。そこには、私が予想したとおり、次の文面が記されていた。

色いろ、お世話になりました
ありがとうございました
一九九八《ママ》五月三十一日
松田道雄

大塚信一様

最後に、『幸運な医者』から、早川一光氏の追悼文の一部を引用しておきたい。

この人が、五月三十一日、深夜、急に心筋梗塞発作で意識を失い、家族に見守られて亡くなられた。私も主治医として、ジーッとそれを見つめた。
私は、先生のその亡くなり方に、歌舞伎、『勧進帳』の幕切れの一場をみた。
松田先生は、あれは義経と百も承知の上、何もかもゆるして己の死を覚悟した富樫《とがし》に見送られ、軽く会釈して、たった一人、大見得をきって花道を、六法を踏んで消えた。

いつごろからだったか、松田氏と会うたびに、必ず、「お父上はお元気ですか」と気づかってくれた、氏と同年齢であった私の父も、昨年（二〇〇五年）の暮れに他界した。

3　二十一世紀のためのいくつかの試み

大テーマをハンディに

一九九五（平成七）年に、シリーズ「21世紀問題群ブックス」を出発させた。編集委員を青木保・佐和隆光・中村雄二郎・松井孝典の各氏にお願いした。皆気心の知れた方々なので、活発な議論を楽しむことができた。二十世紀も押しつまり、二十一世紀を目前にしている時点だったので、当然千年単位の節目に関わる人類史的な問題意識で論じられることが多かったが、松井孝典氏の場合には、さらに宇宙・地球・生命に開かれた視点で論じることで、全く異なる問題が浮上した。

氏の言葉を借りるなら、「現代とは、農耕牧畜の開始により地球システムに人間圏なるサブシステムが分化した時代であり、二十一世紀とは、膨張を続ける人間圏が地球システムのなかで安定な存在として留まるか否かの岐路を決する世紀、ととらえられる。それはまた別の見方で言えば、人権か環境かという人間圏の内部システムの構築に関わる選択の問題から、要素還元主義的分析か複雑系システムとしての挙動の分析かという科学のパラダイムに関わる問題に至るまで、あらゆる意味で個と全体との関係を問い直すことでもある」。こういう次第なので、四氏の議論が面白くない訳がない。問題自体は深刻なはずなのだが、自由で楽しい議論をくり返した結果、左に掲げるようなプランができあがった。

1　中村雄二郎『21世紀問題群——人類はどこへ行くのか』
2　大岡　玲『生きがいクエスト 1996——小説のスタイルで』
3　石田秀実『死のレッスン』
4　花崎皋平『個人／個人を超えるもの』
5　佐伯啓思『イデオロギー／脱イデオロギー』

6 松井孝典『地球倫理へ』
7 佐藤文隆『科学と幸福』
8 吉川弘之『テクノロジーの行方』
9 鷲田清一『だれのための仕事――労働vs.余暇を超えて』
10 西澤潤一『教育の目的再考』
11 上田紀行『宗教クライシス』
12 中川米造『医療の原点』
13 原　広司『都市／交通』
14 大平　健『拒食の喜び、媚態の憂うつ――イメージ崇拝時代の食と性』
15 新田慶治『生活空間の自然／人工』
16 岡本真佐子『開発と文化』
17 竹内　啓『人口問題のアポリア』
18 青木　保『国家／民族という単位』
19 最上敏樹『国連システムを超えて』
20 佐和隆光『資本主義の再定義』
21 内田隆三『さまざまな貧と富』
22 土屋恵一郎『正義論／自由論――無縁社会日本の正義』
23 西垣　通『聖なるヴァーチャル・リアリティ――情報システム社会論』

24　松田卓也『正負のユートピア——人類の未来に関する一考察』

各冊B6判で平均二〇〇頁というハンディなシリーズだ。7の佐藤文隆氏著『科学と幸福』についてはすでに書いた。佐藤氏が引き受けてくれたように、吉川弘之氏がテクノロジーについて、西澤潤一氏が教育について、中川米造氏が医療について、竹内啓氏が人口問題について、内田隆三氏が貧と富について、土屋恵一郎氏が正義と自由について、西垣通氏がヴァーチャル・リアリティについて、書いてくれた。他の筆者も短い枚数ながら、大きな問題に正面から取り組んでくれた。おかげでこのシリーズは、多くの読者を得ることができた。残念なのは、原広司氏と青木保氏が、都合でどうしてもできなかったことだ。

会えなかった著者

このシリーズに関しては、何冊か言及したい本があるが、ここでは、石田秀実氏の『死のレッスン』一冊だけを取り上げてみよう。もともとこのテーマは山田慶兒氏にお願いしたものだった。山田氏とは『思想』のときからのつきあいがあったし、京都に行くとよく会って話をしていた。山田氏は快諾してくれたのだが、この本の執筆にとりかかろうというときに、あいにく体調を崩してしまった。それで山田氏と同じく中国の思想史を研究している、石田秀実氏を推薦してくれたのだった。

石田氏は一九五〇年生まれで若い研究者だったが、病いをかかえていた。「あとがき」から氏の言葉を引用する。「透析という高度医療によって、ふつうの人の何倍も、他者の身体の死に支えられて生きている私にとって、この書物を書くことは、自己の生命の矛盾を曝す作業でもあった。二年前に死ぬべきであった私が、なおも図々しく生を続けているのは、私がしがみついている「幻の私」のために他ならない」。二千二百年前の中国、「始皇帝」の不老不死願望から書き始められた本書は、小冊子ながら実に迫力に満ちた書物となった。

本書の刊行後、一度も顔を合わせることなく、短時間で「筆の遅い私が、自分自身、ほとんど唖然とする速さで稿を終え」(「あとがき」)てくれたことにお礼を言いたいと思い、九州のお宅を訪問する約束をした。ところが、その日程を決めた日に安江良介社長が倒れ、やがて私は社長代行の役に就かなければならなくなってしまった。結局石田氏には、今に至るまで一度も会う機会を持てなかった。長い編集者生活の中で、執筆をお願いした著者に全く面識を得ないというのは、この場合だけである。まことに申し訳ないことだ。しかし氏とは、その後も著作をいただいたり、手紙のやりとりを通して、昔からの友人の如くに親交が保てるのは、不思議なこととしか言いようがない。

戦後導入された学問の充実

一九九六(平成八)年十一月に、「講座・文化人類学」(全十三巻)を出発させることができた。編集委員は、青木保・内堀基光・梶原景昭・小松和彦・清水昭俊・中林伸浩・福井勝義・船曳建夫・山下晋司の諸氏にお願いした。この講座は、一つの学問の成果と水準を体系的に示す、いわば本来的な講座であった。最初に相談したのは青木保氏だったが、意外なことに青木氏は講座をつくることに慎重だった。文化人類学の研究者と称する人は多数いるが、学問的な水準は他の学問に比してどうだろうか、というのが氏の慎重論の根拠だったように思う。

しかし結果的にいえば、編集委員と執筆者の努力によって、戦後導入された学問が、一つの充実した講座を提示できるまでに進展してきたのを見るのは、やはり感動的な出来事であった。これまで石田英一郎・泉靖一氏らから始まり、山口昌男・川田順造氏らに至るまで、何人かの秀れた文化人類学者が活躍してきた。とはいえ、それは基本的に個人の力業によるものだった、といえるのではないだろうか。全巻の構成は左のとおりである。

1　新たな人間の発見
2　環境の人類誌
3　「もの」の人間世界
4　個からする社会展望
5　民族の生成と論理
6　紛争と運動
7　移動の民族誌
8　異文化の共存
9　儀礼とパフォーマンス

10　神話とメディア
11　宗教の現代
12　思想化される周辺世界
13　文化という課題

ここには、かつての文化人類学には見られなかった、「人間」に対する新しい概念の提示や、紛争、開発、観光といった新しい問題への関心が見られる。明白に、一つの学問の進展の軌跡を辿れるのではないだろうか。この講座の副産物として、シリーズ「現代人類学の射程」(全八冊、うち一冊未刊)が、一九九九年から刊行され始める。講座とともにI君が担当してくれた。

社会科学の再生のために

一九九五(平成七)年十一月から「講座・現代社会学」が出発する。編集委員を、井上俊・上野千鶴子・大澤真幸・見田宗介・吉見俊哉の五氏にお願いした。ベテラン編集者のT君と一緒に、東大駒場キャンパスの見田研究室を訪ね、本格的な講座をつくりたいと依頼したのが最初だった。見田宗介氏は、秀れた若い人を編集委員に選ぶことを条件に快諾してくれた。一九九三年六月初めのことである。

それ以降五人の編集委員には、何回も集まってもらった。一騎当千の個性的な編集委員の諸氏が、厳しい議論を展開するのは、それ自体一つの見ものであった。その結果できあがったのが、全二十六巻・別巻一の構成である。

1　現代社会の社会学
2　自我・主体・アイデンティティ
3　他者・関係・コミュニケーション
4　身体と間身体の社会学
5　知の社会学／言語の社会学
6　時間と空間の社会学
7　〈聖なるもの／呪われたもの〉の社会学
8　文学と芸術の社会学
9　ライフコースの社会学
10　セクシュアリティの社会学
11　ジェンダーの社会学
12　こどもと教育の社会学
13　成熟と老いの社会学
14　病と医療の社会学
15　差別と共生の社会学
16　権力と支配の社会学

17　贈与と市場の社会学
18　都市と都市化の社会学
19　〈家族〉の社会学
20　仕事と遊びの社会学
21　デザイン・モード・ファッション
22　メディアと情報化の社会学
23　日本文化の社会学
24　民族・国家・エスニシティ
25　環境と生態系の社会学
26　社会構想の社会学
別巻　現代社会学の理論と方法

この異例ともいえる〝長尺もの〟の講座が、書物の形をとってできあがってみると、各巻には競い合うが如くに充実した論稿が並んでいるではないか。やはり、長い学問的伝統を持つ領域なのだな、と納得させられた。ここでも、身体やジェンダー、老いや病い、デザイン、情報化、環境といった新しいテーマが積極的に取り上げられている。そして〝社会構想〟についての巻が設けられているのも、特徴的なことだろう。いうならば、編集委員の共有する問題意識としては、単に社会学のためにというよりも、低迷久しい社会科学の再生のため、というニュアンスが強かったように、私は思う。

これまで書いてきた講座はすべて予約出版だったが、この講座は分売にした。巻数が多いのと、テーマが多岐にわたるので、読者にとっては全巻予約でない方が便利であろう、と判断したからだ。結果は、巻ごとに多少の凸凹が生じたものの、いずれの巻も増刷を重ねて、よく読まれた。最終回配本は、編集委員全員による執筆の第一巻で、一九九七年六月に刊行した。つい最近、岩波新書で見田宗介氏が『社会学入門――人間と社会の未来』（二〇〇六年）を書いたが、その中でこの講座にも言及しているのを発見し、懐しく嬉しい思いをした。

インターネットと組み合わせる

一九九八（平成十）年には、インターネットと出版を組み合わせた、新しい試みを始めることになる。それは、中村雄二郎氏の岩波新書『術語集II』を素材にして、「21世紀へのキーワード　インターネット哲学アゴラ」（全八冊）というシリーズをつくることであった。まずこのシリーズ各冊巻頭に掲載されている、中村氏の「「インターネット哲学アゴラ」を開くにあたって」という文章を、少し長くなるが引用しておこう。このシリーズをつくるに至った経緯が、見事に表現されているからである。

このたび、岩波書店のインターネットのホームページで、拙著『術語集II』（岩波新書）を素材にして「哲学アゴラ（広場）」というものを開くことになった。実は、ことの意外な成り行きに私もびっくりしている。

『術語集II』の「あとがき」で、たしかに私はこの本を「インターネット以後の〈術語集〉」と性格づけた。しかし、そのときの趣旨は次のようなものだった。インターネット時代には、Eメールのおかげで気安くコミュニケーションできるようになるのはいいけれど、その分だけ、ことばの使い方がいいかげんに、また曖昧になりがちである。だから、さまざまなキーワードについても、その意味するところをたえず吟味しながら使うべきだろう、と。

それを書いたときの気持ちは、むろん〈活字本〉の役割はまだなくなっているわけではないので、インターネット時代にはかえって活字本の意味と役割がはっきりするだろうし、はっきりさせるようにしたいものだ、ということであった。

ところが、岩波書店の知恵者たちは、『術語集II』そのものをインターネットに載せ、「哲学アゴラ（広場）」を開きたい、と言う。それぞれの領域の専門家や広く一般読者の方々の参加を得て、さまざまな用語をめぐってかんかんがくがくの議論をしたらどうか、と言う。また、それを元にして『術語集II』のヴァージョンアップをしたらどうか、とも言う。

インターネットが実用化されて実にいろいろなホームページが店開きしたけれど、こういうものはなかった。日本だけでなくたぶん世界的にもないだろう。もしこれが成功すれば、世界中の日本語学習者たちはもちろん、いろいろな言語での参加がなされることも夢ではないだろう。そのためには、少なくとも『術語集II』の英語のヴァージョンをそのうち用意しなければならないかもしれない。

Eメールによることばのやりとりは、コミュニケーションの上で曖昧性を増すおそれがある反面、コミュニケーション手段としての書きことばの新しいスタイルや場をつくる可能性もおおいにある。だから、そこには「哲学する」新しいスタイルも生まれるかもしれない。だが、それを言うまえに、デジタル化によってわれわれの物質・精神生活が変質するなかで、インターネット時代の〈コモンセンス〉を見つけ出し、共有することが求められている。インターネット時代に入って、多くの人たちが、われわれの時代や社会のコモンセンスはなんであるのか、あるいは、どういうものであるべきなのかを求めている。それをこのコーナーで確かめ、形づくれたら、と思っている。（後略）

続いて、このシリーズの内容見本に載せた「特色」を転載しよう。編集部が書いた文章であるが、この新しいシリーズの特色を読み取ってもらえる、と思うからである。

●哲学者の中村雄二郎先生をホストに、インターネットと出版を組み合わせた、まったく新しい試みのシリーズです。

●21世紀を迎えるわれわれに問われる重要で基本的なテーマをめぐって、各界の第一線で活躍している方々をゲストに迎え、中村先生が各ゲストとネット上で議論を展開します。その議論をネットで公開し、皆様にご意見をいただき、一緒にこれからの「知の枠組み＝コモンセンス」を問い直してみようとする試みなのです。

●そして、その成果（公開した議論や寄せられた意見）を再編集したのがこのシリーズです。
●本にはCD-ROMを添付。映像や画像、音声、世界中へのリンクを貼り付け、マルチメディアを前提とした内容で、従来の活字メディアより多元的な情報アクセスができるようインターネットとのミックスメディア化を図っています。

さてそのうえで、全八冊の内容を左に記そう（括弧内はゲスト）。

1 生命（池田清彦）
2 宗教（町田宗鳳）
3 哲学（いとうせいこう）
4 死（小松和彦）
5 弱さ（金子郁容）
6 日本社会（上野千鶴子）
7 文化（姜尚中）
8 歴史（野家啓一）

この企画は、先に書いた「講座・文化人類学」の担当編集者I君と話をしているときに、フッと頭に浮かんだものである。I君はインターネットの重要性を早くから指摘して、「叢書・インターネット社会」など開拓的な仕事をしてきた。I君が言った、「岩波書店の財産をインターネットを使って活かす手はないでしょうかね」と。そこで思いついたのが、中村氏の『術語集』だった。この岩波新書のキーワードを素材にして、著者と読者にネット上で議論をしてもらう。とはいえ、てんでんばらばらに議論しては収拾がつかなくなる。やはり、テーマに沿った専門家に介在してもらうことで、一般読者も参加しやすくなるだろう、というのでこのシリーズはできあがった。

私は、後にある研究会によばれた折に、「一冊の小さな岩波新書から、インターネットを使って八冊のB6判の書物をつくりました」と話して、参加者を驚かせたことがある。I君の話によれば、一般読者からのアクセスも非常に多かったようだ。また中村氏とネット上で対話してくれた専門家の方々にとっても、新しい試みとして刺激的だったのではないかと思う。

このシリーズは誰にとっても全く初めての試みだったので、読者には当然とまどいがあったようだ。だからこのシリーズは、非常にたくさん売れたという訳にはいかなかった。しかし、それなりに意味を持つ企画であったと自負している。この企画の成立は、ひとえに中村氏と、ネット上の対話者の方々および参加してくれた読者、そしてI君の努力の賜《たまもの》であった。いずれの巻も中村氏とのやりとりが必要なので、時間がかかることが多かったが、二〇〇〇年に完結している。

近代日本を問い直す

一九九九（平成十一）年には、「近代日本文化論」（全十一巻）を出発させた。シリーズとも何とも銘うってなかったが、内容的には叢書といってよいだろう。広告文ふうに言うと、この企画のねらいは次のようになる。「近代日本とは何だったのか。日本人はいかに文化を受容し、創造してきたのか。本シリーズでは、文化・社会の領域で斬新な主題を発掘し、従来の歴史像を一新する日本近現代史を構想する。ここに近代日本の多様な位相が今よみがえる」。編集委員を、青木保・川本三郎・筒井清忠・御厨貴・山折哲雄の諸氏にお願いした。全巻の構成は次のとおり。

1 近代日本への視角
2 日本人の自己認識
3 ハイカルチャー
4 知識人
5 都市文化
6 犯罪と風俗
7 大衆文化とマスメディア
8 女の文化
9 宗教と生活
10 戦争と軍隊
11 愛と苦難

各巻の論稿は、講座のような論文調ではなく、エッセイとしてまとめられるようにした。その点「叢書・文化の現在」に似ているといえよう。一例をあげてみる。中沢新一氏が第9巻『宗教と生活』の中で、「エデンの園の大衆文学」という文章を書いている。人間の宗教性をいかに理解するかというテーマについて、中沢氏は自分の師である柳川啓一氏の話を引き合いに出す。当時、柳川氏は脇本平也氏などとともに、東大で宗教学を講じていたが、その講義のなかで、大学院生の中沢氏に向かって、次のような話をする。例えば、アメリカ人の宗教に対する感性を、映画を通して理解するとするならば、「十戒」や「キング・オブ・キングス」といったいかにも宗教臭いものよりも、むしろ「タワーリング・インフェルノ」といったエンタテインメント作品を論じる方が適切である、と。そして中沢氏は、自分も俗なるもののうちに、聖なるものへの志向を読み取りたいとして論を進める、といった具合である。

ところで柳川啓一氏といえば、思い出すことがある。現代選書を編集していた頃のことだ。私は外国出版社のカタログや英文の書評紙を見て、これぞと思う本をかたっぱしから注文し、〝オプション〟（第三章参照）を取得していた。その結果、私の手元には何冊もの洋書が山を成すことになる。英語のものに関しては何とか自分で判断することができたが、その他の言語に関してはお手上げだ。だから、信頼できる何人かの方に判定をお願いするという方法をとっていた。そして宗教学関係の書物については、柳川氏に意見を求めることにしていた。

三カ月に一度ほど柳川氏の研究室を訪れ、一、二冊の洋書、とくにフランス語の本についてのコメントをお願いする。すると、二、三週間のうちに必ず、見事な内容の紹介と、それに対するこれまた非の打ちどころのない周到な評価が付されて、戻ってくる。最初のうちは、柳川氏が自ら書いてくれたものとばかり思っていた。しかし、途中から、どうもおかしいと思い始めた。あの柳川氏が、こんなにきちんと私が持参した本を読むだろうか、と考えたのだ。一編集者が勘を頼りに勝手に注文した本を、ただでさえ多忙な現役の教授が、いちいち丁寧に読んでくれるはずもない。それにもう一つ、そう考える理由がないでもなかった。神保町に〝人生劇場〟という大きなパチンコ店があるが、その近くのあるビルの地下にAという酒場があった。そこで私は、しばしば柳川氏と出会っているのだった。

そんなこともあって、あるとき柳川氏に思い切って質問した。「いつもフランス語の本の判定をお願いしていて、ありがとうございます。ところで、あの見事なコメントは、いったいどなたが書いてくださっているのですか」。柳川氏は、「やっぱりバレましたか。あれはうちの優秀な大学院生の中沢新一君に頼んで書いてもらっているのですよ」と答えた。中沢氏が大活躍を始めるはるか以前のことである。

科学と人間の関係を問う

続いて、二つの講座について記しておこう。

一つは「講座・科学／技術と人間」（全十一巻・別巻一）である。一九九九年一月に刊行を開始したこの講座は、編集委員を岡田節人・佐藤文隆・竹内啓・長尾真・中村雄二郎・村上陽一郎・吉川弘之の諸氏にお願いした。九五年の暮れから準備を始め、第一回の編集会議を開いたのは九六年五月中旬のことだった。前述したように、九二年に刊行した「講座・宗教と科学」は、宗教の方に力点が置かれていた。今回の講座は、二十一世紀を目前にして、驚異的に進展した科学／技術にどう向き合うべきか、を問う企画だった。

九六年七月、突然に社長が倒れ、何の準備もないままに、私は社長代行を務めなければならなくなったことは、前にも書いた。だから可能な限り、編集会議に出席しようと努力はしたものの、最終的な企画案のとりまとめは、編集部副部長のY君とベテラン編集者Sさんに委ねることにした。私が参加した初期の編集会議では、なぜ〝科学・技術〟あるいは〝科学技術〟ではなく、〝科学／技術〟でなければならないのか、といったところで厳しい議論がやりとりされていたのを覚えている。最終的に、全体の構成は左の如くに決まった。

1　問われる科学／技術
2　専門家集団の思考と行動
3　現代社会のなかの科学／技術
4　科学／技術のニュー・フロンティア（1）
5　科学／技術のニュー・フロンティア（2）
6　対象としての人間
7　生命体のなかのヒト
8　地球システムのなかの人間

9　思想としての科学／技術
10　科学／技術と言語
11　21世紀科学／技術への展望
別巻　新しい科学／技術を拓いたひとびと

多数の科学者・工学者に登場してもらったが、かつて「講座・転換期における人間」のときに経験したような苦労を、編集部はしないですんだようだった。やはり科学者や工学者たちも、社会との関係に目を向けざるを得なくなってきたのだと思われる。

ところで、編集委員をお願いした七人の方々には、これまでも何回か登場願っているので、これ以上触れることはしない。ただ一つだけ書いておきたいことがある。それは七人のうち、岡田節人・佐藤文隆・長尾真の諸氏、つまり京都在住の方々についてだ。私が、代行時代を含めて社長業をしていた七年間、折々にこの三人の方々を中心に、上野健爾・本庶佑・長岡洋介といった方々を含めて、さらには文化系の数人の方々にも加わってもらい、気楽に食事を共にする会合を開いていた。その目的はただ一つ、岩波書店の刊行物に対する批判と評価を承ることだった。

私は文科系の人間なので、自然科学の大家から聞く話には教えられることが多かった。その意味で、右に挙げた方々には深く感謝している。諸氏も多忙の身でありながら、私の誘いによく応じてくれた。長尾真氏は、京大総長の時代にも都合がつく限り参加してくれたが、あるとき、外国出張から戻り、関西空港から会合に直行してくださったときの感激は忘れられない。この会合のためによく利用していた料理店は、廃業して今はない。しかし、ときに厳しい批判を交えた諸氏の談笑する姿は、私の脳裡から消え去ることは決してない。

この講座は一九九九年中に完結した。

最後の企画

もう一つは「講座・天皇と王権を考える」（全十巻）である。一九九八年の春、網野善彦氏に相談することから、この企画は始まった。天皇を日本の歴史の中に位置づけるのは当然のこととして、さらに国際的な比較の観点を盛り込み、多様な学問分野からの分析をも加味しよう、という網野氏の示唆を受けて、編集委員を次の五人の方々にお願いすることにした。網野善彦・樺山紘一・宮田登・安丸良夫・山本幸司の諸氏である。

九八年の半ばよりたびたび編集会議を開いた。網野氏の問題提起を中心に、樺山・宮田・安丸・山本の諸氏が、それぞれの立場から熱心に議論を交わす光景は、特に鮮明な記憶となって残っている。ともすれば、天皇制という、ある意味では何よりも深いルサンチマンの対象になりかねないテーマに対して、どこまで冷静に議論できるか？　編集委員諸氏は、あたかもこのような課題を背負っているかのように、言葉を選んで議論していたのが印象深い。そして二〇〇〇年中に、ほぼ成案を得ることができた。内容見本から「編集委員のことば」を引用したい。足かけ三年間にわたる議論の到達点を、ここに見ることができると思うからだ。

二一世紀を迎えたいま、国家という存在そのものが根底的に問い直されている。近年の国民国家やエスニシティをめぐるさまざまな議論は、そうした動向を物語るものであろう。

こうした時代にあって、このたび「天皇と王権を考える」と題する本講座を世に問うことになった。その意図するところは、転換期にさしかかっている人類社会の状況を背景に、天皇と「日本国」の歴史を、列島社会の長い歩みの中に位置づけて相対化するとともに、徹底的な総括の対象として、自らの位相と立場を正確に認識することにある。

一方で古く歴史を遡り、また他方で広く地球全体に視野をひろげつつ、政治、経済、社会、民俗、宗教、芸能等の多彩な角度から、世界史上の多様な王権と国家のさまざまな側面を比較・検討することを通して、日本社会の直面する課題を提示し、またわれわれ自身の自己認識をより明確なものにしたいと考えたのである。

もとより人間と社会の本質に深い関わりを持つ国家と王権の問題については、現在なお未知の世界が広く残されており、この小さな試みに限界のあることはいうまでもない。しかし本講座は、現段階で考えられる限りで最高水準の、各専門分野の研究者を執筆陣とすることによって、この未解決の分野に大胆に切りこみ、新たな問題を積極的に提起すべく構想されている。本講座が二一世紀を生きるための一つの指針として多少なりとも寄与することができれば、編者として、この上ない喜びである。

全巻の構成は左のとおりである。

1　人類社会の中の天皇と王権
2　統治と権力
3　生産と流通
4　宗教と権威
5　王権と儀礼
6　表徴と芸能
7　ジェンダーと差別
8　コスモロジーと身体
9　生活世界とフォークロア
10　王を巡る視線

編集にはベテランのT君とIさんが当たってくれた。この講座は二〇〇二年四月に出発し、二〇〇三年二月に完結した。講座という出版形態はかつてのような力を持つことはなかったが、それでも出版不況の嵐の中で、それなりの部数を得ることができた。健闘したといえるだろう。それはひとえに、この講座のテーマが持つ重要性と、編集委員の努力の故だったと思われる。

二〇〇三年の春、編集委員の方々に集まってもらい、打ち上げの会合を開いた。病気療養中の網野氏の、できるだけ自宅近くということで、吉祥寺のフランス料理店で行なった会に、網野氏は酸素ボンベを引いた姿で現われた。網野氏を含め、参会者は皆フルコースの料理を平らげ、ワインをたくさん飲んだ。そして大いに談笑した。しかし、何とも残念なのは、そこに宮田登氏の姿がなかったことだ。宮田氏はこの講座の立案には参加したものの、執筆することなく、二〇〇〇年に逝去されていた。また今では、網野氏も鬼籍に入ってしまわれた。

真のアカデミズムのために

最後に、私がどうしても実現したいと思う企画があったので、触れておきたい。それは「岩波アカデミック叢書」である。

世紀の変わり目頃から、国・公立大学の法人化が具体化しはじめ、私立大学もさらに企業化の姿勢を強めだした。こうした傾向の中で、ともすればアカデミズムは敬遠されているように、私には思えた。拝金主義の横行する社会の中で、とくに地味な文科系の学問は、その存続すらが危ぶまれるようになってきた。目を外国に転じても、欧米のＵＰ（第三章参照）は苦戦を強いられていたし、そこでは売れない分野の学術書は容赦なく切り捨てられる傾向が見えだしていた。

風前の灯のように見えるアカデミズムを守り抜くために、出版社として少しでも貢献することができないだろうか、と私は考えた。なぜなら、岩波書店が依拠すべきは、真のアカデミズムであり、それを何としても維持し、できれば強化していかなければならないからだ。

そのために、私は一つの試みとして、大学に提出される多数の博士論文の中から、注目すべきものを選び、最新の技術を用いて、製作原価の面から小部数の出版を可能にする方途を摸索した。

社長業の傍ら、十名内外の信頼できる著者の間を歩き回って、私の問題意識を説明し、相談に乗ってもらった。ありがたいことに、それらの方々全員が、私の考えに賛同してくださり、積極的に協力してくださることになった。その結果、「岩波アカデミック叢書」は、二〇〇二年六月に発足することが可能になった。

左に私の書いた「発刊にあたって」を引用したい。ここには、右に述べたような私の思いが、率直に表現されているからである。

岩波書店は創業以来、人類の知的財産の継承と発展を最も重要な課題と考え、出版活動の基軸としてきた。その意味で、アカデミズムの擁護と育成は、小社の出版理念の中核をなすものと言って過言ではない。

この度小社はその理念の下に「岩波アカデミック叢書」を創刊する。その意図は、改めて人類が長年に亘って蓄積してきた知識を確認し、その上に若い世代の研究者の手による新たな知的共有財産を加えることにある。そしてそのことによって、混迷の度を深めつつある現代社会に対して、いささかなりとも自信と新しい世界への希望を提示することを目的とする。

本叢書は、わが国の大学において活発に展開されている知的活動の中から、将来の学界を担うであろうと嘱望されている優れた研究者の意欲的な業績を取り上げて刊行する新しい学術研究シリーズである。学位論文として提出された多数の論攷を慎重に検討し、その中で特に注目される作品を造本等への工夫をこらしつつ、順次刊行してゆく。

学術出版を取り巻く環境が一段と厳しさを増しつつある今日、真のアカデミズムを守り抜くためにも、読者の絶大なご支持を願ってやまない。

二〇〇二年六月

岩 波 書 店

本叢書は、古荘真敬『ハイデガーの言語哲学――志向性と公共性の連関』、平田松吾『エウリピデス悲劇の民衆像――アテナイ市民団の自他認識』の二冊をもって出発し、二〇〇六年刊の丸橋充拓『唐代北辺財政の研究』に至るまで、十冊を刊行した。

本叢書のような地味な企画を実現させるためには、社内でもさまざまな困難があった。が、編集部のT君やK君などの一方ならぬ尽力によって、ようやく軌道に乗せることができた。願わくば、若い世代の編集者が、本叢書の意図を生かし、さらに発展させてくれることを。

二〇〇三年五月末、「岩波アカデミック叢書」の出発と、「講座・天皇と王権を考える」の完結を見とどけて、私は岩波書店を退社した。

おわりに

垣間見たユートピア

以上が、私の編集者としての、四十年間の軌跡である。こうして一つひとつ、自分のつくった企画や編集した雑誌・書物をふり返って見るとき、私はかつて井上ひさし氏が言った言葉を、思い出さずにはいられない。それは『へるめす』でお願いした、大江健三郎・筒井康隆氏との鼎談「ユートピア探し、物語探し」の中で、井上氏が、なぜ自分は演劇にこだわり続けるのか、と話したときの言葉だ。

「演劇は、いろいろな意味で共同作業によって成り立つ。戯曲を書く人がいて、それを演じる俳優がいる。大道具・小道具、照明や音響の係の人も必要だ。だが最も大切なのは観客の存在だろう。ある日、あるとき、劇場で劇が上演される。わずか二、三時間のことだ。しかし、その二、三時間というのは、もし劇の上演がうまくいって、演じる側と観客が一体化する場合には、そこにある種の〝ユートピア〟が現出する時間になる。私は、こまつ座の一つひとつの上演のたびに、ユートピアを探し求めてきたのだ」という趣旨だった、と私は記憶している。

私はこの話を聞いたとき、出版も全く同じだな、と思わざるを得なかった。著者がいて、編集者がいる。製作や校正の担当者もいる。印刷・製本所の人々がいるし、紙屋さんもいる。宣伝のためには、宣伝担当者や広告代理店の人もいる。取次会社や書店の人ももちろん忘れられない。そして何よりも大切な読者がいるではないか。とするならば、出版も演劇の場合と同様に、多くの人の共同作業によって成り立つものだ。そして、演劇のように劇場という場で、特定のときに特別の世界が現出するというのとは違っていても、読者が手にした一冊の本によって、現実の世界から一刻、別の宇宙に生きることができるとすれば、これはやはり、井上氏の言う〝ユートピア〟を探すことではないか。こう考えてくると、私の編集者としての四十年間は、〝ユートピア探し〟の四十年だった、といえるかも知れない。

しかし、考えてみると、〝ユートピア〟とは、それが現実にはあり得ないからこそ、〝ユートピア〟なのではないだろうか。〝どこにもない場所〟というのが、〝ユートピア〟の意味なのだから。したがって、逆説的な言い方になるが、現実にはあり得ないからこそ、私は四十年間〝ユートピア〟を探し続けてきたのだ、ともいえると思う。

ところで、私は、四十年のほとんど最後の時期になって、もしかすると、〝ユートピア〟を垣間見たといえるかも知れない、一つの体験をした。そのことを記して、本書を終えることにしたい。

二〇〇一年十二月のある日のことだ。午前十一時ごろ、机上の電話が鳴った。受話器を取り上げ耳に当てると、三十年以上のつきあいがある著者X氏の声が聞こえてきた。

「今朝の新聞で見ましたが、大変な事態のようですね。女房と話したのですが、子供たちは皆、すでに独立しています。それに私たちは年寄りですから、これ以上何も必要ありません。だから手元にある貯金はなくてもかまわないのです。それを、大塚さん、自由に使ってもらえませんか」。そして現在××ぐらいある、と話が続いた。

思いもかけぬX氏の提案に、私は本当に驚いた。さらにその額の巨きさにも仰天した。あまりに突然のことで、私には返す言葉が見つからなかった。

「まことにありがたいお話です。しかし、お気持ちだけを頂戴させていただきます」と答えるのが精一杯のことだった。電話を切って、しばらく茫然としていた。が、やがて涙が滂沱として流れ出た。

その日、専門書の取次として知られたS社が倒産したのだった。当日の朝刊には、その記事が出ていたのだ。敗戦直後のS社の創業以来、S社と岩波書店は格別に深い関係にあった。それ故、待ってましたとばかり、岩波書店は危機だ、と騒ぎ立てる新聞や雑誌があった。そうした事情を知っているX氏は、心配して電話をかけてくれたのだ。

私は、X氏が個人的に長いつきあいのある私を救うために右の提案をしてくれた、とは思わない。それよりも、たまたま私が社長という形で最終的な責任を負っている組織、つまり岩波書店という出版社を大切だと考えたが故に、X氏は思いもかけぬ申し出をしてくれたのだ、と考える。

私は、真の意味でのアカデミズムを信じ、それを何よりも大切にしてきた。どんなに平易で啓蒙的な本をつくる場合にも、その背景に学術の裏付けがあるように、配慮を加えてきたつもりだ。

学術専門書や学問的な講座の場合には、第一義的にそれが重要であることは、いうまでもない。このような岩波書店の姿勢と、それに基づいたこれまでの蓄積に対して、X氏は共感してくれていたのだろう。そして、もしそれが危機に瀕しているのであれば、私財を投じてでも助けようとしてくれたのだ、と思う。口はばったい言い方かも知れないが、換言すれば、四十年近くの年月をかけて、私は私なりに、X氏の岩波書店に対する評価と信頼を築くことができていたのだ、といえるかも知れない。

涙はとめどなく流れ、止めることができなかった。私がもっとも大切だと思っていることに対して、同じように信頼し、それを守るためには私財までも投げ出そうとしてくれるX氏の、その信頼と行為に対して、私は語るべき言葉がなかった。表現しようのない感謝の思いを、ひたすら涙に託す以外に、方法を見出せなかったのである。

私は、X氏から一本の電話をもらったことで、四十年間編集者をしてきたことに大きな意味があった、と心の底から思った。と同時に、四十年間探し続けてきた〝ユートピア〟を、ついに垣間見ることができた、とも感じたのだった。そして正直にいうならば、この一事を言いたいがために、私は本書を書く気になった、ということもできる。

あとがき

本書を書くためには、岩波書店を退いてから、最低限三年という月日がどうしても必要であった。

一つには、自分の体験を客観視することができるように、心の姿勢を整えなければならなかったからだ。〝心の姿勢を整える〟というと、何か宗教的な、あるいは倫理的なニュアンスが感じられるかも知れないが、そうではない。

社長業をしていた最後の七年間は、自分でもはっきり認識せざるを得なかったのだが、常時頭のテッペンから足の先まで、緊張していた。

それは、日本経済そのものが、最底辺の泥沼で沈没しないように必死にもがいていた時期と、丸ごと重なる期間であった、ということもある。また出版界が、戦後初めて、底の見えぬ奈落の中へまっさかさまに落下して行く、身の毛がよだつような時期でもあったからだ。

しかし、緊張の最大の理由は、岩波書店というブランドを、この困難な時代にいかにして守り抜くか、というところにあった。〝ブランド〟という言葉を敢えて用いているのだが、ていった。

活字離れが進み、学生の学力低下が言われた。書物の売れ行きは、急カーブを描いて下っ水準を維持するのと等しいことだ、と思えたのであった。

私にとってこのブランドを守ることは、大げさに聞こえるかも知れないけれど、日本文化の

あるとき、京都大学の上野健爾教授に、「折り入ってお願いしたいのですが」と依頼したことがある。「ご同僚の数学の先生方に集まっていただき、お話を聞かせていただきたいのです」と。上野氏はただちにアレンジしてくださり、氏を含めて五名の数学専門家と会うことができた。そこで私は、京大の数学教育で最大の問題は何ですか、とぶしつけな質問をした。その結果、五人の方々が期せずして一致した答えは、「今の学生たちは論文をまとめる力、日本語の能力が十分でないことです」というものであった。

本を読まなくなれば、日本人の思考力が衰える。そうなれば、日本はどんどん駄目な国になってしまうに違いない。単純にナショナリズムに与《くみ》するものではないが、生を享けた国を大切に考えたい。活字離れに何とか歯止めをかけたい、と私は痛切に思った。

私は岩波書店出版懇談会と称する会をつくり、網野善彦、宇沢弘文、大岡信、坂部恵、坂本義和、佐藤文隆、長尾真、中川久定、二宮宏之、福田歓一といった十名の方々に集まっていただき、年に二回、岩波書店の置かれている状況を説明し、助言を求めることを続けた。そしてそこには、必ず編集部の責任者数名にも同席してもらった。

そのほかにも、それぞれ歴史の専門家や社会科学の研究者に集まってもらう会合をつくり、

折々に専門家の先生方の意見を求めた。いずれも、岩波書店というブランドを守るためには、どうすればよいかを考えてのことだった。

　また国外に目を転じれば、欧米では巨大資本による名門出版社の吸収合併は、日常茶飯事になりつつあった（第五章参照）。社名は残っていても、実質はどこかの大企業の傘下にあるというわけだ。そうなれば、一、二年はかつての良質な出版の名残りは続いたとしても、やがて営利最優先の、出版社とは思えぬ企業になり果ててしまう。

　このような思いで、頭のテッペンから足の先までコチコチに緊張していた私は、退社したからといって、ただちに自分の過去を客観的に見ることはできなかっただろう。退職後二年目の後半に入って、ようやく、自分の歩んできた道をできるだけ客観的に眺めてみたい、と思うようになった。そして、まず強《こわ》ばった筋肉を少しずつ緩めることから始めて、心の姿勢を徐々に整えていき、そのうえで書き上げたのが本書である。

　少しずつ緊張をほぐし、心の姿勢を整えつつあったとき、もう一つ、私は嫌でも自分の矛盾した生き方に気づかざるを得ない破目に立ち至った。私は社長業をしている間、岩波書店というブランドを守ろうと必死に努めてきた。しかし、考えてみるならば、それに先立つ三十年間というもの、私が何をしてきたかといえば、何をかくそう、反《アンチ》岩波というべき企画ばかりを立ててきたのではなかったか。少なくとも私の立案した企画の半分は、既成の権威を崩壊させる側に立つものだった。

　入社して雑誌課に配属されたが、すぐにこれはおかしいぞ、と思い始めた。西も東もわからぬ新人編集部員が言うのも変なことかも知れないが、当時、ということは創立五十周年を祝ったばかりの頃だが、編集部に充満しているのは、ある種の一流意識だった。五十年の間、岩波書店は日本文化を担い続けてきた。大衆文化は講談社が、高級な文化は岩波が、とよく言われるではないか。岩波書店の著者は一流でなければならず、その著者を遇するには、最高の条件を以てしなければならない。例をあげるなら、著者には最高級の料理屋で食事を供し、送迎はハイヤーで行なう、といった具合に。

私はこのような一流意識に耐えられなかった。第一章で書いた、尾頭付きの鰺《あじ》の話もそういう文脈でのことだ。つまり、もし一流意識に見合うだけの一流の議論を我々が編集部内で行なっているのなら、そしてそれを支える一流の知識と見識を我々自身が身に備えているのならともかく、低調な編集会議で重用されるのは大家の意見ばかりだった。そこに編集者の主体的なありようを感知することは難しかった。

だから、私は入社して一、二年たつかたたない頃から、岩波をやめたいと強く考えるようになった。実際にその一歩手前のところまで行ったこともある。ある大学の大学院を受験し、幸いに受かった。よく知っているそこのS教授は好意から、岩波書店の奨学資金をもらってあげよう、と言った。戦前から続いている風樹会という奨学制度があるのだが、S教授はその理事をしていたのだ。しかし、これから辞めようとしている会社から金をもらうわけにはいかない。そのようなこともあって、この話は立ち消えた。

ほかにも転機はいくつかあった。一例をあげると、雑誌課のO課長が、イギリスの『エコノミスト』誌で一、二年研修するのはどうか、という話をもってきてくれた。当時『エコノミスト』は硬派ジャーナリズムの代名詞のように考えられていた。O課長は『エコノミスト』誌の東京特派員と友人だったのだ。この話は会社も正式に認めてくれたのだが、先方の都合で実現されなかった。というような具合で、辞職も研修も実現せず、結局岩波に居続けたのは、私自身に決断力が欠けていた、というより仕方がない。

新入社員の頃のそうした話はともかく、それ以降、私は本書に書いたように、岩波の一流意識からすれば疑問視されかねないような企画を数多くつくってきた。だからあるとき、大野晋氏から痛烈に批判された折に、叱られつつも私自身心の中では、快哉を叫んだことがあった。

それは、たぶん新書の編集部にいた頃のことだと思うが、大阪から広島、松山をまわる講演会に、宇沢弘文氏の講師係としてついて行ったときのことだ。たまたま大野晋氏と大阪で昼食を共にすることになった。そこには当然、宇沢・大野両講師のほかに、役員や大野氏の講師係も同席していたはずだが、全く思い出せない。ただ鮮明に記憶しているのは、大野氏が私に向かって次のように言ったことだ。

「岩波は講演会など金をかけて大々的にやっているが、最近の出版物には見るべきものがほとんどないではないか。最近二、三カ月の間に知的な刺激に富んだ本を出しているなら、教えてほしいものだ」。

周知のように、大野氏は独自の道を孤軍奮闘しつつ切り拓きつつあった。そのような氏から見れば、当時の岩波書店の刊行物は、無難ではあるが、冒険心に欠けるものばかりだ、と映っていたのだろう。その席で一番若い私に向かって、大野氏は挑発するように、強烈な批判を続けた。私はその批判に答えられなかった。しかし、私には、氏の言っていることが正しいように思えたことを、はっきりと覚えている。

もっとも、その後三十年ほど経過して、二十一世紀に入った頃、大野氏夫妻と共に信州に旅行する機会があった。その折に、「昔、大野先生に大阪でこてんぱんに批判されました。しかしそのおかげで、何とか編集者の道を歩むことができて、今では深く感謝しています」と私が言ったところ、「そんな失礼なことを、面と向かって言いましたかね。そうだとすれば、やはり私も若かったのですね」と笑いながら、大野氏は答えた。

そんな次第なので、私自身、編集担当役員になるまで、はっきりと傍流意識を持ち続けていた。そして私自身の役割も自覚しているつもりだった。例えばの話、「日本古典文学大系」のような本流があって、はじめて「叢書・文化の現在」の如き企画がありうるのだ、と。

編集担当役員になったのは一九九〇年のことだが、その頃から少しずつ、私なりに本流を強化することを考え始めた。例えば、全集課の責任者に頼んで「カント全集」を実現してもらったことがある。アリストテレス、プラトン、ヘーゲルの全集を岩波書店は刊行してきた。「ここにカントが加われば、言うことはないのだが。坂部恵氏に中心になってもらえば、できるのでは」と私が言ったのを承けて、Y課長はわずか二年足らずで「カント全集」（編集委員＝坂部恵・有福孝岳・牧野英二、全二十二巻・別巻一）の企画を立案してくれた。全巻が完結したのは二〇〇六年のことである。

また、西欧の思想を知るうえで欠かすことができないと思うフロイトについても、ラカンの『セミネール』を先行させるということはあったが、全集を実現したいと思った。退職するまでの二、三年間、折を見て京都の新宮一成氏や鷲田清一氏などに相談に行ったものだ。ラカン以後のフロイト像を明らかにするという意図を持つ、この『フロイト全集』については、全集課の若いT君らが企画化し、近く実現するところまでもってきてくれている。

このように見てくると、私は実質的に編集者として活動した三十年間、ずっと岩波書店という場の中で、反岩波というべき編集活動をしてきたといえる。しかし今にして思えば、お釈迦様ならぬ岩波書店という大きな掌の中で、自分だけは反岩波という姿勢でがんばっているつもりでいたが、実はただ一人よがりに踊っていただけのことなのかも知れない。

〝ブランド〟とか〝のれん〟といわれるものは、伝統と蓄積に基づくものだ。しかし同時に、〝ブランド〟や〝のれん〟は、単にそれを守っているだけでは意味がない。絶えず再生産してこそ、はじめてブランドやのれんは維持することができ、さらに発展させることができるはずだ。とするならば、私の反岩波という三十年間は、ブランド再生産のために、ほんの少しだけ寄与したにすぎない、ともいえるように思う。逆にいえば、岩波という大きな壁が目前に立ちはだかっていたからこそ、私のささやかな反逆も成立し得たのだろう、と思う。

その意味で、私は改めて、岩波書店という場に、心からの感謝を捧げたい。そして、共に〝ユートピア探し〟に加わってくださった方々（岩波書店のみならず、著者や関連の業界の方々を含めて）に、衷心より御礼を申し上げたい。

また、本書に登場してくださった方々には、いくら感謝してもし切れない思いが残る。本当にありがとうございました。

本書ではお名前を挙げる機会がなかったが、以下の諸氏にも大変お世話になった。あつく御礼を申し上げる。


市古貞次、井出孫六、猪木武徳、猪瀬博、今道友信、内橋克人、嘉治元郎、加藤幹雄、紅野敏郎、齋藤泰弘、坂村健、作田啓一、柴田徳衛、島尾永康、寿岳章子、神野直彦、杉山正明、高階秀爾、竹西寛子、橘木俊詔、田中成明、團伊玖磨、池明観、都留重人、中村健之介、中村平治、西順蔵、野本和幸、日高敏隆、平松守彦、藤井譲治、船橋洋一、松田道弘、宮崎勇、宮原守男、宮本憲一、山内久明・玲子、山下肇、脇村義太郎、吉川洋（敬称略）

私は本書の原稿を、トランスビュー社の中嶋廣氏に託した。氏は志を持って、出版社を経営し、自ら編集の任に当たっておられる、と判断したからにほかならない。氏の丁寧かつ的確な編集の仕事ぶりに対して、あつく御礼申し上げる。書名・章名・小見出しなど、若い世代の人々に読んでもらいたいという中嶋氏の強い意向に示唆をえて、つけられたものである。また校正を担当してくださった三森曄子さんにも感謝の気持ちを表したい。人名や書名、論稿名などが頻出する本書の校正には、ご苦労が多かったことと思う。

　そして、私事になるが、四十年にわたって、編集者としての仕事を続けることができたのは、何といっても家族の支えがあったからだ。亡き両親、妻純子、二人の娘麻子・葉子、そして甲斐犬のランに、「ありがとう」と言いたい。

　最後に、拙いできではあるが、本書を、次代を担う若い世代の編集者たちに捧げたい。一つの反面教師としてでも読んでいただけるなら、これに優る喜びはない。

二〇〇六年初夏

大塚信一

人名索引

ウ

カ

キ

ク

ケ

コ

サ

シ

ス

セ

ソ

タ

チ

ツ

テ

ト

ナ

ニ

ネ

ノ

ハ

ヘ

ホ

ヤ

大塚信一（おおつか　のぶかず）

1939年、東京に生まれる。63年、国際基督教大学卒業。同年、(株)岩波書店入社。雑誌『思想』編集部をスタートに、岩波新書(青版・黄版)、「岩波現代選書」「叢書・文化の現在」「新講座・哲学」「河合隼雄著作集」など数々のシリーズ・講座・著作集を世に送る。また84年、編集長として学問・芸術・社会に架橋する季刊誌『へるめす』を創刊。海外の著者・出版人にも幅広いネットワークをもち、20世紀後半の人文知の形成に大きな役割を果たす。96年、代表取締役専務（社長代行)、97年〜2003年、代表取締役社長。現在、つくば伝統民家研究会(古民家再生コンサルティング等)代表、社会福祉法人日本点字図書館理事、東アジア出版人会議理事。

理想の出版を求めて
――一編集者の回想　1963-2003――

二〇〇六年一一月五日　初版第一刷発行

著者　大塚信一
発行者　中嶋廣
発行所　株式会社トランスビュー
東京都中央区日本橋浜町二-一〇-一
郵便番号一〇三-〇〇〇七
電話〇三（三六六四）七三三四
URL http://www.transview.co.jp
振替〇〇一五〇-三-四一一二七

印刷・製本　中央精版印刷
©2006 Nobukazu Otsuka　*Printed in Japan*
ISBN4-901510-42-8 C1000

好評既刊

編集とはどのような仕事なのか

鷲尾賢也

講談社現代新書の編集長を務め、「選書メチエ」などを創刊した名編集者が奥義を披露。面白くて役に立つ、望み得る最高の教科書。2200円

14歳からの哲学　考えるための教科書

池田晶子

10代から80代まで圧倒的な共感と賞賛。中・高生の必読書。言葉、心と体、自分と他人、友情と恋愛など30項目を書き下ろし。1200円

無痛文明論

森岡正博

快を求め、苦を避ける現代文明が行き着く果ての悪夢を、愛と性、自然、資本主義などをテーマに論じた森岡〈生命学〉の代表作。3800円

アクティヴ・イマジネーションの理論と実践　全3巻　老松克博

ユング派イメージ療法の最も重要な技法を分かりやすく具体的に解説する初めての指導書。
①無意識と出会う（2800円）／②成長する心（2800円）／③元型的イメージとの対話（3200円）

（価格税別）